21세기 대안입시를 찾아서

입시가 바뀌면 인재가 보인다

21세기
대안입시를 찾아서 입시가 바뀌면
인재가 보인다

로버트 스턴버그 지음 | 배성민 옮김

시그마북스
Sigma Books

입시가 바뀌면 인재가 보인다

발행일 2012년 10월 10일 초판 1쇄 발행
지은이 로버트 스턴버그
옮긴이 배성민
발행인 강학경
발행처 시그마북스
마케팅 정제용, 이정은
에디터 권경자, 양정희, 박주희, 류미숙
디자인 김세아, 김수진, 이상화
등록번호 제10-965호
주소 서울특별시 영등포구 양평로 22길 21 선유도코오롱디지털타워 A404호
전자우편 sigma@spress.co.kr
홈페이지 http://www.sigmabooks.co.kr
전화 (02) 2062-5288~9
팩시밀리 (02) 323-4197
ISBN 978-89-8445-518-4(03370)

COLLEGE ADMISSIONS FOR THE 21ST CENTURY

* 시그마북스는 (주)시그마프레스의 자매회사로 일반 단행본 전문 출판사입니다.

차례

"내 주위에 왜 남자가 없을까요?" 지인은 이렇게 묻고 나서 빙그레 웃는다. 30세를 넘긴 미혼에게 결혼은 여전히 숙제다. 그냥 무시할 수도 없고 당장 해결할 수도 없다. 결혼할 마음이 없는 것도 아니고, 누군가를 만나고 싶은데 왜 주변에 남자가 없는 거지? 무척 흔한 고민이지만 또한 매우 중요하다. 이 문제를 잘 풀면 새로운 인생이 열리기 때문이다. 그러나 문제를 잘 푸는 사람이 있고, 형편없이 푸는 사람도 있다. 학교에서 결혼 같은 문제를 풀 수 있는 방법을 가르치면 어떨까? 하지만 학교는 이런 것들을 가르쳐 주지 않는다. 다른 문제도 마찬가지다. 결혼, 진학, 창업, 퇴직, 이혼……, 온갖 문제가 있지만 이런 문제를 풀 때 '학교교육'이 정말 도움이 되었다고 말하는 사람은 한 명도 없다. 대학을 나와도 소용없다는 말이 나올 만도 하다.

그렇다고 학교교육을 받지 말자고 주장하는 사람도 없다. 신기한 일이지만 일단 다른 문제부터 살펴보자. 학교교육은 인생문제를 푸는 법을 가르치지 않는다고 가정해 보자. 학교교육은 학교에서 성공하는 법도 가르쳐 주지 않는다. 이로 인해 학생은 애가 탄다. 한 대학원생과 논문쓰기에 대해 이야기한 적이 있다. 학술지 논문쓰기는 대학 연구자에게 무척 중요하다. 학생이든 교수든 모두 학술지 논문을 써야 하기 때문이다. 그는 비법을 가르쳐 달라고 말했다. 대학원생은 연구하는 법과 논문 작성하는 법을 알아야 한다. 그러나 누구 하나 가르쳐 주지 않는다. 대학원은 더욱 그렇다. 왜 학교는 성공하는 법을 가르치지 않는 것일까?

학교교육을 믿기보다 의심하는 것이 훨씬 쉬운 일이다. 뛰어난 성적으로 대학에 입학한 학생이 학교교육에 충실했다고 말할 때 우리는 그것을 믿지 않는다. 하지만 우리가 정말 학교교육을 의심할까? 물론 우리는 학교교육의 유용성을 의심한다. 하지만 학교에서 우리가 배운 지식은 쉽게 바뀌지 않는다. 예를 들어 시험성적이 좋은 아이는 지능이 좋다. 대부분의 사람들은 이것을 믿는다. 지능을 어떻게 확인할까? 지능검사를 받으면 지능을 확인할 수 있다. 지능은 거의 변하지 않는다. 당신은 이것을 믿는가? 당장은 부정할지 몰라도 은근히 믿는다. 지능이 높은 아이가 성적이 좋지 않을 때 우리는 어떻게 말하나? "머리는 좋은데 노력을 안 했다."고 말한다. 지능이 높은 아이는 노력하면 좋은 결과를 낼 수 있다는 의미다. 우리는 여전히 이런 믿음을 고수한다.

이런 믿음이 맞다고 가정해 보자. (이 믿음이 틀렸다는 증거가 많긴 하지만). 지능은 거의 변하지 않음에도 불구하고 우리는 지능개발을 강조한다. 지능은 조금은 변한다. 지능이 변한다면 인성은 어떨까? 자살하는 학생이 늘어나는 상황에서 우리는 학생이 도덕적 인간이 되길 바란다. 인성이 변할 수 있다면 우리는 도덕적 인간을 길러낼 수 있지 않을까? 인성이 변하지 않는다 해도 우리는 인성개발에 투자할 수 있다. 지능이 변하지 않아도 지능개발에 투자한다면, 당연히 인성개발에도 투자할 수 있다. 지능이 거의 변하지 않는다면 지능개발에 너무 많이 투자할 필요가 없을 것이다. 차라리 개발할 수 있는 능력에 더 투자하는 것이 낫다. 학생에게는 지능 외에 다른 능력이 많을 수 있다. 공부는 잘 못하지만 다른 능력이 뛰어날 수도 있다는 말이다. 이런 능력의 개발이 지능개발보다 더 쉽다면 그 능력을 개발하는 데 더 많은 투자를 해야 한다. 지능처럼 잘 변하지도 않는 능력에 괜히 허송세월 보내지 말고.

우리는 이 책에서 이런 문제에 주목해야 한다. 로버트 스턴버그 Robert Sternberg가 지능이론의 전문가임을 기억해 두자. 스턴버그는 새로운 입시문제를 만들어 대학에서 활용했다. 결과는 나쁘지 않았다. SAT나 수능 같은 시험에서 벗어나 새로운 시험을 활용해 보자. 그래도 당신은 당장 이렇게 묻고 싶을 것이다. "그래서요?" 우리는 입시를 굉장히 많이 바꾸었다. 그래서 교육이 특별히 나아졌는가? 대학교육이 혁신적으로 변했나? 스턴버그의 입시문제를 사용한다고 해서 반드시 좋은 결과가 나온다는 보장은 없다. 그렇다. 우리의 선입견은 그만큼 강하다.

이 책의 요점은 새로운 입시문제가 아니라 지능이론이다. 이 책에서 우리는 지능과 지능검사에 대한 선입견을 점검해야 한다. 스턴버그는 지능검사를 깊이 연구했다. 여기서 우리는 지능검사의 내용과 역사를 배울 수 있다. 과연 지능은 변하지 않을까? 지능은 학교교육과 얼마나 상관이 있을까? 지능에 초점을 맞춘 교육을 하고 있을까? 아니면 다른 능력도 키워야 할까? 이런 문제를 제대로 다루려면 우리는 지능을 제대로 탐구해야 한다. 그래서 지능에 대한 선입견을 바꿀 수 있어야 한다.

　입시를 바꾸면 세상이 바뀐다. 설마 이렇게 믿는 사람은 없을 것이다. 스턴버그 역시 학교제도의 문제를 잘 안다. 예를 들어 스턴버그가 개발한 문제를 입시에 적용했을 때 어떤 문제가 생길까? 이것이 입학결정에 영향을 준다면 학생과 학부모는 당장 이 문제를 잘 풀 수 있는 방법을 찾을 것이다. 과외를 해서라도 고득점을 받으려 할 것이다. 이것은 미국이나 한국이나 똑같다. 미국에도 당연히 과외가 있다. 스턴버그도 이런 문제를 잘 알기 때문에 과외를 해도 필요가 없는 문제를 만들기 위해 노력했다. 가설적 상황에서 적절한 행동을 묻는 문제의 경우 완벽한 정답은 없다고 봐야 한다. 문제를 많이 풀었다고 해서 높은 점수를 받는 것은 아니다. 입시는 학교제도와 얽혀 있다. 우리는 대안적 입시제도를 자주 논한다. 그러나 우리는 입시제도가 대안을 망친다는 것도 잘 안다. 창의성을 입시에 반영하면 창의성 문제를 잘 푸는 방법을 알려주는 과외가 생길 것이다. 우리에게는 분명 이런 강박이 있다. 하지만 이것이 꼭 큰 문제는 아니다. 정말 중요한 문제는 따로 있다. 학교가 다른 능력을 갖춘 학생을 선발하고 잠재력을 키울 수 있다면 오히려 다른 능력을 갖춘 학생이 학교에서 용기를 잃는 것이 더 큰 문제다. 이들은 잠재력을 키울 동기조차 잃어버리기 때문이다. 학업 능력을 키운다고 해서 다른 능력을 개발하지 못하는 것은 아니다. 그렇다면 실제로 학업 능력을 강조할 때 다른 능력을 개발하기 어려운 이유는 무엇일까? 여기서 학교의 정치가 드러난다. 학교에서 능력은 독특한 위계를 이루고 있다. 예를 들어 학업 능력이 뛰어난 학생이 보상을 더 많이 받는다. 이런 상황에서 학생은 자연스럽게 학업 능력을 다른 능력보다 더 높게 평가할 것이다. 여기에 학교 외부의 세력까지 관여한다.

스턴버그는 새로운 입시문제를 도입하기 위해 어떤 과정을 거쳤는지 설명한다. 스턴버그는 정책을 제안했지만 직접 실행하기도 했다. 그는 이 과정에서 어떤 일을 겪었는지 기술한다. 그가 성공하든 실패하든 이런 사례는 우리에게 매우 귀하다. 우리나라에서 한 교수가 새로운 입시문제를 개발하고 대학에 적용하려 한다고 가정해보자. 그는 어떤 일을 겪게 될까? 여기서 한국과 미국의 차이가 드러날 것이다. 스턴버그가 자신이 개발한 입시를 직접 실행했다면 우리는 그렇게 할 수 있을까? 우리에게 그 일이 특별히 어렵다면 왜 어려운지 질문해야 한다. 아마 이런 문제를 다룬 책이 나온다면 우리에게 무척 유익할 것이다. 우리는 솔직히 정책을 개발하고 실행할 사람을 찾는다. 우리에게는 그런 인물이 필요하다. 그런데 왜 그런 인물이 드문가? 우리가 교육을 잘못한 것이 아닐까? 이처럼 교육제도가 교육보다 더 힘이 세더라도 우리는 교육을 간단히 무시할 수 없다. 교육문제를 논할 때 제도를 생각하지 않을 수 없고, 제도 문제를 고민할 때 다시 교육을 고려하지 않을 수 없다.

입시가 바뀌면 인재가 보인다

머리말

나는 대학교 2학년 때 대학입시 사업에 뛰어들었다. 내가 다니던 예일대학교가 어떻게 입시 과정을 향상시킬 수 있었는지 궁금했던 나는 헨리 촌시 주니어Hemry (sam) Chauncey Jr.에게 편지를 썼다. 그는 학부 입시와 재정지원 관련 책임자였고, 미국 교육평가원 원장의 아들이었다. 예일대학교 학부 입학과에 내가 일할 자리를 만들어 줄 수 있는지를 묻는 다소 뻔뻔한 편지였다. 과거에도 나는 막무가내로 구직활동을 하여 자리를 구했다. 그래서 심리검사를 만드는 회사 두 곳에서 여름에 일한 적이 있다. 한 곳은 Psychological Corporation이었고, 다른 한 곳은 미국 교육평가원이었다. 당시 Psychological Corporation은 뉴욕 시에 있었고, 미국 교육평가원은 뉴저지 주의 프린스턴에 있었다. 처음 두 번은 고등학교 여름방학 때, 그다음에는 대학에 입학하고 나서 일했다.

촌시는 답장에서 면접 날짜를 알려주었다. 촌시가 나를 채용한 것으로 보아 내가 보낸 편지에 촌시의 마음이 조금은 움직였던 것 같다. 나는 그곳에서 정말 많은 것을 배웠고 촌시와는 지금까지도 친구로 지내고 있다.

2년 반 동안 입학과에서 비상근으로 일했고, 일찍 졸업하고 나서는 학부 입학과 책임자의 특별 보좌관이 되었다. 당시 책임자는 존

무이스킨스John Muyskens였다. 한 학기 동안, 입학 사정관이 하는 일을 하면서 학부입시에 대한 조사를 했다. 1970년대 초는 들뜬 시기였다. '우수한' 학생을 예일대학교에 입학시키기만 한다면 세상을 좀 더 낫게 만들 수 있다고 믿었다.

나는 박사과정에 입학하기로 결심했다. 내 관심사를 계속 발전시키려면 박사학위가 필요하다는 생각이 들었다. 한 학기를 보내고 나는 스탠퍼드대학교 심리학과에서 박사과정을 시작했다. 그곳에서 나는 일생의 연구 기획을 시작하려 했다. 인간 능력의 본질과 전례, 결과를 탐구하고 싶었다. 나의 멘토였던 리 크론바흐Lee Cronbach는 인간지능 분야는 완전히 죽어 버린 분야라고 말했지만 나는 지난 30년 동안 인간지능 분야를 되살리기 위해 노력했다. 이때에도 나는 입시를 계속 주시하고 있었다.

스탠퍼드대학교에서 3년을 보낸 후 박사학위를 받고, 조교수로 모교인 예일대학교에 다시 돌아왔다. 인간 능력에 대한 사람들의 사고방식을 바꿔야겠다고 결심했다. 또한 인간 능력을 검사하고 개발하는 방식도 바꾸고 싶었다. 지금 이 책이 나의 성공에 대한 책이라면 얼마나 좋을까! 그런 미래를 꿈꿔 본다. 물론 조금은 성공했다고 할 수 있겠다. 수십 개의 상을 받았고 명예학위도 11개나 가지고 있으니 말이다. 하지만 나는 미국이 인간 능력을 검사하고 개발하는 방식은 전혀 바꾸지 못했다.

지금까지의 입학시험은 인간 능력을 대단히 좁은 관점에서 바라본다. 이 문제를 생각하다 보니 지난여름에 아내와 함께한 여행이

입시가 바뀌면 인재가 보인다

떠오른다. 아내와 나는 음식점에 앉아서 커다란 수차를 보았다. 수차는 수십 년간 회전하면서 물을 뒤섞고 있다. 대단히 낡은 것 같았지만, 자기 목적을 계속 수행하고 있다. 시에서는 수차를 역사적 건축물로 지정했다. 바로 우리 같은 여행객이 보고 즐길 수 있는 건축물이 된 것이다.

지금 우리가 사용하는 표준화 시험의 개념은 수차만큼이나 오래되었다. 사람들은 표준화 시험을 단순히 역사적 유물로 여기지 않으며 표준화 시험은 어떤 학생이 어느 대학에 들어갈지를 결정하는 핵심적 역할을 한다. 의료기술과 원격소통기술, 컴퓨터기술이 20세기 초의 수준에 머물러 있다고 상상해 보자. 지금은 치료할 수 있거나, 대처할 수 있는 질병도 이런 세상에서는 어려울 것이다. 또한 사람들은 편지를 만년필과 잉크로 쓰거나 타자기로 쓸 것이다. 국제전화도 여전히 부자들만 사용하는 서비스일 것이다. 비유적으로 말하자면 오늘날 표준화 시험은 역사적 발명품이다.

오늘날 우리가 사용하는 표준화 시험이 전혀 도움이 되지 않는다는 뜻은 아니다. 표준화 시험이 하룻밤 사이에 사라지면 이 세계가 더 나아질 거라는 말도 아니다. 대학입시에서 사용하는 다른 평가 방법과 마찬가지로 표준화 시험에도 장단점이 있다. 탁월하지는 않지만 많은 개인과 집단에게 표준화 시험은 대학에서 학업성적을 예측하는 지표가 된다. 표준화 시험은 학생의 학업적 재능을 알려주는 데 조금의 역할을 할 뿐이다. SAT 점수가 300점 이하인 학생은 600점 이상인 학생보다, 명문대에서 좋은 성적을 받을 가능성이 평균적으로 낮다.

　여러 여건이 점수를 높이기도 하고 낮추기도 한다. 원래 점수라는 것은 이런 여건을 설명할 수 없다. 학력 차이와 모국어, 가정환경, 시험이 요구하는 조건 같은 여건이 있다. 시험이 원래 나쁘다는 말이 아니라 시험이 우리에게 주는 정보가 불완전하다는 말이다. 시험으로 우리가 알 수 있는 정보가 충분하지 않다는 것이다. 이 문제를 개선하려면 옛 평가법을 보완하여 새로운 평가법을 고안해내야 한다. 새로운 평가법은 지금 시대의 심리학을 더 폭넓게 반영할 것이다.

　나는 책을 쓸 때마다 세상을 바꾸길 원한다. 과거가 미래를 알려주는 가장 나은 지표라면, 나는 이 책을 통해 내가 바라는 목적을 이루지는 못할 것이다. 그러나 미래가 과거와 다르지 않다면, 우리는 여전히 4륜 마차로 여행할 것이다. 나는 이 책에 나의 소망을 담았다. 입시와 교수, 평가에 대한 기존의 방법은 오랫동안 적합하지 않았고, 지금도 최적은 아니다. 가르치고 평가할 때, 우리는 4륜 마차를 타고 다니던 시절의 심성에서 벗어나야 한다. 그래서 학생을 입학시킬 때도 학업기술과 일부 추가요소만 고려하지 말고, 더 낫게 바꿀 수 있는 학생의 잠재력까지 충분히 고려해야 한다.

　학생의 능력을 지금보다 더 폭넓게 고찰한다면 우리는 교수와 평가를 개선하듯 대학입시도 개선할 수 있다. 특히 기억력과 함께 분석적, 창의적, 실용적, 지혜 기반의 기술을 가르치고, 평가하고, 소중히 여길 때 학생의 능력을 폭넓게 고찰할 수 있다. 나는 이 책의 7개 장에서 우리가 부딪힌 문제와 우리가 제시할 수 있는 해법을 꼼

꼼하게 설명할 것이다.

　제1장에서는 대학입시와 시험을 뒷받침하는 기본 생각을 소개한다. 이 주제와 얽힌 역사를 훑어볼 예정인데, 다른 사람처럼 모든 역사를 살피지는 않을 것이다. 제2장에서는 대학입학과정을 이루는 기본 요소를 논하면서 이 과정의 장단점까지 따져볼 것이다. 제3장에서는 대안적 입시를 논하고 나서, 제4장에서는 대학생활에서 성공하는 데 필요한 능력을 새롭게 조명할 것이다. 제5장에서는 보통 숨어 있다고 하는 재능을 어떻게 평가할 수 있는지 논할 것이다. 제6장에서는 지능과 창의성, 지혜가 좋아지도록 가르치는 법을 논한다. 칼리지와 종합대학은 교수활동과 입학이 서로 관계가 없다고 생각하지만, 이것은 잘못된 생각이다. 가르치는 방식에 맞게 학생을 뽑아야 한다. 그리고 가르침도 새로운 입시과정을 반영해야 한다. 제7장에서 이 책에서 내가 제시한 주장이 과연 어떤 뜻이 있는지 검토할 것이다.

　이 책에서 드러난 견해는 모두 나의 것이다. 터프츠대학교나 터프츠대학교에서 일하는 사람들의 견해가 아니다. 여러 기관이 내가 수행한 입시 연구에 여러 번 연구비를 지원했다. 가장 두드러지게 지원한 기관이 미교육부 산하 교육학 연구소와 칼리지 보드, 스펜서재단, 국립과학재단, 제임스 S. 맥도넬 재단, 미육군연구소, 그리고 터프츠대학교의 개인 기부자들이다. 이 책에 드러난 견해는 역시 이 기관이나 기관에서 일하는 분들의 견해가 아니다. 여러분이 이 책에 제시된 어떤 생각에 반대하더라도, 그것은 오로지 나의 생각이다.

대학입시 와 시험

　　　　　　대기자 명단. 오랫동안 마음에 품었던 예일대학교에 지원했으나 나는 결국 대기자 명단에 오르고 말았다. 그나마 하버드대학교보다 나은 결과였다. 하버드대학교는 아예 불합격했다. 프린스턴대학교보다 좋지 않은 결과였다. 프린스턴대학교에는 합격했기 때문이다. 하지만 나는 예일대학교에 가고 싶었다.

　대학에 지원하는 학생은 거의 얻지 못하는 기회가 나에게 찾아왔다. 나는 대기자 명단에 올랐으나 예일대학교에 입학할 수 있었다. 졸업할 때 나는 최우등 학생이었고, 파이 베타 카파회(대학 우등생 친목 단체) 회원이 되었다. 그러면 나는 어떤 기회를 얻었을까? 바로 대기자 명단에 오른 이유를 알 수 있는 기회가 왔다. 졸업하자마자 나는 예일대학교 입학처 학장의 조교로 일했다. 일부 동기들이 부추기는 바람에 나는 먼지 날리는 오래된 가구 속을 훔쳐보았다. 거기에 옛날 입학 관련 서류가 보관되어 있었다. 나는 죄책감으로 인해 나와 관련된 입학서류를 모두 훑어보지는 않았다. 하지만 예일대학교 면접결과를 담은 서류를 읽지 않고 그냥 건너뛸 만큼 죄책감이 강하지는 않았다.

예일대학교에서 면접을 보던 날이 아직도 눈에 선하다. 끔찍했다. 비가 억수같이 쏟아졌다. 나는 심리학을 전공하기 위해 심리학과를 찾아갔고 심리학과에서는 박사후과정생을 한 명 소개시켜 주었다. 그는 고양이의 뇌에 전선을 설치하고 있었다. 메스꺼웠다. 마침 건물 도색작업을 막 마친 상태라 밝은 청색 페인트가 비옷에 그만 묻고 말았다. 이것은 지워지지도 않았다. 면접도 지옥이었다. 오래된 가구에서 발견한 나의 면접 보고서에는 내 성격이 '돌출형'이라고 기록되어 있었다. 예일대학교는 돌출형 성격을 원했나? 내가 속한 학부를 담당했던 입학 사정관 빌 로빈슨Bill Robinson은 나의 재능을 알아보고 손을 썼다. 그래서 나는 예일대학교에 입학했다.

명문학교는 흠이 없는 지도자만 배출할까? 그렇지 않다. 하버드 비즈니스 스쿨은 제프리 스킬링Jeffrey Skilling을 배출했는데, 그는 엔론사의 전직 CEO였으며, 심각한 범죄를 저질렀다. 나의 모교인 예일대학교는 조지 W. 부시George W. Bush를 배출했지만, 그는 첩보를 기반으로 이라크를 침공했다. 하지만 부시는 나중에 첩보에 흠이 있었다고 인정했다. 예일 로스쿨은 빌 클린턴Bill Clinton을 배출했지만, 클

입시가 바뀌면 인재가 보인다

린턴은 자학적 성향을 다스리지 못해 결국 명예에 먹칠을 하고 말았다. 이것은 클린턴 자신이 남긴 유산을 망쳐 버렸다. 데니스 코즐로스키Dennis Kozlowski는 시턴홀대학교를 다녔다. 여기서 몇 킬로미터만 가면 내가 다녔던 고등학교가 나오는데, 당시 나는 고등학교에 막 입학했었다. 데니스 코즐로스키는 회사 자금을 훔친 혐의로 기소되었다. 그가 CEO였을 때, 티코Tyco는 데니스 아내의 40번째 생일잔치에 11억 원을 썼다. 처음에는 생일잔치가 아니라 주주총회라고 광고를 했다. 이 잔치에 등장한 미켈란젤로의 다비드상은 스톨리치나야 보드카를 오줌 누듯 내뿜었다. 코즐로스키는 7백만 원짜리 샤워 커튼을 살 때도 티코의 돈을 써 버렸다.[1]

성공한 명문대 졸업생도 이렇게 나쁜 짓을 한다. 하지만 이런 사례는 대학입시 문제점의 한 단면만 보여주고 있을 뿐이다. 많은 사람이 17~18세 청소년에게서 잠재력을 보지만, 20년 후에 펼쳐질 인생까지 내다보지는 않는다. 위대한 인물이 될 잠재력이 있었으나 도망자가 된 사람이 있듯이 적어도 이런 태도는 문제를 일으킬 수 있다. 유명한 투자은행의 임원과 이야기하면서 나는 터프츠대학교의 입학제도를 변화시키고 싶다고 말했다. 그는 월스트리트에서 25년간 일한 세월을 되짚어 보며 이렇게 대답했다. SAT와 ACT, 대학 학점은 누가 훌륭한 분석가가 될지 예상할 수 있는 좋은 기준이었다. 이런 시험들을 통해 여러 투자행위를 평가하는 실무기술을 예측할 수 있다. 그런데 이런 시험도 예측하지 못하는 것이 있다. 분석만 하지 않고 미래까지 내다보며 결정할 수 있는 사람이 누구인지는 예측하지 못한다. 다시 말해, 시장이 어디로 움직이며, 더 큰 흐름을 간파하고, 개인 주식이나 채권에 매이지 않고 결정하는 능력을 가진 사람이 누구인지 SAT와 대학 학점은 예측하지 못한다. 학생을 입학시키고 가르칠 때, 명문학교도 무언가를 간과한 것은 아닐까?

명문학교가 찾는 학생은 수업의 질을 높이고, 학생 구성을 더욱 다양하게 만들 것이다. 명문학교가 원하는 학생은 학업성적이 뛰어나고, 사회생활도 잘하며, 자신이 사는 세상을 살기 좋게 만들려는 학생이다. 우리 사회는 최고의 지도자가 될 인재를 선발하고 교육시키는 일에 정말 최선을 다하는가? 현재 대학입학제도는 지도자의 자질과 능력을 정말 제대로 식별하고 있는가? 아니면 우리의 방법에 부족함이 있는가? 다시 말해, 우리가 어떤 제도를 사용하든지 벌레 먹은 사과를 얻을 수밖에 없는 걸까? 아니면 사과를 고르고 나누는 방식에 문제가 있는 걸까?

벌레 먹은 사과에도, 사과를 고르는 방법에도 아무런 문제가 없다. 오히려 문제는 우리 사회에 있다. 어떤 면에서 우리는 모두 이런 문제가 일어나도록 부추기고 있다. 어떤 부모는 표준화 시험에서 좋은 성적을 얻기 위해 아이를 계속 몰아세우며, 종종 엄청난 과외비를 지불한다. 일부 뉴욕 교외에서는 한 번에 60만 원 이상 지불한다. 칼리지와 종합대학의 책임자들은 검정회사와 계약을 맺고 표준화 시험을 실시한다. 여기에는 두 가지 목적이 있다. 먼저 표준화 시험을 통해 대학은 자격 있는 학생을 입학시키려고 한다. 여기서

입시가 바뀌면 인재가 보인다

자격 있음을 판단하는 주체는 대학이다. 둘째, 「US 뉴스」 같은 대학 순위결정기관이 발표하는 대학순위에서 높은 순위에 오르기 위해 표준화 시험을 실시하기도 한다. 대학교수들은 높은 점수를 받은 학생을 원하는데, 이 학생들은 교수가 낸 시험에서도 좋은 점수를 받을 것이다. 학생은 성실하게 시험을 치르고, 부모는 착실하게 검정비를 지불한다. 이 시험은 학생을 원하는 대학에 입학시키거나, 탈락시킬 수 있다. 검정회사는 지난 백 년간 판매했던 시험과 거의 똑같은 시험을 계속 마케팅한다. 미국 대학입시시장에서 두 개의 검정회사가 독점적 권한을 가지고 있는데, 어떤 사람에게 이는 독점처럼 보인다. 그래도 국가는 이 문제를 제대로 보지 못하고 있다.

여기서 이 책의 주제 여섯 가지를 요약해 보겠다.

- SAT와 ACT 같은 시험은 '나쁘지' 않지만 온전하지도 않다. 이 시험은 기억력과 분석기술을 측정한다. 하지만 이런 능력은 대학과 사회생활에서 성공하는 데 중요한 일부 기술일 뿐이다.
- 이런 시험을 다른 시험으로 대체해도 이 시험에 내재한 문제는 풀리지 않는다. 오히려 이런 시험을 보완해야 한다. 혹은 기존 시험이 측정하는 능력과 더불어 다른 능력까지 측정하는 시험을 도입해야 한다.
- 우리가 지금까지 신경 쓰지 못한 기술은 창의력과 실용기술, 지혜 기반의 기술이다. 학교와 사회생활에서 성공하려면 이런 기술이 필요하다. 창의적 기술로 새로운 생각을 만들어낼 수

있다. 분석기술로 어떤 생각이 좋은지 분별할 수 있다. 실용적 기술로는 아이디어를 실행하면서 아이디어의 가치를 다른 사람이 받아들이도록 설득할 수 있다. 지혜에서 우러난 기술이 있는 사람은 어떤 아이디어가 자기 자신에게 도움이 되며, 공동선에도 기여하는지를 분명하게 전달한다.

- 이런 기술들을 검사하는 시험을 도입하면 학업성취, 교과외 활동, 지도력 활동에 대한 참여도까지 더 분명하게 예측할 수 있다.
- 표준화 시험과 이런 기술들을 검사하는 시험을 동시에 사용하면, 시험결과에서 나타나는 인종집단 간 차이가 잠재적으로 줄어든다.
- 결국 입학제도를 개선하면 대학 지원자와 대학, 사회에도 유익하다.

프랭크 슈미트Frank Schmidt와 존 헌터John Hunter 같은 학자들은 기존 시험을 계속 사용하자고 제안했다. 전통적 시험은 과거에도 통했고, 지금도 효과가 있기 때문이다.[2] 맞는 말이다. 전통적 시험은 어떤 면에서는 여전히 효과가 있다. 이 시험을 통해 우리는 학교에서 A학점을 받는 기술에서, 복잡한 약 복용법을 따르는 기술까지 다소 많은 기술들을 적당한 선에서 예측할 수 있다. 그리고 입학 사정관은 이 시험으로 학생들을 분류한다. 입학 사정관은 대학에서 학업을 잘 수행할 것 같은 학생과 그럴 능력이 없을 것 같은 학생들을 구

입시가 바뀌면 인재가 보인다

분한다. 하지만 실제로 그렇게 구분하기는 어렵다. 지금도 어렵지만, 과거에도 어려웠다. 이것이 문제다. 생각해 보라. 초기에 발명된 약과 전화도 효과가 있긴 있었다. 단지 제대로 작동하지 않았을 뿐이다. 약과 전화는 빠르게 개선되었는데 표준화 시험은 왜 그만큼 개선되지 못했을까? 바로 경쟁 때문이다.

전화회사에 대한 규제가 풀리고 AT&T가 독점권을 잃으면서, 전화기술과 서비스는 빠르게 확산되었다. 컴퓨터 관련 산업의 경우 CDC[Control Data Corporation] 같은 기업은 스스로 혁신하지 못하여 자멸한 반면 혁신에 성공한 IBM 같은 기업은 살아남았고, 심지어 번창했다. 오늘날 제약회사는 시장 점유율을 높이기 위해 경쟁한다. 하지만 대학입학시험의 경우 2개 회사가 시장을 통제한다. 한 회사가 다른 회사보다 확실히 크고, 두 회사는 주[state]를 기준으로 엄밀하게 시장을 나눠 관리한다. 회사가 최고의 소비재를 만들기 위해 노력할 때, 수익이 올라가듯, 입학시험시장에서도 경쟁이 심해지면 두 회사의 이익도 더 커질 것이다.

입시제도 개선하기 : 다른 기술도 중요하게 여기기

현재 입학제도가 나쁘진 않다. 하지만 더욱더 좋아질 필요가 있다. 학생의 능력을 지금보다 폭넓게 살핀다면, 특히 기억력과 함께 분석적, 창의적, 실용적, 지혜에서 우러난 기술까지 고려하고, 평가하고, 가르친다면, 우리는 교수와 평가뿐만 아니라 입학제도까지 개선할 수 있다. 나는 이렇게 제안하고 싶다. 가족과 직장, 다른 지역, 세계의 어떤 집단에서든 앞으로 지도력을 발휘하고, 시민으로서 열심히 참여할 자질이 있는 학생이라면 입학시켜야 한다. 물론 대학 수업에서 좋은 성적을 얻는 데 필요한 학문지식과 학업 기술이 이 학생에게 있는지는 확인해야 한다.

내가 생각하는 지도력은 권위를 얻는 것이 아니라 세상을 바꾸는 것이다. 지도력이 있는 사람은 소망을 품고, 뜻깊게, 지긋이 세상을 바꾼다. 요즘 입학과정을 보면, 대학이 그래도 재능을 폭넓게 이해하려고 하는 듯하다. 하지만 시험점수와 학교 석차는 숫자로 환원되기 때문에, 일반 입시에서 점수와 석차는 폭넓은 재능을 평가하는 입학과정보다 더 많은 비중을 차지할 수 있다. 표준화 시험 같은 검사는 지식과 기술의 스펙트럼을 고려할 때 다소 좁은 영역을 측정한다. 우리는 새로운 평가방법을 도입함으로써 이런 시험을 보완해야 한다. 새로운 평가방법은 인간 능력과 능숙함을 설명하는, 더욱 폭넓은 이론을 요구한다. 이렇게 여러 능력을 측정하는 시험이 실행된다면, 대학 지원자에게 더욱더 공평한 입학제도를 만들 수 있을 것이다. 특히 다양한 사회경제적 배경에서 자란, 숨은 재능을 가진 사람들에게 공평할 것이다. 또한 이런 시험이 실행된다면, 학업자질로 보나 다양성으로 보나 대학과 사회에 더 유익할 것이다.

우리가 선발하려는 대학생의 모습이 이렇게 다양해진다면, 이런 학생을 가르치는 방법도 바뀌어야 한다. 대학은 자주 입학과 교수, 평가를 분명히 구별하지만, 입학할 때 선택한 학생의 자질에 맞게

입시가 바뀌면 인재가 보인다

교육하려면 입학과 교수, 평가가 조율되어야 한다. 예를 들어, 어떤 대학이 입시를 통해 창의적 학생을 선발하려 한다면, 교수가 창의적 사고를 북돋우고 중요하게 여기도록 대학이 지원해야 한다. 그렇지 않으면 자신이 가진 기술 때문에 선발되었지만, 정작 그 기술이 대학교육과 어긋난다고 학생은 생각할 것이다.

왜 입시를 바꾸어야 할까

앞에서 나는 대학의 학생선발방법이 조금은 부족하다고 설명했다. 우리는 우리가 세운 이념에 맞게 학생을 선발하지 않고 있다. 교과목은 학생의 기술을 온전히 육성하지 못할 뿐만 아니라 윤리에 따라 행동하는 기술도 육성하지 못한다. 우리가 학생 선발을 망친다는 뜻이 아니다. 우리는 지금보다 더 잘할 수 있다. 검정회사나 입학 사정관, 다른 집단에게 모든 책임을 전가할 수 없다. 우리 사회는 꼼짝달싹 못하게 만드는 체계를 이미 만들어냈다. 이 체계에서는 여러 부분이 협력하지 않으며 협력할 수도 없다. 이 체계를 고치기도 힘들다. 수많은 사람이 문제가 있다는 것조차 인지하지 못하기 때문이다.

케네스 레이Kenneth Lay도 제프리 스킬링Jeffrey Skilling처럼 엔론의 전직 CEO이자, 유죄선고를 받은 범인이지만 박사학위를 받고 경제학 교수까지 지냈다. 학문적 지식 덕분에 케네스 레이는 수천 명의 고용인과 고객을 보유한 회사를 파멸로 몰아가는 일을 피했을까? 당연히 아니다. 물론 교육을 잘 받은 사람 가운데는 훌륭한 시민이나 위대한 지도자도 있다. 그는 지식 때문이 아니라 자신의 지식을 어떻게 써야 하는지 알고 있었기 때문이다.

1960년대까지 명문대에 들어간 학생은 대부분 부모의 사회적 계급이 탄탄했다. 사람들은 사회적 계급이 훌륭한 지도자가 될 잠재력을 상당 부분 예측한다고 믿었다.

1960년대에 인스리 클라크Inslee Clark는 예일대학교의 입학처장이었다. 그는 입학 관련 업무를 담당하는 사람들과 함께 새로운 꿈을 꿨다. 그들은 특권보다 공적을 기초로 우수학생을 선발하자는 이상을 품었다. 부유한 가정에서 태어났거나, 명문사립학교에서 교육을 받았다고 해서 곧바로 대학에 입학시키지 않겠다는 뜻이다. 부유한 집안에서 명문사립학교에서 훌륭한 학생이 나오기도 한다. 하지만 가난한 집안에서, 허름한 공립학교에서도 뛰어난 학생이 나온다. 대학은 입학을 결정할 때, 부모의 부나 특권보다 시험성적과 석차에 더 많은 비중을 두기 시작했다. 이로써 새로운 지도자 세대가 등장했다. 이들은 타고난 운보다 공적 덕분에 선발된 사람들이었다.

그러나 우리가 아는 이런 지도자 때문에 리 아이아코카Lee Iacocca는 『Where Have All the Leaders Gone』이라는 책을 쓰게 되었다. 여기서 우리는 무엇이 잘못되었는지 물어봐야 한다.[3] 사실 이런저런 문제가 있었고, 우리는 지금도 그러한 문제들을 안고 있다.

입시가 바뀌면 인재가 보인다

누가 미래 지도자가 될지 알아보고, 그런 사람을 키워야 한다

시험점수는 사회 계급과 상당한 상관관계가 있었다. 완벽한 상관관계는 아니었다고 해도 이것이 첫 번째 문제였다.[4] 예를 들어 사회경제적 상위계층에 속한 부모는 이 상관관계를 무심코 부추긴다. 부자라고 하기 힘든 부모와 달리, 이 부모들은 자녀들이 시험준비 과외비로 많은 돈을 쓸 수 있다. 그래서 싹쓸이 도박판 같은 시험에서 이런 부모의 자녀들은 유리해진다. 잘사는 부모가 과외비로 많은 돈을 쓴다는 것은 이해할 만하다. 그만큼 이들은 자녀에게 최선을 다하려 한다. 이런 사정을 고려해 보면, 우리는 이상한 결론에 도달하게 된다. 시험점수만으로 미래 지도력을 예측하는 것이 가능하다면, 가족의 유산이 누가 세상을 더 좋게 바꿔 놓을지 예측 가능하다고 기대할 수 있을지도 모른다. 하지만 시험점수가 미래 지도력이나 다른 자질을 알아맞히는 마법의 수가 될 수는 없다.

이런 문제는 종종 마태효과라고 알려진 현상을 잘 보여준다. 마태 효과란 성서에서 나온 말이다. "가진 사람에게는 더 주어서 넘치게 하고, 갖지 못한 사람에게서는 있는 것마저 빼앗을 것이다."(마태복음 25장 29절) 다시 말해, 부자는 더 부유해지고 가난한 자는 더욱 가난해진다.

콜롬비아대학교의 사회학자인 고(故) 로버트 머튼Robart Marton은 이 원리를 과학자에게 적용했다. "명문학교 출신이며 이미 명성이 있는 학자는 재원을 더 많이 받고, 하위권 학교 출신이며 명성이 별로 없는 학자는 재원을 적게 받는다. 그래서 후자가 업계에서 더 많이 이탈한다."[5] 그런데 마태효과는 대학 입학에도 통한다. 부모가 당신을 명문학교에 보내고 등록금을 낼 수 있다면, 부모 덕분에 당신은 대학입시에서 경쟁력을 가질 수 있다. 반면, 부모가 등록금을 지불할 수 없다면, 공적을 측정하는 전통적인 시험으로 입학하는 제도에서 당신은 점점 불리해진다. 훌륭한 입학 사정관은 입학지원서를 평가할 때, 이런 형편을 고려하면서 재원에 접근할 수 있는 능력까지 생각할 것이다.

시험점수가 사회경제적 지위와 상관관계가 있다는 것이 왜 문제가 될까? 사회경제적 지위가 높은 가정에서 자란 학생이 대학에서도 더 성공할 수 있다면, 그냥 그들을 입학시키면 되지 않을까? 대학입학시험이 학생의 학업수행을 정확히 예측할 것이다. 그렇다면 대학입학시험을 그냥 실행하면 되지 않을까?

솔직히 이 질문에 단순하게 답할 수만은 없다. 또한 이 질문에 답하려면 심리학이 아니라 교육정책을 논해야 한다. 그러나 나는 이 상관관계에 문제가 있다고 생각한다. 내가 생각하는 문제는 세 가지이다. 내가 제시하는 이유를 온전히 이해하려면, 당신은 어떤 사회를 상상해 보아야 한다. 이 사회는 푸른색 눈을 가진 사람은 교육을 잘 시키지만, 갈색 눈을 가진 사람의 교육에는 소홀하다. 이 사회는 눈 색깔로, 교육 재원과 다른 재원이 각각의 사람에게 얼마나 속해 있는지 판단한다. 물론 역사를 돌아보면, 우리 사회도 성별과 피부 색깔로 그런 판단을 했다. 그러나 성별과 피부 색깔은 똑같이 자의적이다. 아이가 고등학교에 들어가면 이 사회는 아이에게 시험을

입시가 바뀌면 인재가 보인다

부과한다. 푸른색 눈의 아이가 갈색 눈의 아이보다 점수가 훨씬 높다. 시험점수가 대체로 대학입학을 결정하기 때문에 푸른색 눈의 아이가 대학 입학생의 다수를 차지하게 된다.

왜 이런 결과를 그냥 받아들이면 안 되는 것일까? 나는 첫 번째 이유를 이렇게 설명하고 싶다. 시험점수는 사회경제적 지위를 부분적으로 대리한다. 물론 사회경제적 지위도 다른 것을 대리할 수 있다. 대학입학을 시험점수로 결정하게 되면 평등한 사회를 만들 기회가 줄어든다. 사회는 늘 공정했다고 말하는 사람도 있을 것이다. 사회는 자격이 되는 사람에게 우선권을 주었기 때문이다. 놀랍게도 이렇게 생각하는 사람은 대체로 푸른색 눈을 가지고 있을 것이다. 갈색 눈을 가진 어른들은 자기 아이는 한 번도 기회를 얻지 못했다고 말할지도 모른다. 갈색 눈의 어른은 돈도 권력도 부족할 것이다. 그래서 그들의 말은 쉽게 무시될 것이다. 더구나 일부는 그들의 말을 듣겠지만, 이들은 갈색 눈을 가진 사람의 불평을 신 포도sour grapes로 여길 것이다. 갈색 눈의 아이가 가진 장점을 찾아내려고 하는 입학제도가 없다면, 이 사회는 공적을 기초로 한 유전적 위계질서에 갇혀 버리게 될 것이다. 여기서 말하는 공적은 푸른색 눈을 가진 사람이 보여주는 공적이다. 푸른색 눈을 가진 사람은 이 사회에서 교사와 과학자, 정부관료 등이 될 것이다. 이들은 여러 분야에서 합리적으로 일하겠지만, 자신과 자녀의 복지와 사회적 권력만큼은 계속 유지하려 할 것이다.

두 번째 이유는 갈색 눈의 아이가 실제로 푸른색 눈의 아이보다 어떤 면에서 더 뛰어날 수 있다. 전형적인 푸른색 눈의 어른이 만든 평가방법에서는 이런 우위가 드러나지 않을 수 있다. 푸른색 눈의 어른은 자신과 자녀가 가진 탁월한 기술을 가치 있다고 보기 때문이다. 하지만 모든 아이가 가진 모든 기술들을 제대로 측정하는 방법을 고안하지 않는다면, 푸른색 눈의 사람에게만 유리한 시험을 실제로도 만들 수 있다. 더구나, 이 사회에서 교사는 주로 푸른색 눈이며, 적어도 푸른색 눈의 사람에게 교육을 받는다. 이런 교사도 똑같이 일부 능력만 중요하게 여길 것이다. 따라서 이 교사는 평가할 때도 대학입학시험과 잘 맞는 문제를 낼 것이다. 똑같이 푸른색 눈의 교사나 푸른색 눈의 교사에게 교육을 받은 교사가 중요하게 여기는 것을 중요하게 여기도록 대학입학시험이 처음부터 출제될 수 있다. 이렇게 문제를 내도 시험은 공정하게 보일 것이다. 사회체계가 사람들에게 푸른색 눈의 사람이 일반적으로 잘하는 것을 소중하게 여기도록 구성되어 있지 갈색 눈의 사람이 일반적으로 잘하는 것을 소중히 여기도록 구성되어 있지 않기 때문이다.

나는 세 번째 이유를 이미 암시했다. 기준이 한쪽으로 기우는 바람에 이미 예측지표가 드러난 것이다. 어떤 사람이 높은 직책에 고용될 때 고용자는 그가 어느 대학을 나왔고, 학점은 어떻게 되는지 자주 따진다. 하지만 출신대학과 학점으로 직무수행을 예측하기란 상당히 어렵다. 최근 월스트리트가 저지른 중대한 실수가 좋은 사례이다. 주로 일류 비즈니스스쿨에서 높은 학점을 받은 사람들이 이런 짓을 한 것이다. 이들이 높은 직위로 승진하게 되자 월스트리

입시가 바뀌면 인재가 보인다

트와 함께 미국경제, 세계경제까지도 망칠 수 있게 되었다. 일부 '푸른색 눈'을 가진 사람들이 사업을 하면서 큰 사고를 내고 해고를 당했을 때 이들은 퇴직금을 받았다. 그런데 퇴직금이 갈색 눈의 사람들이 평생 일해서 벌 수 있는 돈보다 훨씬 많았다. 이 사실은 사회체제에 뿌리박힌 편견을 여실히 보여준다. 사장은 돈을 벌고, 사원은 손해를 본다.

여기서 우리는 다음 사실에 주목해야 한다. 고등학교 내신성적과 사회경제적 지위의 상관관계는, 표준화 시험과 사회경제적 지위의 상관관계만큼 강하거나, 표준화 시험의 상관관계보다 더 강할 수 있다.[6]

표준화 시험을 버리고 내신성적만 보고 평가하면 어떤 문제는 풀릴 수 있다. 하지만 학업수행과 사회경제적 지위의 상관관계라는 문제는 풀리지 않을 것이다. 사회경제적 지위가 고등학교 학업수행과 상관관계가 있다는 사실이 그렇게 놀랄 일은 아니다. 학력이 높은 부모는 고등학생 자녀를 도울 수 있지만, 학력이 낮은 부모는 고등학생 자녀를 도울 수 없다. 내 부모님은 모두 고등학교를 졸업하지 않았다. 부모님은 내가 학교에 다니도록 뒷바라지했을 것이다. 하지만 내 부모님은 박사학위를 가진, 내 친구의 부모님처럼 뒷바라지할 수는 없었다.

우리는 여러 기술을 가르치고 그 기술에 대해 보상해야 한다

시험이 측정하려는 기술의 범위는 무척 좁다. 이것이 두 번째 문제이다. 20세기 초에 시험이 처음 만들어졌는데, 특권을 가진 유능한 백인 남자를 덜 유능한 남자와 구분짓기 위한 합리적 기준으로 제시되었다. 하지만 21세기에 들어서자, 대학과 사회생활의 성공에 필요한 기술 목록이 엄청나게 늘어났다. 학문 지식 하나만으로는 대학과 사회에서 성공할 수 없을 것이다. 그만큼 세계는 너무나 빨리 변화한다. 시간이 갈수록 더 빨라졌다. 그래서 많은 대학이 전체론 기반의 입학과정을 사용하여 학문 지식 외에 다른 자격까지 고려하고 있다.

지금 우리를 둘러싼 제도는 평등을 파괴하려고 고안된 것이 아니라 평등을 세우려고 고안되었다는 것을 명심해야 한다. 옛날에는 주로 가계의 인맥으로 출세했다. 인맥을 일단 배제하고, 잠재력을 객관적으로 평가하기 위해 시험이 기획되었다. 20세기 초에는 이 시험절차가 나름대로 의미 있었을 것이다. 이 시절에는 특권을 지닌 자녀만 시험을 볼 수 있었다. 그래서 잠재력이 있는 아이가 시험을 통해 다른 아이보다 두각을 나타낼 수 있었다. 그러나 여러 부류의 학생이 시험을 치르게 되었고, 학생의 배경도 다양해졌다. 20세기 초에 통했던 시험은 이제 더 이상 통하지 않는다.

시험에 응시하는 학생이 모두 비슷한 환경에서 비슷하게 양육되고, 비슷한 학교교육 기회를 갖는다고 가정할 수 없게 되었다. 이제 달라진 현실에 맞는 시험이 필요하다. 그러나 개발되고 있는, 새로운 시험들은 아직 널리 전파되지 않았다.

세 번째 문제는 시험이 중등교육을 바꾸고 있다는 것이다. 꼭 좋은 방향으로 바뀌는 것도 아니다. 학생들은 시험준비에 많은 시간을 할애하지만 삶의 교훈을 배우는 시간은 점점 줄인다. 학생들은 사회생활에 유익할 수 있는 교훈도 점점 소홀히 한다. 어떤 측면에서는 경기에서 이기려는 정신이 교육을 대체했다. 주에서 음악과 예술, 체육을 공식시험과목으로 정하지 않으면, 이 과목은 그냥 방치된다. 심지어 어떤 학교는 똑같은 이유로 자연과학과 사회과학마저 가르치지 않는다.

시험은 왜 조금만 바뀌었을까

시험이란 제도가 학교교육뿐만 아니라 사회의 많은 분야를 어떻게 집어삼킬 수 있었을까? 시험제도가 시행되고 나서 불행한 사건이 터졌다. 이런 일련의 사건을 통해 '집어삼키는' 과정이 진행되었다. 그래서 시험이 사회의 정신에 깊숙이 뿌리내리게 되었다. 입학 사정관의 사고방식은 이런 문제와 거의 상관이 없다. 입학 사정관은 대체로 매우 능숙하게 자기 일을 수행한다. 오히려 이 문제는 사회와 얽혀 있다. 즉, 대학에서 이루어지는 의사결정에 대해 사회가 일반적으로 반응하는 방식을 보면 알 수 있다.

기존 시험은 정확하게 측정하는 것 같다

시험은 학생의 능력을 숫자로 표시한다. 그래서 정확하게 측정하는 것처럼 보인다. 소비자는 시험이 내놓은 정확한 측정치를 좋아한다. 입학을 결정할 때 숫자만 볼까, 주관적 자료만 볼까? 교사 추천서나 교과외활동 같은 주관적 자료보다는 숫자로 결정하는 것이 훨씬 쉽다. 심지어 시험점수가 보기보다 전혀 타당하지 않더라도 말이다. 따라서 노련한 입학 사정관은 객관적 요인과 주관적 요인을 함께 따진다. 그는 지원자의 면모를 골고루 평가해야 한다고 생각한다. 입학사정을 쉽게 하고 싶은 마음을 뿌리치고 점수만 보고 판단하지 않으려고 애쓴다.

누구나 점수에 많은 의미를 부여할 수 있다. 몇 년 전 나는 석유시추사업을 하는 기업가를 대상으로 강연을 했다. 이들은 석유가 어디에 묻혀 있는지 능숙하게 예상하는 사람을 채용하고 싶어 했다. 나는 내가 하는 일을 설명했다. 그때 어떤 분이 손을 들었다. 대학 입학제도에 문제가 있듯이 자기 회사를 찾는 고객에게도 똑같은 문제가 있다고 말했다. 고객은 석유가 묻혀 있을 가능성을 나타내는 숫자지표를 근거로 석유 시추 장소를 고르려고 한다. 숫자지표는 대체로 타당하지 않다고 알려져 있는데도 고객들은 숫자지표를 선호한다. 고객들은 숫자지표를 선호하고 전문가의 판단을 바탕으로 한 질적 정보는 소홀히 한다. 솔직히 질적 정보가 더 나은데도 말이다. 이유는 간단하다. 숫자지표는 숫자로 표시되기 때문이다. 결국 고객이 선택한 곳 가운데 석유가 나지 않는 곳이 많다.

시험점수가 높은 지원자가 더 유능하게 보인다
사람들은 비슷한 사람에게 끌린다. 특히 대인관계에서 비슷한 매력

입시가 바뀌면 인재가 보인다

이 있는 사람을 좋아한다. 관심이 비슷하고, 같은 인종집단에 속한 사람을 좋아한다. 1960년대 이후에 상당히 중요해진 시험은 새로운 권력 세대를 낳았다. 이들은 자신과 비슷한 사람들을 찾는다. 바로 높은 점수를 받은 사람을 찾는 것이다.

명문대학에 가는 사람이 대체로 사회 지도층 가족에서 나왔던 시절이 있었다. 그때는 입학 사정관도 대부분 지도층 가족 출신이었다. 그들은 가족 배경이 비슷한 지원자를 선발했다. 오늘날 명문대에 입학하려면, SAT나 ACT에서 높은 점수를 받는 것이 유리하다. 따라서 일부 입학 사정관의 과거 입학성적은 다른 사람에 비해 높다. 또한 이들이 보조하는 교원들은 이미 높은 입학점수를 받았던 사람들이다. 이런 맥락에서 일부 입학 사정관은 자신과 자신의 스승이 만들어낸 유산을 계속 이어 나갈 지원자를 선호할 수 있다. 사회 계급은 이렇게 만들어지는데, 이런 과정을 바꾸기란 쉬운 일이 아니다. 이런 상황을 고려해 보면 입학 담당자가 다양해질수록 대학입학생의 다양성도 증가할 수 있다.[7]

대학생을 선발하는 기준 가운데 어떤 기준이 더 나을까? 시험점수나 사회계급, 자산? 질문을 받는 사람에 따라 대답이 달라질 것이다. 권력을 가진 사람은 어떤 기준이든 자신을 권력자의 자리에 올려놓은 기준을 중요하게 여긴다. 연봉이 1억 7천만 원이고 150편의 논문을 게재한 하버드대학교 교수에게 당신이 이 질문을 한다면, 그는 표준화 시험의 우수성을 칭찬할 것이다. 그가 교수가 되는 데 표준화 시험이 도움이 된 것이다. 반면, 학교를 중퇴했지만 연봉이

1천7백억 원인 기업가에게 이 질문을 한다면, 그는 아마 당신 앞에서 크게 웃을지도 모른다. 그에게는 돈이 시험점수보다 당연히 더 나은 기준이기 때문이다.

시험점수와 부를 모두 고려하여 선발하면 어떨까? 이렇게 반문하는 사람도 있겠다. 테레사 수녀와 마하트마 간디는 비교적 가난하게 살았지만 세상을 행복하게 바꿔 놓았다. 그들을 존경하는 사람들은 시험점수나 가족의 부보다 훨씬 중요한 것이 바로 선한 윤리원칙이라고 주장할 것이다. 우리는 이 원칙을 받아들이고 기꺼이 이 원칙에 따라 행동할 수 있다.

사실 완벽한 입학기준은 없다. 누가 대학에 들어갈 자격이 있을까? 사람들은 이 질문에 답하기 위해 가족의 재산과 지위, 시험점수, 윤리 등을 근거로 내세울 수 있다. 여기서 이 문제의 역사적 배경을 살펴보아야 한다. 과거에는 성별이 가장 중요한 선발기준 가운데 하나였다.

내가 예일대학교에서 대학생활을 시작했을 때도 남학생밖에 없었다. 처음으로 여학생들이 입학하자 예일대학교 졸업생이 들고 일어났다. 그러나 여학생은 학업성적에서 남학생을 단시간에 추월해 버렸다. 미국심리학회 회장이 되고 나서 이사회 모임에 참석했을 때, 역대 심리학회 회장의 사진을 보게 되었다. 분명히 그들은 대부분 남자였다. 어떤 사람은 이 사실을 가리키며 요직에는 여자보다 남자가 더 적당하다고 생각할지 모르겠다.

그러나 미국사를 돌아보면, 대학원은 대체로 여자를 입학시키지 않

입시가 바뀌면 인재가 보인다

았다. 그런데 정말 놀랍게도 심리학회 회장이 된 여자들이 있었다.

미국에서는 다른 집단도 차별을 겪었다. 예를 들어, 당신이 1800년에 노예로 태어났는데 IQ가 160이었다고 하자. 그래도 당신은 그렇게 득을 보지 못할 것이다. 당신은 그저 노예로 살다 죽었을 것이다. 반대로 IQ가 80인데 농장의 장남으로 태어났다면, IQ는 별문제가 되지 않았을 것이다. 당신은 농장을 상속받으면 그만인 것이다. 장자상속법에 따라 유산은 장자에게 상속된다. 장자상속제는 가족과 사회에서 장자의 특별한 역할을 인정한 것으로 장자는 이 법이 대단히 공정하다고 느낀다.

클로드 스틸Claude Steele의 연구에 따르면 사회적으로 정의된 인종은 능력을 검정할 때 여전히 중요한 변수이며, 시험과 독립되어 있는 변수이다. 스틸과 그의 동료인 조슈아 아론슨Joshua Aronson은 여러 연구들을 수행했는데, 그들은 언어 능력을 평가하기 위해 백인 학생과 흑인 학생에게 각각 다른 문제를 냈다. 이때 그들은 아주 미묘하게 인종이 시험과정에서 고려된다고 지적했다. 그런데 이런 지적을 받은 학생들의 성적은 지적을 받지 않은 학생의 성적과 상당히 달랐다.[8]

시험성적과 부모의 자산, 성별, 인종, 계급이 삶의 가능성에 여전히 영향을 준다는 사실에 대해 잘 믿지 않는 사람도 있을 것이다. 그러나 크게는 사회에서, 작게는 대학에서 지원자의 지위를 결정하는 가장 큰 변수가 신장(키)이라고 상상해 보라. 무슨 일이 벌어질까?

이 사고실험은 보기보다 그렇게 황당하지 않다. 무엇보다 우리 사회는 신장을 이용하여 사회 현상을 규정할 수 있다. 성공한 사람 가운데는 신장이 큰 사람이 더 많다. 특히 남자 가운데 신장이 큰 사람이 더 많다. CEO와 장군, 성공한 인물은 평균 키보다 더 클 것이다. 키가 큰 사람이 권위를 가지고 있을 때 사람들이 더 쉽게 복종하는 것 같다. 둘째, 신장은 시험성적보다 장점이 정말 많다. 사람들은 누구의 신장이 더 큰지에 대해서는 너무나 분명하게 반응한다. 예를 들어, 나는 180cm이다. 이것이 무엇을 뜻하는지 알 것이다. 그렇지 않나? 그러나 IQ 125가 무엇을 뜻하며, SAT 580점이 무엇을 뜻하는지 당신은 정말 아는가? IQ와 SAT는 정말 다를까? 아니면 IQ와 SAT는 대체로 비슷한 것을 측정하는가? (연구결과를 보면, 두 시험은 정말 긴밀하게 연결된 측정치라고 한다.)[9]

몇 년 전 나는 동료인 더글러스 데터맨Douglas Dettenman과 책 한 권을 편집했다. 우리는 지능 분야의 전문가 24명에게 지능을 정의해달라고 요청했다.[10] 몇 개의 정의가 나왔을까? 당신은 이미 짐작했을 것이다. 24개의 정의가 나왔다. 전문가조차 지능의 뜻에 대해 의견이 분분하다. 그러나 신장의 정의에 대해서는 모든 사람이 동의할 것이다.

신장은 측정 도구에 따라 달라지지 않는다. 당신은 여러 도구로 내 신장을 잴 수 있다. 줄자나 막대자, 어떤 것이든 사용할 수 있다. 그래도 오차는 매우 작다. 내 키는 180cm일 것이다. 줄자로 나를 쟀을 때 약 1.8m가 나올 수 있다. 하지만 다른 정보가 없어도 여러 번 다시 재면 정확하게 180cm를 잴 수 있다. 능력검사의 결과는 이것

입시가 바뀌면 인재가 보인다

보다 더 복잡하다. 당신이 나를 대상으로 6개의 능력검사를 실행한다면, 최대한 6개의 다른 점수들이 나올 수 있다. 6개의 점수들 가운데 일부는 상당한 차이가 있을지도 모른다.

신장은 시간이 흐르더라도 대체로 변하지 않는다. 반면 능력검사 점수는 그렇지 않다. 지금 나의 신장은 황혼의 노년이 될 때까지 그대로 유지될 것이다. 그러나 능력검사를 하고 하루나 일주일, 한 달이 흘렀다고 해보자. 똑같은 검사를 다시 해도 결과가 같으리라는 보장은 없다. SAT의 경우, 한곳에서 실시한 SAT와 다른 곳에서 실시한 SAT 사이에 100개 이상의 변수가 생기는 일이 드물지 않다. 물론 이만큼 변수가 생기는 일은 흔하지 않다. 보통 50개 정도의 변수가 생긴다.

어떤 학생은 표준화 시험을 치르면서 부정행위를 한다. 그는 준비한 답을 손이나 소매에 적는다. 아니면 화장실에 답을 숨겨 놓았다가 시험 도중에 화장실에 다녀오기도 한다. PDA에 답을 저장하기도 한다. 그러나 신장은 어떻게 해도 속일 수가 없다. 그래서 부정행위에 대한 유혹도 덜하다. 물론 어떤 학생은 통굽 구두나 키보정 신발을 신어 자신의 신장을 속이기도 한다.

당신은 신장을 살 수 없다. 부모가 자녀에게 교과서를 사주고, 강좌를 듣게 해주고, 괜찮은 교육을 받게 해주면, 전통적 시험점수는 바뀔 수 있다. 신장의 경우 만성적으로 영양실조에 걸리는 불행한 어린시절을 보내지 않았다면 자랄 만큼 자랄 것이다. 신장이 어느 정도 큰 사람만 대학에 들어갈 것이다. 적어도 미국에서는 그럴 것이다.

신장을 근거로 대학입학을 결정하는 것이 왜 말이 되는지 당신은 알았을 것이다. 그러면 우리가 실제로 편리한 신장 시험을 도입한다고 가정해 보자. 당신이 하버드대학교에 가려고 한다면 신장이 211cm가 되어야 한다. 예일대학교에 가려면 208cm는 되어야 한다. 하위권 대학에는 누구나 갈 수 있다. 거기는 94cm만 넘으면 입학하기 때문이다. 최하위권은 91cm만 되어도 가능하다. 정말 이렇게 된다면 어떤 일이 벌어질까?

25년이 지나면 CEO와 장군, 요직을 차지한 사람들은 거의 대부분 신장이 클 것이다. 반면 사회 하층민은 대부분 신장이 작을 것이다. 이것은 무엇을 드러낼까? 신장이 큰 사람이 이 사회에서 유리하다는 것이다. 똑같다. 어떤 사회에서든 부자가 가난한 자보다 유리하고, 남자가 여자보다 유리하며, 흑인이 백인보다 유리한 사회도 있겠지만 백인이 흑인보다 유리하다. 어떤 종교인이 다른 종교인보다 유리하며, 높은 계급이 낮은 계급보다 유리하다. 이 사고실험은 결국 다음과 같은 사실을 우리에게 증명해 보인다. 사람들은 사회 계급을 구성하는 방법을 나름대로 고안할 수 있다. 이 방법은 스스로 성취하는 예언이기도 한데, 사람들은 이 예언을 강화하는 수단까지 만들 수 있다.

시험점수를 기꺼이 무시하기

어떤 대학의 입학 사정관은 시험점수가 높지 않으면 학생을 입학시

입시가 바뀌면 인재가 보인다

키지 않으려 한다. 시험점수가 낮은 학생이 입학하여 학업을 제대로 수행하지 못하면, 입학 사정관은 자신이 비난받을 거라고 걱정한다.

어떤 신입생 집단에서도 낙제할 가능성이 있는 학생은 매년 있다. 일부 대학의 학장은 무엇이 잘못되었는지 단서를 찾으려고 신입생의 입학서류를 다시 검토할 것이다. 다른 학생은 낙제하지 않는데, 이 학생은 왜 낙제할까? 입학서류를 검토하던 사람이 다음 사실을 발견했다고 가정해 보자. 낙제한 학생이 대학에 들어올 수 있었던 이유는 입학 사정관 한 명이 이 학생에게 높은 점수를 줬기 때문이다. 당연히 이 입학 사정관은 자신이 문책당하지 않을까 걱정할 것이다. 대학이든, 대학원이든, 법률회사든, 어떤 조직이든 권한을 가진 사람은 결정을 내리고 나서 조금은 근심한다. 자신이 내린 결정이 중요하기 때문이다. 권한을 가진 사람이 추천한 사람이 일을 제대로 못했을 때, 권한을 가진 사람이 자기 평판을 보호하기 위해 어떤 행동을 할 수 있을까?

그는 의사결정기준을 이용하여 비판을 피하고 평판을 보호할 수 있다. 시험점수가 바로 의사결정기준이다. 학생이 낙제하거나 제대로 적응하지 못하면, 입학 사정관이나 입학처는 시험을 탓할 수 있다. 시험에 문제가 있어서 학생의 성적이 엉망이라는 것이다. 그러나 입학 사정관이나 입학처가 학생 문제를 논하면서 시험점수를 고려하지 않으면, 그들은 다른 사람이 자기들을 비난할 거라고 생각할 수 있다. 시험점수는 학업 성공과 양의 상관관계에 있으므로 입학이나 고용을 결정하는 사람은 시험점수가 낮은 사람을 입학시키거나 고용했을 때 위험을 감수하게 된다. 의사결정자는 앞으로 자신이 비난을 받을 수 있다고 생각하기 때문에, 위험을 감수할 때 얻는 유익이 위험을 감수할 때 치르는 비용보다 더 큰지 계산할지도 모른다.

학교 순위 발표는 압박 요인이다

학교 순위는 대학의 행동뿐 아니라 초등학교와 중학교의 행동까지도 영향을 준다. 그 영향을 과장하기도 어렵다. 어쩌면 대부분의 초등학교와 중학교는 학생이 치러야 하는 표준화 시험을 준비하기 위해 수업을 한다. 그것도 아무렇지 않게. 초등학교와 중학교는 그렇게 수업을 해야 한다. 연방 정부와 주 정부는 학교를 강하게 몰아세우며, 학생이 상당히 많은 학문 지식을 통달했는지 증명하라고 요구한다.

그러나 학생이 사회생활을 하게 되면 학교에서 배운 지식은 그다지 중요하지 않게 생각될 것이다. 단지 학생의 성적이 기준에 이르지 못하면 교장은 직업을 잃고, 학교 이사회는 학교 통제권을 박탈당할 수 있다.

더구나 행정구역마다 시험결과가 공개되므로, 시험결과는 부동산 가격을 예상하는 탁월한 지표가 된다. 시험성적이 더 높은 구역의 부동산 가격도 높다. 이것은 내가 직접 경험한 사실이다. 최근 나와 아내는 보스턴 지역에서 집을 물색했다. 이 지역의 시험성적

입시가 바뀌면 인재가 보인다

은 부동산 가격과 거의 유사했다. 시험성적을 알면, 집 가격도 당연히 안다. 거꾸로 집 가격을 알면 시험성적도 알 수 있다.

시험 때문에 학교는 학생을 온전히 교육시켜야 하는 책무를 은근히 소홀히 한다. 그런데 「US 뉴스」와 「월드 리포트」 등은 대학과 대학원 순위를 공개하면서, 교육보다 학교 순위 향상을 목표로 삼도록 학교를 부추긴다. 학교 순위를 정할 때 시험성적은 상당히 중요하다. 학교의 전국 인지도 같은 다른 기준에 비해 시험성적은 쉽게 이해되기 때문이다. 그래서 학교는 열심히 평균점수를 높이려 하고, 검정회사는 이런 노력 덕분에 권위와 힘을 얻게 된다. 검정회사로서는 지금이 정말 좋은 때이다. 검정회사가 만든 시험이 시장에 뿌리를 내린다면, 시험이 무엇을 측정하든 간에 검정회사는 많은 돈을 쉽게 벌 수 있을 것이다.

시험은 책무성을 점검하는 수단이라고 한다. 잡지와 신문은 책무성의 지표를 그냥 공개할 뿐이라고 한다. 이 주장은 책무성을 판단하는 기준에서는 괜찮은 주장이다. 아마 그 기준은 그렇게 끔찍하지 않을 것이다. 이 기준을 알기 위해 흑마술 기법이나 부두교 제의 기법을 알아야 하는 것은 아니기 때문이다. 하지만 지금 우리가 활용하는 시험은 온전하지 못할 때가 많다. 이 시험이 측정하는 지식은 일터에서, 심지어 일상 생활에서도 그다지 유용하지 않을 것이다.

대학은 「US 뉴스」와 「월드 리포트」가 공개하는 순위와 다른 매체의 순위에서 높은 위치에 오르기 위해 안간힘을 쓴다. 시험점수가 높으면 순위도 오른다. 반면 시험점수가 낮으면 순위가 떨어질 수 있다. 더구나 순위가 떨어진 것에 책임이 있는 사람은 직업을 잃을 수도 있다.

미신과 자기충족 예언

나는 가끔 아주 멋진 애리조나나 뉴멕시코에 강연을 하러 간다. 이상하게 내가 강연을 마치면, 초대자는 내 할 일이 모두 끝났다며 나를 집으로 돌려보낸다. 다시 부른 적도 거의 없다. 지금도 나는 "다른 지역에서도 나를 초청할 것이고, 그러면 나는 더 멋진 지역에서 더 많은 시간을 보낼 수 있을 거야"라고 생각한다.

내가 비를 내리게 하는 서비스를 시작했다고 가정해 보자. 수자원이 점점 부족해지면, 이 서비스는 순식간에 번창할 것이다. 지자체든, 주 정부든, 어떤 사람이든 나를 초대하려는 사람들에게 나는 이렇게 약속한다. 비를 내리게 하는 조건으로 나와 계약을 하면 비를 내리게 해주겠다. 비가 내리지 않으면 두 배로 보상하겠다. 그래서 나는 애리조나를 다시 방문할 기회를 얻는다고 가정해 보자.

나는 애리조나에 도착해서 대학입학이나 지도력처럼 내가 잘 아는 내용을 강연하는 대신 기우제를 드린다. 내가 기우제를 드린 날에 비가 올까? 내가 애리조나에 있긴 하지만 비가 올 것 같지는 않다. 나를 초청한 지역은 두 배로 보상하라고 구할 것이다. 여기서 나는 이렇게 해명한다. 당신들이 크게 오해했다. 여긴 애리조나이다. 당신들도 기우제를 하루 드린다고 해서 비가 올 것이라고 예상하지 않았을 것이다. 애리조나처럼 대단히 건조한 환경에서 비가 오려면 몇 주, 심지어 몇 달이 걸릴 수 있다. 그러니까 나는 매일 아침에 기우제를 드리고 나머지 시간에는 관광을 할 것이다. 이렇게 그들과 약속하고 나서 마침내 비가 내린다. 주민들이 나를 초청한 것은 훌륭한 판단이었다고 칭찬하는 가운데 나는 이 지역을 유유히 떠난다.

지금 지어낸 이 이야기는 황당하다. 하지만 이것은 미신이 어떻게 작용하는지를 잘 보여준다. 당신이 정말 기우제를 여러 날에 걸쳐 드린다면, 결국 비는 올 것이다. 비가 절대 오지 않는다면 당신은 살아남지 못할 것이다. 변명할 시간이 별로 없다. 당신은 기우제를 믿지 않는다고 대답할지도 모른다. 나도 믿지 않는다. 하지만 당신도 똑같은, 강력한 미신에 빠질 수 있다. 예를 들어, 아파트 2층이나 복잡한 사무실 건물 2층에서 엘리베이터를 타려고 기다릴 때, 어떤 사람이 허둥지둥 달려와 엘리베이터 버튼을 누른다. 그런데 이미 버튼에 불이 들어와 있다. 다른 사람이 이미 버튼을 눌렀다는 뜻이다. 다른 사람이 이미 누른 버튼을 왜 다시 누를까? 심리학자가 말하는 100% 강화 예정을 엘리베이터가 제공하기 때문이다. 버튼을 누르면 엘리베이터는 언제나 온다. 이미 불이 들어온 버튼을 눌러 봐야 아무런 효과가 없지만, 버튼을 누르면 엘리베이터가 움직인다는 생각 때문에 사람들은 계속 버튼을 누른다.

내가 지금 다른 사람의 미신을 비웃는 것처럼 보일 것이다. 하지만 나에게도 미신이 있다. 나는 부모님이 47년 전에 주신 목걸이를 착용한다. 부모님은 목걸이가 나에게 행운을 가져다준다고 말했다.

정말 그럴까? 난 모르겠다. 하지만 나는 대체로 잘 살고 있고, 목걸이를 착용하는 것도 아주 쉬운 일이므로 매일 목걸이를 착용한다. 목걸이를 벗어도 아무런 일이 일어나지 않을 것이다. 하지만 무슨 일이 일어난다면 어떻게 될까? 미신은 바로 이런 식으로 유지된다. 학문 영역에서도 마찬가지다.

사회가 높은 시험점수가 학생 성공의 필요조건이라고 믿게 되면, 사회 구성원은 증거가 없어도 계속 그것을 믿게 된다. 내가 예일대학교 학생일 때 일부 동기들은 SAT 650점 이하 학생은 대학원 과정을 통과하지 못할 거라고 말하곤 했다. 실제로 그들은 대학원 과정을 통과한 학생은 모두 그 점수보다 높은 점수를 받았다고 지적했다. 그들의 지적은 옳았다. 당시 예일대학교는 낮은 점수를 받은 학생을 입학시키지 않았다. 우리는 낮은 점수를 받은 학생이 어떻게 학업을 수행하는지 전혀 알지 못했다. 칼리지와 종합대학에도 나름대로 미신이 있다. 시간이 흐르면 우리도 그것을 믿게 된다. 이 미신은 황당하다기보다는 나름대로 근거가 있다고 생각하게 된다.

어떤 미신은 다른 사람에게 전혀 문제가 되지 않는다. 내가 목걸이를 걸어도 다른 사람은 다치지 않는다. 하지만 심각한 결과를 낳는 미신도 있다. 우리가 지나치게 시험을 잣대로 들이댄 결과 많은 학생이 자기 능력을 보여줄 기회조차 얻지 못하고 있다. 기회만 있었더라면 그들은 자기 능력을 보여줄 수 있었다. 따라서 시험이 만들어 놓은 틀에 맞지 않는 학생은 손해를 본다. 더구나 시험결과는 단순한 점수가 아니라 더 많은 뜻을 담고 있다고 확신하는 바람에

입시가 바뀌면 인재가 보인다

그런 학생은 고통을 당한다.

　나는 이런 미신이 실제로 어떤 효과가 있는지 체험했다. 어린시절 내 IQ 점수는 형편없었다. 시험 불안 때문에 점수가 형편없다고 믿고 싶었다. 그러나 진실을 누가 알겠는가? 1950년대에 나는 초등학교를 다녔는데, 이 학교는 2년마다 집단 IQ 검사를 했다. 내 점수는 역시 낮았다. 선생님은 내가 멍청하다고 생각했고, 나도 그렇게 믿었다. 선생님이 직접적으로 IQ 점수를 알려주지는 않았다. 하지만 선생님이 행동하는 모습을 보면 알 수 있었다. 1학년 때는 겨우 보통 수준이었고 그때는 선생님도 안심했다. 선생님의 예상이 맞았기 때문이다. 선생님이 안심하니 나도 편안했다. 결국 모두 다 편안했다. 2학년이 되자 보통보다 조금 못한 수준이 되었다. 3학년 때는 더 나빠졌다. 이는 지극히 일반적 경향이다. 이런 현상을 때때로 '누적 결핍'이라 한다. 기대가 낮으면 학생의 성적도 전년보다 더 낮아진다. 그는 결국 항상 지는 자로 분류된다.

　나는 정말 항상 지는 자였을까? IQ 점수가 낮으면 학업수행도 형편없을 것이라는 미신이 유지되는 한, 미신은 스스로 성취되는 예언을 낳는다. 나는 바로 이 예언에 희생당했다. 따라서 학문적 미신도 피해를 준다. 미신은 미신이 작용하는 대상에게 해를 끼친다. 미신은 학교와 사회에도 해를 끼친다. 미신 때문에 학생은 능력을 제대로 펼치지 못하고 사회에서 재능을 발휘하지 못한다.

　나는 운이 좋았다. 4학년 때 버지니아 알렉사^{Virginia Alexa} 선생님을 만났다. 일부 입학 사정관처럼 알렉사 선생님은 시험점수 너머의 다른 것을 보셨다. 알렉사 선생님은 내가 잘하리라 믿으셨다. 그리고 내가 잘할 것이라고 말씀하시기도 했다. 학년마다 선생님을 기쁘게 하려고 노력했듯이 나는 알렉사 선생님을 기쁘게 해주고 싶었다. 솔직히 선생님에게 완전히 반해서 선생님이 나보다 나이가 많고 결혼까지 했다는 사실이 속상했다. 결국, 4학년 때 나는 우등생이 되었다. 알렉사 선생님의 믿음이 내 미래를 바꿔 놓았다. 나는 자주 묻는다. 알렉사 선생님이 담임이 아니었다면 난 어떻게 되었을까? 지금 나는 어떤 사람이 됐을까? 대학입학업무를 할 때도 궁금했다. 나처럼 자신을 믿어 주는 선생님만 있었더라면, 성적이 훨씬 좋아졌을지 모르는 학생이 얼마나 될 것인가?

이것이 그저 나의 단순한 과거사에 불과하다면, 이것은 단지 개인에게 속하는 특수 사례일 뿐일 것이다. 그러나 이런 사례는 어디서나 보인다. 한 아이의 사례를 보자. 이 아이를 아담이라 부르겠다. 아담은 초등학교 때 전학을 했다. 전학한 학교의 선생님이 아담을 읽기모둠에 배정해야 했으므로 주임교사가 전학 첫날 아담에게 독해시험을 치르게 했다. 대학도 마찬가지다. 학생이 입학하자마자 언어나 수학 과목으로 배치시험을 친다. 당연한 얘기지만 새로운 학교에 입학한 지 3~4일 만에 시험을 치르게 하는 것은 바람직하지 않다. 낯선 환경에 적응해야 한다는 부담감이 마음을 짓누르는데, 시험이 눈에 들어올 리 없다.

아담은 독해시험을 망쳐 버렸다. 이것은 학교가 이미 결정을 내렸다는 뜻이다. 현재 학교는 아담이 이전 학교에서 독해 실력이 좋았다는 것을 고려할 수 있다. 아담의 독해 실력은 현재 학교에서도 본질상 변하지 않았다. 따라서 현재 학교는 아담을 상급독서모둠에 배치할 수 있다. 반면, 현재 학교는 시험이 모든 것을 말해 준다는 미신을 따를 수도 있다. 아담은 독해시험을 망쳤으므로 현재 학교는 아담을 기초독서모둠에 배치할 수 있다. 일단 현재 학교는 아담을 기초독서모둠에 배치했다. 상급독서모둠에 배치할 수도 있었을 텐데 현재 학교는 그 가능성을 무시해 버렸고 아담은 실패하도록 배치되었다.

몇 주 후 선생님은 아담의 실력을 눈치챘다. 아담은 반 친구들보다 독해수준이 훨씬 뛰어났다. 선생님은 아담이 상급독서모둠에 들어가도록 추천했다. 하지만 학교는 시험이 모든 것을 말해 준다는 맹신 때문에 추천을 무시하고 아담에게 시험을 다시 치르게 했다. 아담의 독해시험점수는 중급반 수준까지 올라서 중급반에 들어갔다. 하지만 중급반 친구들보다도 월등했다. 아담은 다시 한번 더 시험을 치러야 했고 이번에는 상급반 수준으로 평가되었다. 학교는 시험이 모든 것을 말한다는 잘못된 믿음에 빠져 있다. 이 믿음대로라면 학교는 아담을 상급반으로 편입시켜야 했지만 그렇게 하지 않았다. 아담은 그대로 중급반에 남아 있어야 했다.

아담의 부모님은 아담이 왜 중급반에 남아 있는지 상의하려고 면담을 요청했다. 면담에는 교사와 교장, 독서 지도사, 학교 심리학자가 참석했다. 이들은 아담 부모에게 "아담은 상급반 수준의 점수를 받았지만, 상급반 학생이 읽은 책을 아직 읽지 않았다. 아담을 상급반으로 옮긴다면, 그는 상급반 학생들의 기술을 발휘하지 못할 것이다. 아담은 아직 그런 기술이 없기 때문이다."라고 설명했다. 아담의 부모는 이들의 말을 믿을 수 없었다. 아담의 부모는 아담이 뒤처져 있는 이유를 이들에게 상기시켰다. 처음부터 학교가 아담을 초급반에 넣었기 때문이었던 것이다.

아담의 부모는 아담이 책을 잘 읽도록 교육시켜 왔다. 아담이 책을 집으로 가지고 오면, 부모는 아담과 함께 책을 읽으면서 읽기기술을 익히도록 도왔다. 그들은 충분히 그럴 자격이 있다고 생각했다. 둘은 모두 박사학위 취득자였고, 교육계에 종사하고 있었다. 하지만 학교는 교칙을 내세우며 읽을거리를 집으로 가지고 가면 안 된다고 지적했다. 학교의 교육담당자들은 시험이 모든 것을 말한다는 주장을 아담의 부모에게 분명히 각인시키려 했다. 그러나 이 주장은 자신들이 만들어낸 자기 충족적 예언이다. 학교의 교육담당자들은 스스로 성취되는 예언이 이뤄진다는 것을 대단히 완고하게 확신시키려 했다. 그런데 이 예언은 바로 자신들이 만들어낸 것이다.

우리는 칼리지와 종합대학은 이런 잘못된 믿음에서 벗어나 있다고 생각한다. 그러나 잘못된 믿음은 우리 교육제도 곳곳에 뿌리를 내리고 있다. 그 뿌리는 초등학교까지 뻗어 있다. 초등학교와 중학교가 표준화 성취시험을 사용하듯이 대학도 SAT 같은 시험을 똑같이 사용한다. 대학이 사용하는 논리는 때로 우습다. 학생의 미래가 이런 시험에 걸려 있지 않다면 이 논리는 우습다고 봐야 한다.

나 또한 검정회사와 심리 관련 업무 회사에서 일한 적이 있다. 당시 고객불만으로 접수된 사건이 유독 눈에 들어왔다. 한 학생이 대학원에 응시했는데, 그는 MAT^Miller Anaologies Test에서 25점을 받아야 했다. 당시 MAT는 100문제였고, 사지선다형이었다. 따라서 그냥 무작위로 답을 골라도 25점은 받을 수 있다. 그럼에도 불구하고 이 학생은 25점보다 낮은 성적을 받았다. 그래도 그는 대학원에 응시했고 합격도 했다. 그의 다른 자격이 워낙 탁월했기 때문이다. 그는 대학원 과정을 수료했고, 우수한 성적으로 졸업할 예정이었다. 이때 그에게 깜짝 놀랄 만한 소식이 날아왔다. 졸업하려면 MAT를 다시 봐야 하며, 적어도 25점 이상 받아야 입학조건을 맞출 수 있다는 것이었다. 여기서 시험이란 예측자는 시험이 예측해야 하는 기준보다 더 중요하다. 시험은 대학 수준의 학업수행 능력을 예측해야 한다. 그런데 이 경우에 학업수행 능력보다 시험이 더 중요하다. 그는 MAT에 다시 응시할 의무가 없다고 항의했다. 그러나 다시 시험을 치렀고 26점을 받자 항의는 흐지부지 되었다. 그는 우수한 성적으로 졸업했다. 흔한 일은 아니지만 나는 지금도 비슷한 이야기를 듣는다.

학문의 세계에서 생겨나는 잘못된 믿음은 비단 시험점수에서 끝나지 않는다. 어린 소녀의 사례를 보자. 이 소녀를 마가렛이라 부르겠다. 이 사례는 권위 있는 인물이 중요하다고 규정한 기준과 관련이 있다. 마가렛이 유치원을 마치자, 마가렛을 담당했던 몬테소리학교 교사는 마가렛이 유치원에 남아야 한다고 생각했다. 초등학교 1학년을 성공적으로 보내기 위해서는 사교술이 필요한데, 교사가 보기에 마가렛의 사교술은 턱없이 부족했다. 마가렛의 부모는 교사를 설득해 마가렛을 무사히 초등학교에 진학시킬 수 있었다. 수년 후 마가렛은 아이비리그에 입학했다.

어떤 분은 도대체 무슨 말을 하려는 것인지 묻고 싶을 것이다. 시험점수는 대체로 학업성취를 예측한다. 그렇다면 학교가 시험을 활용하여 학업성취를 예측해선 안 된다는 말인가? 나는 이런 목적으로 시험을 사용하는 것에 반대하지 않는다. 실제로 시험을 활용하여 학생의 장점과 단점을 파악하고, 학생 스스로 장점을 활용하고 약점을 보완할 수 있도록 학생을 도울 수 있다.

하지만 안타깝게도 시험은 그렇게 사용되지 않는다. 일부 학교에는 탈락조건이 있다.[11] 어떤 학교는 탈락조건을 드러내고 공시하기도 한다. 물론 탈락조건을 드러내지 않기도 한다. 조건을 드러내지 않는 대학의 담당자는 탈락조건을 알지만 말하지 않는다. 일부 비즈니스 스쿨의 경우, 어떤 사람의 GMAT 점수가 600점 이하라면, 그가 비즈니스 스쿨에 들어갈 가능성은 제로에 가깝다. 학부도 대학원과 마찬가지로 입학결정기준을 사용한다. 대부분의 대학교가 그렇다. 입학결정기준을 사용할 경우 대학은 다음과 같이 전제한다. 입학결정기준은 어떤 면에서 누가 대학교에서 성공하고, 실패할지 정확히 예측한다. 또한 이 대학들은 이런 기준을 사용하면 입학과정이 조금은 '공정'해진다고 전제한다. 시험점수가 가족수입과 상관관계가 있다고 가정하면, 시험점수 대신 가족수입을 입학결정기준으로 삼아도 공정할 것이다.

입시가 바뀌면 인재가 보인다

재정상태도 본다

가족수입을 입학결정기준으로 삼는 것이 공정하다니 말이 되는 소리인가? 그러나 많은 학교가 입학조건을 고려할 때 가족수입을 염두에 둔다. 실제로 대부분의 학교가 그렇다. 이 학교들은 '학업성적만 보고' 학생을 선발하지 않는다. 재정지원을 고려하여 일부 지원자를 선발한다는 말이다. 한마디로 가족수입은 입학결정에 중대한 영향을 미친다. 정해진 절차가 있는 대학도 있고 절차가 없는 대학도 있다. 대체로 이런 학교들도 학업성적만 보고 선발하고 싶어 한다. 단지 학교의 계획만큼 경제적 재원이 넉넉하지 않을 뿐이다.

프린스턴대학교의 경제학자인 제시 로스스테인Jesse Rothstein은 시험점수가 학생의 사회경제적 배경을 기본적으로 '세탁한다'고 주장했다.[12] SAT 점수의 상당 부분은 학생이 다닌 고등학교의 질에 원인을 귀속시킬 수 있다. 고등학교의 질은 사회경제적 계급에 따라 변한다. 따라서 원래 시험점수는 학생성적에 드리워진 가족배경을 효과적으로 대체하는 기능이 있다. 그러나 시험점수는 그것을 교묘하게 가린다. 그래서 입학 사정관은 시험점수를 보면서도 낮은 사회경제적 배경 같은 요인들을 참작하려고 하지만, 누구도 사회경제적 배경과 시험점수의 관계를 완전하게 알 수는 없다.

사회경제적 지위란 개념은 아직 정확하게 정의되지 않았지만 사회경제적 지위는 사회적 신분을 가리킨다고 말할 수 있다. 사회적 신분은 거주지 같은 사회변수와, 가족의 수입과 자산 같은 경제 변수, 교육 배경 같은 교육 변수가 고려된 개념이다.

사회경제적 지위가 왜 시험점수와 밀접한 상관관계를 맺고 있을까? 사람들은 제각각 다른 이유를 설명한다. 사람들이 내놓은 이유들이 상충되는 것은 아니다. 사회경제적인 상류층에서 자란 아이는 시험이 측정하는 기술을 배울 수 있는 기회가 더 많았을 것이고 이 때문에 다른 아이보다 시험에 유리하다는 이론이 있다. 사회경제적 배경과 시험점수는 정말 유전적으로 결정된다는 이론도 있다.[13] 이 이론에 따르면 똑똑한 사람은 유전자를 자녀에게 물려주고, 이 자녀들은 유전자 덕분에 똑똑하게 태어난다. 이 유전자 덕에 그들은 더욱 탁월해지고 사회경제적 수준이 더욱 높아진다. 그리고 '성공' 유전자는 다음 세대로 이어진다. 이 대물림은 계속된다. 하지만 유전자 요인과 환경 요인은 상호작용한다고 보는 것이 가장 그럴듯하다. 인간 행동의 여러 모습도 마찬가지이다.

닫힌 제도와 닫힌 문

표준화된 '적성'검사가 닫힌 사회를 낳는다고 볼 수 있다.[14] 이 적성검사는 성취를 예측한다. 적성검사는 자체가 성취검사이기 때문이다. SAT 논리력 시험과 SAT 과목별 시험(흔히 말하는 SAT II)은 여러모로 비슷하다. 문제만 보아서는 2개의 시험을 구분할 수 없다. 20세기가 시작되면서 등장한, 비네의 지능검사는 학교성적을 예측하는 것이 목적이었다. 비네의 지능검사는 원래 성취검사로 만들어졌다. 학생이 특정 나이나 학년이 되었을 때 습득해야 하는 기술을 측정하는 검사가 바로 성취검사이다. 따라서 검사는 닫힌 체계를 낳는다. 예를 들어, 능력검사점수는 성취검사점수를 예측한다. 능력검사가 성취검사이기 때문이다. 그리고 이 능력검사는 매우 '타당하다'고 알려져 있다. 그래서 이것을 사용하는 사람은 기뻐한다. 원래 능력검사는 다른 검사점수를 예측하는 검사이지만, 검사가 아닌 것처럼 분류되기 때문이다.

사회계급이 분화되는 근거는 때와 사회에 따라 다르다. 우리 사회도 똑같다. 미국도 초기에는 사회경제적 기준을 먼저 고려하여 학생을 분류했다. 대학입학도 똑같았다. 그 후에 시험점수가 기준으로 사용되었다. 시험점수는 다른 기준보다 '공적을 기초로' 하는 것으로 보였다. 하지만 시험점수도 사회경제적 계급이란 지표와 대체로 같은 결과를 낳았다. 시험점수가 처음 기준으로 사용되었을 때, 시험점수는 사회경제적 계급과 완전히 다른 기준으로 생각되었다. 입학 사정관은 성별과 인종, 계급을 여러 차례 입학기준으로 사용했다. 이 과정에서 입학 사정관은 자신이 사용한 기준이 미래 결과를 예측한다는 것도 알게 되었다. 이것은 입학 사정관만의 생각이 아니었다. 입학 사정관은 당시 사회분위기를 반영했을 뿐이다. 다음 사실을 명심하자. 몇 년 전만 해도 미국에서 흑인이 대통령에 당선될 가능성이 있다고 생각한 백인은 거의 없었을 것이다. 이런 파격적 지도자를 배출하는 것이 다른 나라에서는 대체로 불가능한 것 같다.

20세기 초부터 사용하던 임상검사와 거의 똑같은 검사를 21세기인 지금도 사용한다고 상상해 보라. 당신이 감기보다 더 심한 병에 걸렸다면, 당신은 분명 걱정할 것이다. 우리 사회는 100년 전에 고안된 능력검사와 성취검사를 지금도 거의 똑같이 사용하고 있으니[15] 이것도 걱정해야 한다. 지금 우리가 사용하는 능력검사와 성취검사는 더 정교하고, 더 복잡하고, 더 세심하게 구성되어 있다. 하지만 검사의 근본 구조는 여전히 그대로다. 오늘날 우리 사회에서도 좁은 지능개념이 널리 퍼져 있는 것 같다. 우리가 말한 닫힌 체계 때문에 좁은 지능개념이 인기가 있다. 닫힌 체계는 자족적이고 내적으로 일관성이 있다. 그래서 빠져나가기도 힘들다. 닫힌 체계가 일단 자리를 잡으면, 닫힌 체계는 스스로 생존하면서 잘 변하지도 않는다.

닫힌 체계가 만들어내는 악순환은 벨 커브Bell Curve를 낳았다. 리처드 헤른슈타인Richard Herrnstein과 찰스 머리Charles Murry가 쓴 『The Bell Curve』는 미국에서 지능과 계급구조의 역사를 살핀다.[16] 헤른슈타인과 머리가 1994년에 제시한 분석에 따르면, 평균적으로 전통적 지능검사는 여러 실제 결과에서 나타나는 변이의 약 10%를 설명한다. 10%라는 수치는 사소하지는 않지만, 그렇다고 특별히 큰 수치도 아니다. 어떤 분은 지능검사의 사용에 대해 왜 이렇게 말이 많은지 모르겠다고 불만을 토로할지도 모른다. 물론 헤른슈타인과 머리가 10%의 뜻을 하찮게 여겼다고 주장할 수 있다. 하지만 그들이 기존 시험을 사용해야 한다고 강력히 주장했다는 점을 고려할 때, 그들은 기존 시험의 가치를 하찮게 여기지 않았을 것이다. 실제로 그들은 지능검사의 예측력을 매우 높게 평가했다.

지능검사는 분명히 나름대로 유용하다. 그렇다면 얼마나 유용할까? 헤른슈타인과 머리는 책에서 '자연의 보이지 않는 손'을 언급한다. 자연의 보이지 않는 손은 사건을 야기하여, IQ가 높은 사람이 사회경제적 계층의 최정상에 오르도록 한다. 반면 IQ가 낮은 사람은 최하위 계층으로 떨어지도록 한다. 헤른슈타인과 머리는 자료를 통해 이 주장을 뒷받침한다. 이들이 제시한 자료는 여러 측면에서 논쟁거리지만, 미국 사회에서는 정말 옳은 논증으로 받아들여지고 있다. 예를 들어, 변호사와 의사는 평균적으로 환경미화원보다 IQ가 더 높을 것이다.

자료가 정확하더라도 자료를 뒷받침하는 이론이 옳지 않다는 것이 문제이다. 미국 사회에서 이들의 논증이 옳다고 받아들여지는 이유가 무엇일까? 자연의 보이지 않는 손이 작용했기 때문에 옳은 것은 아니다. 오히려 닫힌 체계가 형성됨으로써 옳은 논증으로 받아들여진 것이다. 미국과 일부 다른 사회들은 시험점수를 무척 중요하게 여긴다. 초등학교와 중학교에서 상급반에 들어가려면 시험점수가 높아야 한다. 명문대 학부과정에 입학하려면 시험점수가 높아야 한다. 시험점수가 낮은데도, 최고의 소득과 명예가 보장되는 직업을 얻을 수 있을까? 사실상 대단히 어렵다.

미국 사회가 만든 닫힌 체계는 여러모로 슬픈 일을 낳는다. 학생은 초등학교와 중학교에서 목표를 달성하려고 수년간 열심히 노력한다. 대학에서도 똑같이 노력한다. 대학생은 3~4시간 동안 시험을 치른다. 시험성적은 대학과 대학원에 들어가기 위해 노력한 수년간의 결과물 같은 가치를 갖게 된다. 성공을 예측할 때 시험성적이 다른 결과물만큼 타당하다면, 이런 교육체계도 이치에 맞을 것이다. 하지만 시험성적은 그만큼 타당하게 예측하지 않는다.

헤른슈타인과 머리가 말한 10%는, IQ 같은 능력이 삶의 성공에는 크게 중요하지 않지만 조금은 중요하다는 의미이다. 표준화 시험은 생활에 요긴한 다른 능력들을 제대로 측정하지 못하기도 한다. 창의적 · 실용적 기술은 직업세계에서 성공하기 위해서는 필수이다. 하지만 보통 진학 시험은 이런 기술을 측정하지 않는다. 우리는 일부 기술을 치켜세우지만, 정작 직장생활에서는 도움이 안 될 수도 있다.

IQ 검사에 대한 잘못된 믿음이 보여주는 귀류법이 있다. 뉴런던 코네티컷에서는 경찰관 지원자 로버트 조르단Robert Jordan을 탈락시켰다. 이유는 IQ가 너무 높다는 것이다.[17] 로버트 조르단의 IQ는 125로서 높은 수준은 아니지만 평균 이상이다. 경찰은 탈락 이유를 'IQ가 높은 사람은 빨리 지루함을 느껴서 떠날 생각도 빨리 할 것'이라고 설명했다. 다시 말해 그를 훈련시키기 위해 지불한 비용이 헛되이 소비된다는 의미이다. 경찰이 평범함을 중요하게 여기는 것 같아 불편한 사람도 있겠다. 하지만 경찰은 분명히 평범함을 중요하게 생각했다. 로버트 조르단은 소송을 했지만 패소했다.

능력검사로 학교성적이나 등급을 예측한다는 것은 놀라운 일이 아니다. 다시 말하지만, 이런 검사는 학교 성적을 예측하기 위해 고

입시가 바뀌면 인재가 보인다

안되었다. 이 사실을 통해 우리는 미국과 일부 국가들이 어떻게 닫힌 체계를 만들어냈는지 분명히 이해할 수 있다. 학교에서 학생을 가르칠 때 중요하게 부각되는 능력이 있는데, 기억력과 분석력이 그렇다. 능력검사는 이런 능력을 측정하려고 만들어졌으며, 이를 통해 학업수행을 예측할 수 있다. 성취를 평가하는 방법도 만들어졌는데, 성취평가도 기억력과 분석력을 평가한다. 따라서 당연히 능력검사는 직업에서의 성공보다는 학업성취 예측에 더 적합하다. 학교라는 닫힌 체계에서는 일부 능력만 갖추고 있어도 능력검사에서 좋은 점수를 받고, 훌륭하게 가르칠 수 있으며, 성취검사에서 좋은 점수를 받는다. 하지만 이 능력들은 사회생활에서는 별로 중요하지 않다. 직장에서 일할 때, 가족을 부양할 때, 사회에 폭넓게 기여하려 할 때, 그다지 도움이 안 된다는 말이다. 닫힌 체계 때문에 우리가 치르는 비용은 크다. 닫힌 체계는 개인의 선택지를 막아 버리고 사회를 왜곡하며, 개인이 마땅히 누려야 할 기회를 빼앗아 버린다. 사회는 개인의 재능을 썩히는 것이 된다. 닫힌 체계가 왜 생겨났을까?

닫힌 체계가 발달하는 이유를 앞에서 말했다. 덧붙여 우리가 사용하는 검사나 시험이 왜 이렇게 협소한지 역사를 추적하여 설명할 수 있다. 초기 지능 이론가인 찰스 스피어맨Charles Spearman은 20세기에 활발히 활동했는데, 어떤 지능이든 '일반지능g'이 있다고 믿었다. 일반지능이 있다는 믿음은 오늘날 심리학자들에게도 뿌리박혀 있다.[18]

지능을 폭넓게 이해하기

하지만 일반지능 외에 다른 능력이 있을 거라고 믿는 사람도 많다.[19] 하워드 가드너Howard Gardner는 8개의 '다중지능'을 제안했다. 언어지능(당신이 무엇을 읽었는지 이해하기), 논리-수리지능(수표책 점검하기), 공간지능(지도를 보고 새도시에서 당신의 목적지 찾기), 음악지능(노래를 부르면서 곡조 유지하기), 자연애호지능(자연계에서 나타나는 패턴을 관찰하고 이해하기), 운동지능(축구하면서 골 넣기), 대인관계지능(다른 사람 이해하기), 성찰지능(자기 이해하기)이 그것이다.[20] 다중지능이론에서는 대학입시용 시험이 지나치게 좁다고 주장한다. 대학입시용 시험은 주로 언어기술과 논리-수리기술을 평가하기 때문이다.

적어도 오늘날 유행하는 지능개념에 따라 판단할 때, 지능과 상관없는 성질들이 있다. 이 성질들은 상황에 따라 달라지기 때문에 결국 지능과 뒤섞여 시험결과를 왜곡할 수 있다. 내가 자메이카에서 수업했을 때를 예로 들어 보면, 이곳 초등학교는 교실이 보통 하나밖에 없다. 여러 학급이 한 교실을 사용하지만, 학급을 나누는 경계는 전혀 없다. 교실은 늘 시끄러울 수밖에 없었다. 이때 이런 생각이 들었다. 비네가 자메이카 학생의 미래 성공가능성을 측정하기 위해 지능검사를 보정하려 한다면, 자신이 만든 지능검사에 무엇을 첨가했을까? 아마도 듣기검사를 첨가했을 것이다. 교사의 수업 내용을 듣고, 시험문제를 알아듣는 능력은 자메이카 학생에게 중요했

입시가 바뀌면 인재가 보인다

다. 자메이카에서는 수업과 시험문제가 말로 전달되기 때문이다. 뒤쪽에 앉는 바람에 수업을 제대로 듣지 못한 학생은 잘 들은 학생보다 학업수행에서 훨씬 뒤처진다.

지능 측정에서 듣기가 중요하다는 말은 단순한 가설이 아니다. 나는 자메이카 교실에서 관찰한 것을 콜로키움에서 발표했는데, 가이아나에서 온 한 여성도 이 사실에 동조했다. 자메이카 환경과 비슷한 학교를 다닌 그녀도 똑똑한 학생은 왜 항상 앞자리에 앉는지 궁금했다. 그녀의 경험에 따르면 앞에 앉으면 수업이 가장 잘 들리고, 수업에 가장 쉽게 참여할 수 있다. 그러므로 앞자리 학생이 매우 똑똑해 보였을 것이다. 교사는 잘 듣는 능력(청각력)이 지능의 요소라고 생각하지 않았을 것이다. 교사는 청각력의 효과를 지능과 쉽게 뒤섞어 버릴 수 있다. 시력이 약한 학생도 마찬가지다. 이 학생이 안경의 혜택을 누리지 못한다면, 그는 교사에게 똑똑한 학생으로 보이지 않을 것이다.

내가 자메이카에서 체험한, 이런 사실들은 다른 중요한 사실 하나를 말해 준다. 지능 연구는 보통 능력검사를 받는 모든 학생은 학교에서 성공할 기회를 똑같이 갖는다고 전제한다. 그러나 현실은 전혀 그렇지 않다. 나와 동료들은 1997년 자메이카에서 장내기생충 감염이 학생인지기능에 미치는 영향을 연구했다.[21] 우리의 연구에 따르면, 감연된 학생은 고차원의 인지능력이 필요한 시험에서, 감염된 학생은 건강한 학생보다 훨씬 낮은 점수를 받는 경향이 있었다. 사회경제적 계급처럼 혼란을 줄 수 있는 변인까지 통제했는데도, 감염된 학생의 성적은 나빴다. 또한 학생이 감염치료약을 먹고 건강을 회복했는데도, 인지능력검사점수는 달라지지 않았다. 감염 때문에 생긴 손상이 오래 지속되면서, 효과가 빠른 알약도 손상을 완화하지 못한 것으로 생각되었다. 기생충에 감염된 학생은 숙제에 집중하기 어렵다고 느낀다. 일단 몸이 안 좋기 때문이다. 자료를 보면, 건강이 좋지 않아 결석하거나 수업에 빠지면서 학습결손이 누적되면, 결손을 쉽게 메울 수 없다는 것을 알 수 있다. 형편없는 음식을 먹거나, 집이나 학교에서 안전하게 보호받지 못한 학생들은 건강이 나빠져 고생한다. 어떤 사회든 이런 학생은 평등한 성공기회를 얻지 못한다.

사회는 사람을 분류하는 데 여러 가지 기준을 사용할 수 있으며, 실제로 사용하기도 한다. 어떤 사회는 계급제도를 사용한다. 인도는 계급제도를 드러내 놓고 사용하고, 미국은 은밀히 사용한다. 다른 국가들은 인종과 종교, 부모의 자산을 사용하거나 사용해 왔다. 여러 가지 기준을 같이 사용하는 사회도 많다. 분류 체계가 자리를 잡으면, 엘리트 교육이나 다른 방법으로 권력구조에 손이 닿은 사람은 그 자리를 유지하기 위해 자신과 비슷한 사람을 찾을 것이다. 인간관계에서 유사성보다 호소력이 강한 매력은 없을 것이다. 닫힌 체계가 끊임없이 재생산되는 것도 그 때문이다.

지금까지 우리는 왜 이런 사실을 지적했는가? 이유는 이렇다. 첫째, 수레가 말 앞에 있다. 본말이 뒤집어진 것이다. 평가에 대한 과학이 발전할 기회를 얻기도 전에 사람들은 상업적 이익부터 따지기 시작했다. 둘째, 몇몇 기업이 검정사업을 독점하자, 이 분야에서 일하는 많은 연구원들이 관련 기업에 취업하거나 동종 기업에서 재정 지원을 받게 되었다. 그리고 당연히 이윤을 높이기 위해 계속 노력할 것이다. 셋째, 우리는 책무성에 붙들렸고, 여전히 붙들려 있다. 하지만 우리는 책무성을 측정하는 인지적·교육적 기준이 정말 좁다는 것을 제대로 직시하지 않는다. 넷째, 학교 시험은 일반능력개념과 일치했다. 일반능력개념은 많은 심리학적 연구활동에 스며 있다. 마지막으로, 어떤 기준으로 보면 시험은 정말 효과가 있다. 평범하고 적당한 수준에서 시험은 여러 성공을 예측한다. 따라서 우리는 시험이 과연 성공을 예측하는지 묻지 말아야 한다. 오히려 학생평가의 전체 과정을 개선하는 방법을 고민해야 한다.

우리가 겪는 입시문제는 '사악한' 검정회사 탓이라고 비난하기 쉽다. 하지만 이 검정회사들은 다수 검정회사와 그다지 다르지 않다. 더 사악하지도, 더 선하지도 않다. 검정회사들은 돈을 벌기 위해 존재한다. 칼리지와 종합대학이 다른 형태의 시험을 주문한다면, 검정회사는 그에 맞는 시험을 제작할 것이다. 하지만 대학입장에서는 지금까지 사용한 시험이 대체로 편리하다. 결국 우리의 어려움을 누구 탓으로도 돌릴 수 없다. 오히려 우리는 적절하지 않은 제도에 갇혀 있는 셈이다. 이 제도는 이미 우리 가운데 뿌리내렸다. 이 제도는 권력을 가진 사람에게 유리하고, 이 제도에서 유익을 누리지 못하는 사람들의 목소리는 변화를 일으킬 만큼 강력하지 않다.

우리는 어떻게 현재의 입시를 선택하게 되었을까

대학입시의 역사

기존 대학입시를 이루는 요소는 무엇일까? 어떤 평가법이 사용될까? 입학은 어떻게 평가되어 결정되는 것일까? 교육계나 심리학에서 사용되는 시험이 기본적으로 추구하는 목표는 평가를 종합하여 시험 응시자가 강점을 활용하고, 실수를 예측함으로써 약점을 보완하도록 평가 결과를 종합적으로 활용하는 것이다.

고등학교 내신성적

고등학교 내신성적인 GPA는 대부분의 칼리지와 종합대학이 사용하는 입학자격조건에서 가장 중요한 요소이다. GPA는 하나의 평가로서 장점이 많다.

먼저, 미래 행동을 예측하는 가장 훌륭한 지표는 보통 그 사람의 과거 행동이나 습관 등과 같은 것이다. 어떤 사람이 휴일에 과식하는 버릇이 있다면, 그는 앞으로도 그렇게 행동할 것이다. 어떤 사람이 자선활동을 많이 했다면, 그는 앞으로도 그렇게 할 것이다. 성적이 좋았던 학생은 앞으로도 성적이 좋을 것이다. 공부는 대학교육의 주춧돌이며, 공부를 제대로 수행하지 못하는 학생은 일찍 탈락할 수 있다. 그래서 입학 사정관은 GPA를 기초 자료로 삼아 입학결정을 한다. 일리 있는 행위이다.

GPA는 숫자 하나로 표시되지만, 여러 기술을 얼마나 통달했는지를 보여준다. 이것이 GPA의 두 번째 장점이다. GPA는 학생의 학업능력을 반영한다. 좋은 성적을 받기 위해서 학생은 지식을 습득하고 지식으로 추론해야 하기 때문이다. GPA는 학생의 실용적 능력까지 반영한다. 예를 들어, 학생은 자신에 대한 기대를 이해할 수 있을까? 여러 종류의 시험(사지선다형과 쓰기시험)에 대비하여 적절한 전략을 고안할 수 있을까? 교사가 어떤 문제를 낼지 제대로 짐작할 수 있을까? 한 과목이 아니라 여러 과목을 통달할 수 있도록 시간을 활용할 수 있을까? 더구나 GPA는 동기까지 반영한다. 즉, GPA는 좋은 성적을 받기 위해서 열심히 공부한 학생들의 마음을 반영한다.

GPA는 쉽게 알아볼 수 있고 사용될 수 있다. 이것이 GPA의 세 번째 장점이다. 대부분의 학교가 GPA를 산출한다. 따라서 입학 사정관은 정보를 얻으려고 학생에 대한 다른 자료를 요구할 필요가 없다. 단지 GPA가 공개되도록 학생이 허락만 하면 된다.

하지만 GPA에도 문제는 있다. 먼저 고등학교마다 수준이 다르다. 또한 그 학교에 다니는 학생도 수준이 다르다. 어떤 고등학교에서 한 학생이 평균 3.8점을 받았다면, 그는 굉장히 어려운 과목들을 이수하면서 성적도 모두 잘 받았다고 볼 수 있다. 하지만 수업 과제물도 적고, 성적도 그다지 큰 의미가 없는 고등학교도 있다. 학교 안에서도 수업이 학문적으로 엄격하게 진행되는 정도는 과목마다 다르다.

GPA에 얽힌 두 번째 문제는 성적의 의미가 학교마다 다르다는 것이다. 오래전에 'C'는 평균을 뜻했다. 이론적으로 말하면, 대략 A는 8%, B는 24%, C는 36%, D는 24%, F는 8%이다. 이 비율은 학교마다 조금씩 다를 수 있다. '점잖은 C'는 특별히 열심히 하지도 않고, 평균수준을 넘으려고 노력하지도 않는 학생이 받는 학점을 뜻한다. 반면에 오늘날 C는 창피한 학점이다. 내 수업을 들은 학생 가운데 A⁻를 받고도 불평한 학생들이 있었다.

학점을 잘 받으려는 동기가 있는 사람은 학점을 잘 받기도 한다. 그런데 학점 인플레이션이 학점을 잘 받으려는 동기를 부추기고 있다. 이제 A도 더 이상 충분하지 않다. 평균 4.0이란 점수도 마찬가지이다. 수업의 난이도와 다른 요인을 고려하여 학교가 내놓은 교정수치를 보면, 평균 4.0은 고등학교에서 상위권에 속하는 성적이다. 하지만 최상위가 되기에는 부족한 점수이다. 학점이 인플레이션되지 않도록 노력하지만, 지금까지는 성공적이지 못했다.

네 번째, GPA를 결정하는 주요 과목은 학교마다 다르다. 목공과목이 어떤 학교에서는 전혀 중요하지 않다. 하지만 어떤 학교에서는 목공과목이 다른 과목만큼 중요하다. 학교는 나름대로 학점 산정 방법을 공개한다. 하지만 일반적으로 입학 사정관은 어떤 과목에 가중치를 더 주기 위해 전체 GPA를 다시 계산하지는 않을 것이다.

다섯 번째, 학점은 교사의 성향에 맞출 수 있는 기술을 어느 정도 반영한다. 물론 학생은 대학에서도 그런 기술을 사용해야 할 것이다. 그런데 학생들이 모두 똑같은 기술을 사용할까? 수업을 대단히 밀도 있고 엄격하게 하는 학교에서는 교사의 기대치가 대학 강사의 기대치와 맞먹는다. 예를 들어, 이런 고등학교의 교사는 학생이 스스로 사고하고, 다른 사람과 적절하게 논쟁하고, 야외조사도 심도 있게 하길 요구한다. 하지만 수업을 엄격하게 하지 않는 고등학교의 경우, A학점은 그저 학생이 적절히 행동하고 시키는 대로 잘했다는 것을 뜻할 뿐이다.

어떤 학교는 입학 사정관의 행태를 잘 안다. 이전에 나는 예일대학교에서 입학 업무를 담당했다. 내가 잘 아는 고등학교일수록 GPA와 성적을 제대로 해석할 수 있겠다는 생각이 들었다. 내가 잘 아는 고등학교란 수년간 예일대학교에 일정 수의 학생을 보낸 고등학교를 뜻한다. 하지만 그 학교를 잘 아는 만큼 그 학교 출신자를 선호할 수 있다는 것도 알게 되었다.

예일대학교에 입학한 후에, 나는 대학의 연구부서에서 일한 적이 있다. 이 부서의 관리자는 심리학자였다. 지금은 작고하셨는데, 이분은 등급 평균예상치를 계산하는 작업을 했다. 그때가 1968년이었고, 이분은 과거 세대에 속하는 심리학자였다. 그는 작은 계산기로 GPA를 예측했다. 컴퓨터가 보급되자 그는 자신이 할 일이 없어졌다는 것을 알았다. 하지만 놀랍게도 그는 컴퓨터의 계산 결과를 손으로 점검하기 시작했다. 그는 교정지수를 사용했다. 이 교정지수는 학생이 다니는 고등학교에 적용된다. 당시 예일대학교는 백분율 점수를 사용하고 있었다. 그는 고등학교에서 학생이 받은 등급을 예일대학교의 백분율 점수로 바꾸는 일을 했다. 여기서 나의 경우를 보자. 나는 그가 잘 모르는 공립고등학교에 다녔다. 그래서 그는 내 점수에서 9점을 그냥 빼 버렸다. 내가 받을 수 있는 GPA 최고 점수는 91점이라는 뜻이다.

상당히 케케묵은 방식이긴 했지만 그는 그냥 자기 일을 할 일을 했을 뿐이다. 하지만 그가 우리에게 제기한 문제는 아직까지 완전히 풀리지 않았다. 애팔래치아 시골 지역의 이름 없는 학교의 GPA를 평가할 때나 학생의 학업성취보다 훈육문제로 많이 알려진 도시 중심지역 고등학교의 GPA를 평가할 때, 입학 사정관은 그 심리학자가 드러내 놓고 했던 계산을 무의식적으로 머릿속으로 하고 있을 것이다. 다양성을 추구하는 대학은 이름 없는 고등학교 출신도 입학시킬 것이다. 하지만 그런 대학교가 얼마나 되겠는가?

이름 없는 학교가 낮게 평가받는 문제는 또 다른 기원을 가지고 있다. 이름 없는 학교 출신의 학생에게 대학교는 선택가능한 곳으로 보이지 않을 수 있다. 이 학생은 명문대는 꿈도 꾸지 않을 것이다. 그 이유의 일부는 대학입학 안내자료가 부족하기 때문이다. 더구나 외지에 있는 고등학교의 입학상담교사는 학생이 대학에 갈 기회가 있는지조차 모를 것이다. 상담교사가 생각하기에 대학은 너무 멀리 떨어져 있다.

어떤 학생이 명문학교에 들어갔다고 해 보자. 명문학교에서 학점을 잘 받으려면 더 열심히 공부해야 할까? 그러나 열심히 공부해도 학점이 낮을 수 있다. 이것은 분명 역설이다. 예를 들어, 미국 최고 명문대로 꼽히는 하버드는 다른 대학 못지않게 학점 인플레이션으로 고통받는다. 하버드대학교가 앓는 학점 인플레이션은 하버드가 경쟁 상대로 생각도 하지 않는 대학보다 훨씬 심하다. 학점 인플레이션은 많은 고등학교와 사립고등학교에도 영향을 주고 있다. 일부 최고의 명문고등학교도 영향을 받고 있다. 여러 가지 이유에서 성적이 무엇을 뜻하는지 풀이하기란 쉬운 일이 아니다. 다행히 입학 사정관은 성적과 함께 다른 요소까지 살핀다.

학년 석차

고등학교는 대부분 학생의 학년 석차를 산출한다. 한마디로 석차는 1등에서 얼마나 멀리 떨어져 있는지 알려준다. 석차가 전달하는 정보는 GPA가 전달하는 정보와 완전히 겹치지 않는다. 석차는 학교에서 부여하는 성적을 있는 그대로 보여주지 않기 때문이다. 어떤

입시가 바뀌면 인재가 보인다

학교에서 평균 B(3.0)를 받으면, 상위 3분의 1 안에 속한다. 다른 학교에서 그 점수를 받으면, 오히려 하위 2분의 1밖에 안 된다. 석차는 성적에 숨어 있는 이런 차이를 조금은 조정한다.

석차를 고려할 때 학교의 학생수를 반드시 본다. 일반적으로는 학생이 다니는 학교를 본다. 경쟁이 대단히 심한 학교의 석차는, 학업 성취도가 낮은 학생이 다니는 작은 시골 학교의 석차와는 완전히 다르다. 그러나 학교의 질은 고려된 적이 거의 없다. 예를 들어, 텍사스에 있는 고등학교에서 석차가 상위 10%라면, 그 학생은 텍사스대학교에 충분히 입학할 수 있다. 학생이 어떤 고등학교에 다녔든 상관없다.[1]

일부 고등학교와 사립고등학교는 석차를 내지 않으려 한다. 이것이 최근 흐름이라면, 고등학교도 아예 석차를 내지 않는 방향으로 갈 수 있다. 이것은 학생에게 유리하다. 석차를 내지 않으면 학생들은 고등학교에 다닐 동안 그만큼 압박을 적게 받는다. 그러나 반대로 학생에게 불리하게 작용하기도 한다. 입학 사정관은 석차가 없는 학교의 학생을 평가하기가 어려울 것이다. 이 때문에 학생은 불이익을 당할 수도 있다.

하지만 입학 사정관이 이미 아는 학교라면, 입학 사정관은 자신의 정보를 이용하여 학생의 석차를 대략 짐작할 수 있다.

과목 난이도와 이력서

대학입학 사정관은 GPA라는 숫자뿐만 아니라 GPA를 산출한 수업까지 따진다. 또한 과목 난이도와 이력서를 보고 학생의 학업 기술과 동기까지 꿰뚫어 볼 수 있다. 학생은 어려운 과목을 선택했을까, 아니면 상대적으로 쉬운 과목을 선택했을까? 대학 수업에 제2외국어가 필요하다면, 학생은 외국어 수업을 얼마나 많이 들었고, 얼마나 많은 공부를 했을까? 대학수업에서 성공하는 데 필요한 필수수학과목을 학생은 이수했는가? 학생의 성적증명서에 특별과목이 있는가? 성적증명서에 우등상이나 AP 과목이 나와 있는가? 출신 고등학교에 AP 과목이 개설되어 있다면 학생은 엄격하다고 소문난 특별과정을 이수했는가? 국제학력평가시험[IB] 같은 과정을 이수했는가? 학생은 어떤 선택과목을 이수했는가? 과목 난이도와 이력서 정보는 GPA에서 얻을 수 없는 정보를 줄 수 있다.

동시에 입학 사정관은 특기를 발휘하기 힘든 상황도 고려해야 한다. 모든 학교가 AP 과목이나 IB 과정을 개설하지는 않는다. 설사 학교가 AP 과목을 개설하더라도, 몇 개 과목만 개설할 것이다. 학교는 그런 과목을 들을 수 있는 자격을 여러모로 제시할 수 있다. 어떤 학교에서는 누구나 AP 과목을 들을 수 있지만, 어떤 학교에서는 최상위권 학생만 가능할 수도 있다. 따라서 입학 사정관은 어떤 AP 과목을 들었는지 확인하는 것은 물론 어떤 과목이 개설되었는지도 확인해야 한다. 입학 사정관은 다른 활동도 고려하면서 학생이 수강

입시가 바뀌면 인재가 보인다

한 과목을 살펴보아야 한다. 예를 들어 운동경기에 적극적으로 참가한 학생은 운동장에서 많은 시간을 보내야 한다. 이 때문에 그는 성적이 잘 나오는 과목만 선택했을지도 모른다. 입학 사정관은 성적을 받기 쉬운 과목을 수강한 행위를 교과외활동이 보상한다고 생각할 수도 있지만 그렇지 않을 수도 있다.

표준화 시험점수

나는 표준화 시험에 대해 자주 언급했다. 그러므로 다른 곳에서 쓴 내용을 여기서 반복하지 않겠다. 미국에는 대학입학시장을 독점하는 2개의 표준화 시험이 있다. 하나는 SAT이며, 다른 하나는 ACT이다.

시험의 역사를 조금만 살펴보자. 칼리지 보드College Board는 1901년에 세워졌고 바로 그 해에 첫 시험이 시행되었다. 이 시험에는 쓰기 시험도 있었는데, 쓰기시험은 역사, 라틴어, 물리학 같은 과목에서 이룬 성취를 측정했다. 하지만 지금 우리가 치르는 시험은 1926년 6월 23일에 시작되었다. 이날 처음으로 SAT가 시행되었다. 프린스턴대학교의 심리학자인 칼 브릭햄Carl Brigham이 SAT를 만들었다. SAT에는 반의어와 계산, 유비, 단락 독해 문제가 있었다. 대략 8천 명의 학생이 응시했는데, 시험시간은 고작 한 시간 반이었다.[2] 놀랍게도, 그때 출제되었던 문제유형은 지금과 크게 다르지 않다. SAT가 측정하는 기술도 거의 변하지 않았다.

'학습능력 적성검사'란 이름은 나중에 '학습능력 평가검사'로 바뀌었다. 시간이 지나면서 이 이름조차 사라지고 간단하게 SAT라는 약어가 사용되었다. 이름이 계속 변한 이유는 다양하다. 하지만 한 가지만은 분명하다. 칼리지 보드나 다른 어떤 사람도 SAT가 무엇을 측정하는지 확실히 몰랐다는 것이다. 심리학적 문제설계에 대한 특정한 이론은 없었고, 단지 대학에서 학업으로 성공할 수 있는지를 예측하는 요인을 실제로 평가해 보겠다는 생각에서 SAT가 고안된 것이다.

SAT 논리력 시험은 독해(예전에 '언어' 부문이라 불렸음)와 수학, 작문 세 영역으로 나뉜다.[3] 독해 영역에는 문장완성형과 지문독해형 두 가지 유형이 있다. 문장완성형 문제는 학생의 어휘력, 단어 실력을 토대로 이해가능한 문장을 구성하는 능력을 측정한다. 실제 문장완성형 문제를 하나 보자. "의회는 법안을 (   ). 그래서 의회는 그 법을 (   ). 그 결과 시민이 정부에 내는 세금이 급격히 상승했다." (a) 거부했다…… 제정했다. (b) 통과시켰다…… 되었다. (c) 심의했다…… 받아들였다. (d) 논박했다…… 무효로 만들었다. 반면, 지문독해형 문제는 긴 지문을 읽고, 이해하고, 분석하는 능력을 측정한다. 독해 영역은 문맥과 단어의 이해에 따라 어휘를 정확하게 이해했는지 평가한다. 더 나아가 내용 기억을 넘어서 추론을 확장하는 능력까지도 평가한다. 어떤 독해문제는 응시자에게 두 문단을 비교하라고 요구한다. 지문 내용은 보통 자연과학과 사회과학, 인문학, 예술, 인물 이야기이다. 점수범위는 200~800점이다.

입시가 바뀌면 인재가 보인다

SAT 작문 영역도 두 가지 유형으로 나뉜다. 하나는 문법과 어법, 문맥 안에서 단어 선택하기이며, 다른 하나는 작문시험이다. 학생은 하나의 견해를 취하고 그 견해를 옹호하는 글을 써야 한다.[4] 문법과 어법, 단어 선택 부분은 다지선다형이다. 점수배점은 200~800점이다. 다지선다형 문제는 문장이나 단락을 보여주고 어떻게 그것을 교정할 수 있는지 묻는다. 혹은 문장에서 문법 오류가 있는지 묻기도 한다. 작문시험의 점수는 대체로 공식에 따라 산출된다. 작문시험의 목적은 창의성을 측정하는 것이 아니라, 기승전결이 얼마나 논리적인지 기계적 기술을 측정하는 것이다. 작문시험은 꾸준히 연습하면 잘 볼 수 있다. 칼리지 보드 웹사이트에 접속하면, 예상 문제가 있다. "기억은 과거에서 배우고 현재에서 성공하는 데에 도움이 되는가, 아니면 방해가 되는가?" 학생은 25분 만에 이 주제에 대해 작문을 해야 한다.[5]

이 주제를 토대로 작문을 한다고 생각해 보자. 어떻게 하면 잘 쓸 수 있을까? 칼리지 보드 웹사이트에 훌륭한 작문 요건이 소개되어 있다. 훌륭한 작문은 주어진 쟁점에 대한 관점을 발전시킨다. 학생의 경우 과거에서 어떤 것을 배울 때 기억의 역할을 논해야 한다.[6] 학생은 탁월한 비판적 사고력을 보여줘야 한다. 그리고 자신의 논증을 뒷받침할 수 있는 증거와 사례를 사용해야 한다. 논증을 발전시킬 때 특히 체계적이고, 초점이 분명하며, 앞뒤 내용이 잘 맞아야 한다. 문장 구조도 다양해야 한다. 마지막으로, 문법과 어법에 어긋나지 않는 단어를 사용해야 한다. 작문시험은 두 명이 작문을 읽고 각각 1점에서 6점까지 점수를 준다.

SAT 수학 영역은 3개 부분으로 나뉜다. 수학 영역은 계산과 대수, 기하, 확률, 통계, 자료 분석에 대한 지식을 평가한다. 자료분석이란 표를 이해하고 해석하는 능력을 뜻한다. 대학예비 수학과목의 경우, 난이도가 가장 높은 시험문제는 고등학교 3학년 부분에서 나온다. 수학 영역은 다지선다형도 있고, 주관식도 있다. 계산기는 권장사항이다. 수학 영역의 목적은 기초공식을 얼마나 기억하는지를 측정하는 것이 아니다. 기초공식은 문제지에 이미 제시되어 있다. 점수범위는 200~800점이다.

SAT와 쌍벽을 이루는 대학입학시험은 ACT이다. 중서부와 남부에서 많이 사용된다. ACT는 원래 '미국 대학시험American College Test'을 뜻한다. 하지만 SAT처럼 지금은 ACT라는 약어로 많이 사용한다.[7] 에버렛 린드퀴스트Everett Lindquist는 SAT에 대한 대안책으로서 ACT를 개발했다. ACT는 1959년 가을에 처음 실시되었다. ACT는 SAT보다 성취를 직접적으로 측정하도록 설계되었다. 하지만 실제로 SAT 전공시험이 ACT보다 성취를 직접적으로 측정한다. 전통적으로 ACT에는 영어와 수학, 독해, 과학 추론 4개의 하위 시험이 있다. 지금은 선택사항으로 작문이 추가되었다. 각 시험의 점수범위는 1~36점이다. 그리고 총점평균점수가 있는데, 이는 각 시험점수의 평균을 뜻한다. 응시자는 작문시험을 볼 수 있지만, 총점평균점수에는 포함되지 않는다.

ACT 영어시험은 45분이며, 어법도 출제된다. SAT 작문 영역의

입시가 바뀌면 인재가 보인다

다지선다형 문제와 유사하다. ACT 수학시험은 60분이며, 대수와 평면기하, 해석기하학, 삼각법 문제가 나온다. 계산기도 사용가능하다. ACT 독해시험은 35분이며, 4개 단락에 대한 독해를 측정하는데 소설, 사회과학, 인문학, 자연과학 관련 내용이다. 과학추론시험은 35분이며, 응시자는 과학논문과 과학적 자료를 이해해야 한다. 작문시험은 30분이며, 응시자는 고등학생과 관계있는 사회적 논쟁거리를 논한다.

대학입학 사정관과 입학 관련 직원, 교수진은 왜 SAT와 ACT를 주로 사용할까? 이유는 간단하다. 이 두 시험이 나름대로 유익하기 때문이다. 첫째, 성공적인 대학생활과 관계있는 기술을 측정한다. 대학생들은 읽을거리를 엄청나게 소화해야 한다. 읽은 것을 이해하고 분석해야 한다. 더구나 다양한 분야의 글을 읽을 것이다. SAT와 ACT는 다양한 분야의 글이 지문으로 출제된다. 대학에서 수학과 과학과목을 이수하려면 고등학교 수학을 일아야 한다. 또한 논술형 시험을 보고, 학기말 논문까지 내려면 글도 잘 써야 한다.

둘째, SAT와 ACT는 여러 학생과 학교에 적용할 수 있는 공통 척도를 제공하는 것 '같다'. 한 학생의 SAT 점수가 600점이라면, 학생이 어떤 학교를 다녔든 학생이 정답을 맞힌 문항수는 같다. 어떤 학생은 어릴 때부터 영어 사용자였고, 집에 책이 많았을지 모른다. 부모님도 고학력자라서 최고의 점수를 받을 수 있도록 교육시켰을 것이다. 반면 다른 학생은 어릴 때부터 외국어 사용자이거나 부모가 영어를 전혀 못한다. 집에는 책이 거의 없고, 부모는 풍부한 교육 체험을 제공할 수 없었다. 입학 사정관은 이런 차이를 고려하도록 훈련을 받았다. 하지만 여러 교육 환경이 어떤 효과를 내는지 모르므로, 어떤 입학 사정관도 환경의 차이를 완벽하게 이해할 수 없다. 더구나 훌륭한 교육환경에서 자란 학생은 고득점을 받는 기술을 습득함으로써 대학에서 다른 학생보다 유리할 것이다. 따라서 입학 사정관은 학생의 배경을 얼마나 고려할지 정해야 한다.

셋째, 대학은 SAT와 ACT에 비용을 지불하지 않아도 된다. 지원자가 지불하기 때문이다. 결국 두 시험은 객관적으로 보인다. 그래서 대학도 시험을 채점하는 주체가 시험결과에 영향을 주는지 걱정하지 않아도 된다. 작문시험 결과는 예외일 수 있다. 하지만 작문시험을 채점할 때도, 채점자는 창조적이거나 상상력이 돋보이는 답변을 일부러 무시하고 객관적으로 측정할 수 있는 요소를 찾는다.

SAT와 ACT에 이와 같은 장점들이 있다. 그러나 올바로 생각하는 사람이라면, 대학입학을 SAT나 ACT만 보고 결정하지는 않을 것이다. 왜 그럴까? SAT와 ACT가 대학생활을 성공적으로 이끌 수 있는 기술을 측정하며 성공에 필요한 모든 기술을 측정하는 것은 아니기 때문이다. 실용적이며 상식적인 기술을 알아야 공부도 하고 시간도 관리할 수 있다. 장점과 단점을 파악하고 더 나아질 방법을 터득하기 위해서는 상위인지기술이나 자기이해기술이 필요하다. 스스로 공부하려면, 동기를 부여하는 기술과 태도가 있어야 한다. 새로운 생각을 낳으려면, 창의적 기술이 필요하다.

더구나 표준화 시험이 제공하는 척도는 과연 얼마나 보편적일까?

입시가 바뀌면 인재가 보인다

앞서 지적했지만 점수의 의미는 개인마다 다를 수 있다. 집단이 다를 때도 점수의 뜻이 달라질까?

캘리포니아의 산호세에 사는 여러 인종을 연구하면서, 린 오카가키Lynn Okagaki와 나는 인종마다 지능이 의미하는 바를 조금씩 다르게 이해한다는 것을 발견했다. 어떤 학생은 교사의 지능관과 일치하는 지능관을 갖도록 사회화되었다. 교사는 바로 그런 학생에게 상을 자주 준다.[8]

어떤 사회든 생활 적응력을 예측할 때 실용적 지능에 주목한다. 그러나 보통 미시간에서 저소득 지역으로 분류되는, 디트로이트 도심에서 자란 아이가 부딪히는 어려움은 디트로이트 교외의 고소득 지역인, Grosse Pointe Farms에서 자란 아이가 부딪히는 어려움과는 다르다. 생활의 어려움을 똑바로 바라보는 기술이 아이에게 필요하다. 부모는 아이를 사회화하여 이런 기술을 익히게 한다. 그래서 SAT가 측정하는 기술은 실제로 특정 사람과 상관이 있다. 이 기술은 부모가 아이를 키우면서 강조한 기술을 기반으로 삼는다. 예를 들어, SAT 수학시험이 측정하는 기술은 대수와 기하를 배운 사람과 상관이 있다.

SAT나 ACT 같은 표준화 시험을 볼 때 비용을 지불하는 주체는 대학이 아니라 학생이라는 사실을 알아야 한다. 학생들이 SAT만 보는 것은 아니다. 다른 시험도 치러야 하고 다른 시험 준비를 위해 참고서도 산다. 자녀가 시험준비를 잘할 수 있도록 부모는 참고서를 사준다. 또한 시험준비를 위한 수업비와 과외비까지 지불한다. 이런 비용까지 생각하면 시험에 관련된 비용은 사소한 문제가 아니다. 고등학교에 다니는 학생이 치르는 '기회비용'도 있다. 학생들은 SAT 준비활동도 공부 계획에 집어넣는다. 다시 말해, 학생은 SAT 준비를 위해 더 가치 있을지 모를 다른 활동을 포기하는 것이다. 예를 들어 시험 준비 대신 운동경기를 하거나, 미술작품을 만들거나, 음악 공부를 하거나, 문학작품을 읽을 수 있다.

ACT는 점수 선택권이 학생에게 있다. 최근에는 SAT도 학생에게 선택권을 주고 있다. 학생은 자신의 점수 가운데 하나를 선택하여 대학에 보낼 수 있다. 하지만 점수 선택권은 역설적 상황을 만들어낸다. SAT 수학 영역에서 550점과 650점을 받은 학생은 두 번 모두 600점을 받은 학생보다 실력이 더 좋을까? 서로 다른 점수를 받은 학생이 650점만 선택하여 이를 대학에 제출할 수 있다. 그는 두 번 모두 600점을 받은 학생보다 수학 실력이 더 좋아 보일 수 있다. 하지만 정말 이 학생의 수학 실력이 더 나을까? 두 학생의 평균점수는 같다. 물론 550점을 받은 날은 '운이 나빴다고' 이해할 수도 있다. 하지만 650점을 받은 날에도 실수할 수 있다. 실수 때문에 점수가 너무 낮거나 높게 나올 수 있다. 따라서 점수 선택권은 대학에서 사용할 수 있는 정보를 망칠 수 있다. 이것은 또 다른 역설을 낳는다. 가장 높은 점수를 제출해야 한다면, 학생은 시험을 계속 치르고 싶을 것이다. 그리고 시험비용도 계속 지불할 것이다. 자기가 받았던 점수보다 더 높은 점수를 받기를 기대하면서 계속 시험을 치르는 것이다.

입시가 바뀌면 인재가 보인다

우리는 시험의 객관성을 과대평가한 것이 아닐까? 자주 듣는 이야기를 다시 해보자. 어떤 사람이 어두운 밤에 열쇠를 잃어버리고 열심히 열쇠를 찾았다. 경찰관이 그를 보고 도우려고 다가갔다. 다행히 그는 조명이 있는 환한 곳에서 열쇠를 찾고 있었다. 경찰관과 그는 열쇠를 한참 찾았지만 찾지 못했다. 결국 경찰관이 물어보았다. "여기서 열쇠를 잃어버리신 게 확실합니까?" 그가 대답했다. "아닙니다. 여기가 아니고 저기서 잃어버렸어요. 하지만 저기는 너무 깜깜해서 조명이 있는 이곳에서 찾고 있습니다."

표준화 시험을 통해서 우리는 측정하기 쉬운 기술을 측정하려고 했다. 물론 1920년대는 이 생각이 올바르고 적절하게 보였을지 모른다. 당시에는 시험이 처음 시행되었고 참신했기 때문이다. 시험을 시행하는 자는 표준화되고 유용한 시험으로 무엇이든 측정할 수 있었다. 하지만 세상이 바뀌었다. 그럼에도 시험은 바뀌지 않았다. 앞에서 언급한 일화처럼, 시험을 통해 가장 밝은 곳을 바라보지만 정작 가장 중요한 열쇠는 무시하고 있다.

소위 객관식 시험은 대학입학이 추구하는 목적에 기여한다. 그렇다고 해서 시험에 우리를 가둘 필요는 없다. 가장 좋은 방법은 여러 종류의 시험으로 다양하게 평가하는 것이다. 대학입학 사정관이 전통적 객관식 시험과 함께 다른 평가방법을 도입하는 것이 최선일 것이다. 채점할 때 채점자의 주관이 반영되겠지만, 학생들의 기술을 더 잘 보여줄 수 있는 평가방법을 객관식 시험과 함께 도입하는 것이 가장 바람직하다.

검정회사인 ETS^Educational Testing Service와 ACT는 다른 종류의 기술을 측정하려는 계획을 세우고 실행하고 있다. 예를 들어, ETS 개인잠재력지수가 있다. 그것은 GRE^Graduate Record Examination가 측정하는 기술이 아닌 다른 기술을 측정하는 지표이다. 평가가 이런 방향으로 나가길 기대해 본다. 학부뿐만 아니라 대학원 입학에서도 이런 종류의 평가가 입학과정에서 중요한 요소가 도입되면 좋겠다.

공통원서

1990년대 초반에는 대학마다 원서가 달라서 지원자는 똑같은 일을 반복해야만 했다. 여러 곳을 지원할 경우 같은 정보를 원서마다 쓴 것이다. 지금은 대부분 공통원서^Common Application를 사용하면서 지원자는 이런 부담을 덜게 되었다.[9]

공통원서에는 개인과 가족에 대한 인구학적 정보와 시험성적, 상장 목록(운동경기 포함), 학문적 탁월성, 주된 교과외활동, 자원봉사, 가족활동, 경력(임금이 지급된 경력), 그리고 미래 계획 등이 기입되어 있다.[10] 또한 지원자가 활동이력을 150자로 설명하는 항목도 있다. 250자 글쓰기 항목도 있는데, 스스로 주제를 정해서 쓰거나, 주어진 지시에 따라 자기 경험이나 자기 관점을 기술한다. 각양각색의 지원자와 대학이 공통원서를 사용하기 때문에, 공통원서에 출제된 작문 문제는 '두루 사용할 수 있는' 유형의 문제이다. 그리고 훈육받은 경력과 지원자가 밝히고 싶어 하는 추가 정보도 기입할

입시가 바뀌면 인재가 보인다

수 있다.

교사와 진학상담교사가 작성하는 양식도 공통원서에 있다. 교사가 작성하는 양식에는 학업성취와 지적 장래성, 성숙, 동기, 지도력, 충실성을 묻는 항목이 있다. 또한 전체 등급을 묻는 항목도 있다. 진학상담교사가 작성하는 양식에는 학급 석차가 어떻게 정해지는지 지원자의 학업과 성격을 진학상담교사가 어떻게 평가하는지 묻는 항목도 있다.

공통원서에는 여러 칼리지와 종합대학이 사용할 수 있도록 응시자의 다양한 정보가 체계적으로 구성되어 있다. 공통원서 덕분에 지원자는 여러 대학에 지원할 때 해야 할 일이 많이 줄었다.

그러나 공통원서에도 문제는 있다. 공통원서를 사용해 본 지원자라면 누구나 문제점을 느꼈을 것이다. 첫째, 앞서 말했듯이 작문 항목은 오래전부터 표준화된 주관식 문제였다. 사교육업자는 앞뒤 재지 않고 형식에 맞는 작문 답안을 고안한 뒤 학생들에게 판매했다. 지금은 인터넷에서도 얼마든지 살 수 있다. 어떤 학생은 이 답안을 참고용으로만 사용하지만, 어떤 학생은 그대로 베껴 사용하기도 한다. 이러한 부정행위가 얼마나 이뤄지고 있는지도 아직 밝혀지지 않았다.

둘째, 공통원서에서 출제되는 작문 주제는 창의적 답변을 요구하지 않는다. 작문 주제를 보면, 오히려 대학입학에 유리한 '성적과 이력을 수년간 차곡차곡 쌓는 것'이 학생에게 더 유리하다는 것을 알수 있다. 결국 고등학교에서의 경험이, 심지어 그 이전의 경험까지도 대학입학을 위한 이력이 될 수 있다. 뉴욕 같은 일부 도시에서는 대학입학을 위한 경쟁이 일찍 시작된다. 어린 아이들은 유치원에 들어가려고 경쟁한다. 이 유치원 졸업생은 이 도시 최고의 명문사립학교에 진학한다. 적어도 일부 집단에서 대학입학이란 경기는 초등학교 이전부터 시작되는 것이다.

셋째, 공통원서에 들어가는 등급 같은 추천항목은 과대포장된다. 벌써 수년째 반복되고 있는 현상이다. 교사와 진학상담교사에게 최고점을 받은 학생이 흔해지면서, 대학은 지원자를 분별하는 데 점점 어려움을 겪고 있다. 물론 이 같은 문제가 공통원서에만 있는 것은 아니다. 그러나 우리는 공통원서를 통해서는 이 난처한 문제를 해결할 수 없다.

넷째, 교사는 등급을 나누고 차별적인 성적을 부여해야 하지만, 실제로 작성하는 성적은 흔히 말하는 '후광 효과'에 영향을 받는다. 다시 말해 교사 자신에게 좋은 인상을 준 학생에게 높은 점수를 주고 나쁜 인상을 준 학생에게는 낮은 점수를 준다는 것이다. 적어도 명문대에 지원할 성적은 받지 못하게 된다. 성적이 부여되는 과목이나 활동마다 다른 성적을 받으면 좋겠지만, 그런 일은 거의 일어나지 않는다. 이런 맥락에서 학생은 조금씩 다르지만 하나의 빛을 내뿜는다고 볼 수 있다. 학생의 성적은 바로 이런 빛을 반사할 뿐이다. 결국 학생의 최종 석차보다 학생에 대한 소견문이 더 도움이 될 때가 많다.

다섯째, 석차의 의미는 학교마다 다를 수 있다. Schnoginville에서

입시가 바뀌면 인재가 보인다

일등을 한 학생은 지난 10년간 이 도시에서 최고로 인정받았을 것이다. 하지만 그 학생도 대학에 지원하면, 성적이 별로 좋지 않은 학생과 비슷한 부류로 평가받을 수 있다. 입학 사정관은 자신이 알고 신뢰하는 학교와 진학상담교사의 추천을 더 비중 있게 다룰 것이 확실하기 때문이다.

면접

면접방식은 대학마다 다르다. 아예 면접을 하지 않는 대학도 있다. 동문회를 거쳐야 면접이 가능한 대학도 있다. 대학교 안에서 면접을 하는 대학도 여전히 있다. 어떤 대학은 학생을 평가하려고 면접을 하지만, 어떤 대학은 면접으로 학생을 평가하지 않는다. 몇 년 전 예일대학교 입학처에서 일할 때, 면접의 비용편익분석을 해본 적이 있다.[11] 그때 면접은 실제로 입학을 결정하는 데 그다지 중요하지 않다는 것을 알고 적잖이 놀랐다. 입학 사정관도 면접은 단지 약간 유용할 뿐이라고 알고 있다. 면접을 통해 탁월한 지원자와 자격 미달자를 조금 골라낼 수 있다. 하지만 대학입학 면접을 진행한 면접관으로서 내가 발견한 사실은 지원자 대부분이 썩 괜찮아 보인다는 것이다. 다른 지원자보다 확실하게 두드러지는 지원자는 거의 없다. 재미있는 것은 면접에 대해 스스로 평가해 보라고 하면 지원자 대부분은 잘했다고 평가한다. 면접관에게 자신을 어필했다고 믿는 것 같다. 그래서 지원자는 면접에 대해 굉장히 좋은 인상을 가지고 있다. 나는 면접제도를 유지하되 공적 관계를 심사하는 목적으로 사용하라고 권하고 싶다.

졸업생이 면접관으로 참여하면서 대학은 상당히 많은 지원자에게 접근할 수 있게 되었다. 대학 교직원의 면접과는 다른 면접을 할 수 있게 되었다. 하지만 졸업생 면접관의 재능은 매우 다양하며, 졸업생 면접관이 지원자에게 적용하는 기준도 매우 다양하다. 이 때문에 졸업생 면접관이 제출한 보고서를 도대체 어떻게 해석해야 할지 난감할 때가 많다. 내가 예일대학교에 지원했을 때, 나를 면접한 졸업생 면접관은 대학의 가치가 매우 달랐던 세대에 속한 분이었다. 이분이 1967년이란 시대에 대학이 찾는 적절한 인물이 누구인지 과연 알았을까? 몰랐던 것 같다.

면접이 보기보다 타당하게 느껴질 때가 있긴 하다. 자기를 타인에게 드러내는 기술을 개인의 기본 자질과 구분하기 어려울 때가 많기 때문이다.[12] 자기 표현기술은 살아가는 데 요긴하다. 그래서 면접을 보면, 어떤 사람이 다른 사람에게 어떤 인상을 주는지 예측할 수 있다. 하지만 긴장이 뒤늦게 풀리거나, 면접 상황에 몸이 굳어 버리는 학생에게는 불리하게 작용할 것이다. 다른 방법과 마찬가지로 지원자의 인성을 평가하는 방법인 면접은 장점도 있지만 단점도 있다.

교과외활동

많은 대학이 교과외활동을 입학지원의 중요한 요소로 본다. 교과외

입시가 바뀌면 인재가 보인다

활동은 다른 방법으로 드러나지 않았을, 지원자의 인성과 성격을 암묵적으로 드러내기 때문이다. 입학 사정관은 미래 지도자와 적극적으로 참여하는 시민이 될 사람을 찾고자 한다. 입학 사정관은 시험성적과 등급이 하나의 요소만 확대해서 말해 준다는 것을 알고 있다. 이와 달리 교과외활동은 지원자의 다른 자질을 직접 말해 줄 수 있다.

그렇다고 해서 모든 대학이 교과외활동을 중요시하지는 않는다. 특히 주립대는 학급 석차나, 학급 석차와 시험성적을 조합한 점수를 훨씬 중요시한다. 유럽은 대부분 교과외활동을 전혀 고려하지 않는다. 다른 무엇보다 입학 결정자의 입학관에 따라 교과외활동은 반영되기도 하고 반영되지 않기도 한다.

심지어 미국에서도 대학은 보통 교과외활동을 시험성적과 내신성적만큼 중요하게 여기지 않는다. 교과외활동이 학생의 성격을 측정할 수 있는 몇 개의 기준에 속한다면, 왜 교과외활동은 중요한 조건으로 인정받지 못할까? 그것은 바로 학생이 교과외활동에 대해 보고할 때, 심각한 문제가 생기기 때문이다.

- 교과외활동이 학생이 학업에서 좋은 성적을 얻는 문제와 상관이 있을까? 칼리지와 종합대학은 학생이 대학에서 학업을 이어갈 수 있는지 분명히 하는 것을 으뜸 과제로 삼는다. 교과외활동 기록이 화려한 학생을 입학시켰는데, 그가 한 학기 만에 낙제한다면 그를 입학시킨 것은 헛수고가 된다. 명문대학의 입학

사정관은 과정을 수료할 뿐만 아니라 탁월한 성적을 받을 학생을 찾는다. 교과외활동은 대체로 대학교의 학업을 감당할 능력에 대해 많은 것을 알려주지 않는다.

- 응시자는 교과외활동을 제대로 했을까? 교과외활동에 참여한 것을 숫자로 표시하기 어렵다. 예를 들어, 토론동호회 회장을 했다고 응시자가 보고했다고 하자. 이런 의문이 생긴다. 그는 정말 토론동호회 회장이었을까? 그렇다면 이 직책은 얼마나 대단한 직책이었을까? 예를 들어, 토론동호회의 구성원은 몇 명일까? 동호회활동에 시간을 얼마나 투자했을까? 모임을 얼마나 가졌을까? 동호회에서 실제로 무슨 활동을 했을까? 그는 동호회를 이끄는 활동적인 회장이었을까? 대학입학지원서에 한 줄 적어 넣을 정도만 활동했을까? 여러 정보를 종합해 보면 이런 질문들에 제대로 답할 수 있을 것이다. 하지만 정보원을 종합해도 잘 모를 때가 있다. 입학 사정관은 이 교과외활동에 점수를 줄 수 있지만, 시험성적과 내신등급에 비해 이 점수는 입학 사정관의 주관적인 생각이 반영될 우려가 있다.

- 고등학교는 교과외활동 기회를 얼마나 줄까? 어떤 학교는 모든 학생이 동호회 회장이 될 수 있다. 반면 어떤 학교에서는 학생이 동호회나 방과후활동에서 두각을 나타낼 기회가 거의 없다.

- 교과외활동에 대한 보고서를 누가 썼을까? 응시자가 아니라 다른 사람이 썼을지도 모른다. 일단 이런 행위는 부적절할 뿐만 아니라 보고서를 부풀리거나 완전히 날조할 가능성을 부추긴다.

입시가 바뀌면 인재가 보인다

추천서

교사와 진학상담교사, 때때로 추천서를 쓸 수 있는 일반인은 다른 방법으로 얻을 수 없는 정보를 추천서를 통해 제공한다. 이들은 학생의 학업수행과 능력, 주도력, 호기심, 성격, 동기 등을 추천서에 적을 수 있다. 매일 관찰하진 않지만 학생을 가르치면서 학생을 잘 아는 사람의 관점으로 추천서를 쓴다.

하지만 추천서도 생각보다 유용하지 않다. 왜?

- 성적이 인플레이션되듯이 추천서도 부풀려진다.
- 누가 추천서를 썼는지는 비공개지만, 작성자는 은근히 걱정할 수 있다. 추천서를 부정적으로 작성할 경우, 나중에 고소당할 수 있기 때문이다. 걱정하는 데에는 이유가 있다. 학생이 접근 포기각서를 쓰면 버클리 수정조항에 따라 추천서의 보안이 보장된다. 하지만 완벽한 비밀보장은 없다. 나는 이런 일을 겪은 당사자이다. 내 추천서를 받은 학생이 추천서의 내용을 알게 되었다는 사실을 나중에 들었다. 이 사건 때문에 나는 무척 힘들었다. 드물긴 하지만 비밀은 누설될 수 있다.
- 추천서 작성자 중에는 학생이 과연 추천받을 만한지 모르는 사람도 있다. 특히 이런 사람은 엄청난 수의 학생들을 책임지고 있다. 이 학생은 알아도, 자신이 추천해야 할 학생의 특징을 낱낱이는 모를 것이다.

- 학생은 여러 개의 등급을 받을 수 있지만 후광효과는 계속 나타날 수 있다. 앞에서 설명했듯이, 후광효과 때문에 거의 모든 등급이 비슷해질 것이다. 추천서와 함께 온갖 등급과 성적에서 후광효과가 나타난다.[13]

- 일부 추천인은 경쟁률이 높은 대학에 추천서를 쓴 경험이 많다. 그래서 추천인이 원하는 결과를 얻는 방법도 잘 안다. 그런 추천인은 학생의 부정적 특성은 슬쩍 넘기고 모호하게 가리면서 긍정적 특성을 강조하는, 복합적 메시지를 전달하는 데 선수이다. 반대로 단지 몇 명만 명문대에 보낸 추천인도 있다. 입학제도를 제대로 이해하지 못해서 그가 쓴 추천서는 학생에게 별 도움이 안 된다. 입학 사정관도 자기가 알고 좋게 생각하는 학교와 진학상담가가 쓴 추천서를 더 높이 평가하는 경향이 있다. 따라서 어떤 학교가 한 대학에 많은 학생을 입학시켰다면, 그 학교 학생은 그 대학에 지원할 때 다소 유리하다.

요컨대, 다른 모든 지표처럼 추천서도 장점과 약점이 있다. 수집할 수 있는 모든 증거를 고려하여 추천서를 평가해야 한다.

암묵적 요인

입학에 영향을 주는 요인 가운데 입학 지원서에 포함되지 않는 요인이 있다. 입학 결정에 상당히 중요하게 작용하지만 드러나지 않

입시가 바뀌면 인재가 보인다

고 숨어 있다. 응시자의 성별과 인종, 출생지, 종교, 그리고 운동과 음악, 연속극, 시각예술 같은 분야에서 통용되는 전문기술, 부모나 친척이 대학 교직원이거나 졸업생, 주요 기부자로서 대학사회와 연결된 개인 인맥 등이 그 예이다.

많은 대학이 학생의 다양성을 추구한다고 밝힌다. 그러나 그것은 어디까지나 입장을 밝히는 것뿐이다. 그럴 만한 이유는 있다. 다양성을 지나치게 추구하다 보면 법적 문제에 휘말릴 수 있다. 다양성을 추구하는 것은 정말 좋다. 예를 들면, 당신과 살아온 환경이 매우 다른 사람에게서 당신은 배울 점을 찾을 수 있다. 바로 이웃집에 사는 사람에게서는 배울 수 없는 것을 말이다. 하지만 다양성을 구현하는 일은 간단한 문제가 아니다.

디비전 I$^{Division\,I}$(비슷한 환경의 학교들을 묶어서 경기를 한다. 디비전 I, II, III로 나뉜다. 디비전 I에는 대체로 규모가 크고 돈이 많은 학교가 참여한다−옮긴이)에서 좋은 성적을 낸 대표팀이 있는 대학의 경우, 운동선수 지원자는 운동선수가 아닌 지원자와 다른 대우를 받는다는 것은, 누구나 다 아는 사실이다. 운동선수 지원자를 우대하는 정도는 학교마다 다르다. 하지만 대부분의 대학은 운동기술과 함께 다른 기술도 중요하게 평가한다.

운동선수처럼 특별한 범주를 근거로 제시할 때, 사람들은 각기 다른 근거를 내놓는다. 보통 특별한 범주를 '다양성'이란 이름으로 묶는다. 하지만 특혜가 때때로 다양성을 가로막는다. 예를 들어, 유력한 집안의 자녀는 쉽게 입학한다. 이미 지적했듯이 모 명문주립대에서 벌어진 스캔들은 대서특필되었다. 유력한 부모의 자녀 명단이 대학에서 발견된 것이다. 스캔들보다 무슨 일이 벌어지고 있는지 전혀 모른다는 듯 행동하는, 수많은 사람들이 나는 더 놀라웠다. 비단 이 주립대만의 문제가 아니다. 이러한 스캔들은 매년 봄 다른 대학에서도 종종 터진다. 이러한 대학이 특정 학생들을 후원하는 것은 입학의 목적을 완전히 뒤집어놓을 수 있다. 대학입학제도의 목적은 최고의 지원자로 보이는 학생을 선발하는 것이다. 그러나 이러한 후원은 매우 흔하다.

특별한 재능이 있는 경우, 다음과 같이 주장하는 사람도 있을 것이다. 대학에 기여할 만한 특별한 능력이 있다면 그런 학생을 선발해야 한다. 예를 들어, 어떤 운동선수 지원자는 대학경기에서 최고는 아닐 수 있지만, 대학이 중요하게 여기는 일에 도움이 된다. 대학이 중요하게 여기는 일이란 졸업생의 이익을 증진시키고, 졸업생이 모교에 참여하게 하고, 기부도 많이 이루어질 수 있도록 하는 것이다. 대학 운동경기는 대단히 큰 사업이다. 경기에서 우승하면 기부가 늘어난다. 때때로 입장권 판매도 늘어난다. 대학 수익도 더불어 늘어난다. 학생이 대학 수익을 늘리기 때문에 그 학생을 입학시키는 것이 옳을까? 이 질문을 받는 사람마다 다르게 답할 것이다. 나는 이렇게 생각한다. 이 정책을 지나치게 밀어붙이면 대학은 결국 후회할 일을 저지르고 말 것이다. 유럽은 대학입학을 결정할 때 운동기량은 전혀 고려하지 않는다. 그러나 미국은 대학운동경기팀이 있으며, 자기 대학 팀이 승리하길 바란다. 따라서 일부 대학은 입학과정에서

입시가 바뀌면 인재가 보인다

운동기량을 무시하기가 어려울 것이다. 더구나 운동경기를 통해 학생은 리더십 기술을 기를 수 있다.

현실을 고려할 때 대학은 이런 압박에 쉽게 굴복할 수 있다. 물론 대학은 압박을 이겨낼 수 있다. 내가 한때 일했던 대학에서 이런 사건이 터졌다. 상당히 중요한 기부자가 될 수 있는 분의 자녀가 이 대학에 지원했는데 자격미달이었다. 입학 사정관은 이것이 엄청나게 중요한 일임을 깨달았다. 그는 이 자녀를 입학시킬 근거를 찾았지만 결국 불합격했다. 대학은 심지어 입학기준까지 조금 바꾸려고 했다. 하지만 대학은 입학기준을 어기고 싶지 않았다. 자녀의 부모이자 유력한 기부자가 될 사람은 화를 내면서 다시는 기부하지 않겠다고 선언했고, 더 이상 기부하지 않았다. 이 대학은 불합격 결정을 하면서 너무나 비싼 대가를 치렀다고 볼 수 있다. 불합격 결정을 정당화하는 근거는 하나밖에 없다. 불합격시키는 것이 옳기 때문에 불합격시킨 것이다.

물론 이런 사례는 흑백 논리처럼 분명한 것이 아니라 회색처럼 불분명하다. 가령, 오보에 연주자가 한 명 있다. 그의 졸업으로 대학 오케스트라는 오보에 연주자를 급하게 찾는다. 미식축구팀의 쿼터백이 졸업하자 새로운 쿼터백이 필요해진다. 어떤 대학에서는 작년에 49개 주에서 학생들이 지원했다. 그런데 입학 후보가 된 학생들이 있었다. 이렇게 되면 대학은 입학한 학생들이 50개 주에서 왔다고 말해 버릴 수 있다. 상당히 이름 있는 교수는 지극히 합리적으로 물리학을 연구하지만, 자기 딸을 입학시키지 않으면 직장을 옮기겠다고 대학을 협박하기도 한다.

입학과정을 보면 이상은 계속 현실에 부딪힌다. 대학이 내놓은 해법도 원칙에 맞지 않으며, 이 해법도 결국 실용적 이유 때문에 만들어진다. 타협할 수 없는 이상주의자나, 이상이 없는 실용주의자는 대학입학이란 과제를 다루기 힘들 것이다.

입시가 바뀌면 인재가 보인다

대안적 입시제도

         대학입학과정에 뿌리박힌 문제를 진지하게 고려하고 입학과정을 새로 고치려는 제안들이 이미 나왔다. 일부는 아직 구상단계이며 일부는 사용되고 있다. 단독으로 사용되거나 다른 입학방법과 함께 사용된다.

적극적 차별철폐정책

아마 사람들이 가장 잘 아는 제안은 적극적 차별철폐정책일 것이다. 이 정책은 지금까지 제대로 인정받지 못한 집단에게 대학과 다른 기관에서 자기를 드러낼 기회를 더 많이 주려고 한다.[1] 예를 들어, 어떤 기관에 역사적으로 여자와 흑인이 없었다면, 적극적 차별철폐정책으로 이 기관에서 여자와 흑인의 수를 늘릴 수 있다. 기관이 키우려는 소수 집단의 수를 늘리는데 적극적 차별철폐정책은 대단히 유용했다. 적극적 차별철폐정책이 없었다면, 여러 기관에 속한 사람들은 별로 다양하지 않았을 것이다.

개인의 공적만이 적극적 차별철폐정책을 뒷받침하는 기반은 아니다. 이것은 적극적 차별철폐정책의 단점이다. 예전에 학생집단에 대한 차별이 지원과정에 포함되어 있었다. 차별 때문에 입학하지 못한 학생 가운데 차별받지 않은 학생보다 더 나은 학생도 있었을 것이다.

'다양성'은 정치적 올바름이 낳은 유행어처럼 들린다. 하지만 우리처럼 대학에서 일하는 사람에게 다양성은 단순한 유행어 이상이다. 대학생은 많은 부분 강의실 바깥에서도 계속 배운다. 대학생은 학문적 토론집단에서 이야기를 계속 나눈다. 이것도 교과외활동에 속한다. 아니면, 그냥 '놀 때'도 학생은 계속 배운다. 학생의 성장배경이 모두 비슷하다면, 서로에게 배우는 능력은 별로 발전되지 않을 것이다. 그들은 이미 전제를 공유하며, 아예 세계관까지 공유하기 때문이다. 학생이 모두 뉴욕과 뉴저지 출신이라고 생각해 보자. 내가 예일대학교에서 일할 때, 뉴욕과 뉴저지 출신이면서 입학 자격이 있는 학생으로 학급이 구성될 수 있었다. 학생이 상대방에게 배울 수 있을 만큼 이런 학급이 다양할까?

내가 대학생활을 시작할 때 나와 함께 기숙사를 쓴 친구는 조지아주 애틀랜타 출신이었다. 나와 같은 층에 있던 친구들은 펜실베이니아와 텍사스, 일리노이, 메인, 뉴욕, 루이지에나에서 왔다. 대학 첫 해 동안 나는 공부하면서 짜릿함을 느꼈다. 내가 사귄 친구들은 내가 전혀 모르던 곳에서 왔다. 그래서 조금 짜릿함을 느꼈을 것이다. 당시 나는 그렇게 다양한 주의 사람을 만나 본 적이 없었다. 친구로 사귄 일은 더욱 없었다.

하지만 사소한 일이 전체를 좌우하듯 적극적 차별철폐정책도 마찬가지다. 지금까지 인정받지 못한 집단이 사회에서 어떻게 더 많은 자리를 차지할 수 있을까? 자리를 계속 더 차지할 수 있게 하려면 무슨 일을 해야 할까?

먼저, 제대로 인정받지 못한다는 것이 무엇을 뜻하는지 밝혀내야 한다. 보통 이것은 어떤 기관에 있는 소수집단의 비율이 전체인구에서 소수집단의 비율보다 더 낮은 상태를 뜻한다. 그러나 이런 뜻으로 따져 보면, 대부분의 기관에서 소수집단은 제대로 인정받지 못하기도 하고, 과하게 인정받기도 한다고 말해야 한다. 예를 들어, 대학에 입학한 학생을 보면, 대학이 소재하는 주에서 왔거나, 먼 주보다 가까운 주에서 온 학생이 더 많다. 그런데 우리는 이 사실을 솔직히 어떻게 이해해야 할까? 뉴욕 시에서 온 학생이 뉴욕대학교나 컬럼비아대학교에 너무 많다면, 그냥 다른 주나 지역보다 뉴욕 출신의 학생이 더 뛰어나거나, 더 많아서 그럴 수 있다. 소수집단이 제대로 인정받지 못하는 문제를 개선하려고 대학이 적극적 차별철폐정책처럼 분명히 차별을 낳는 기준을 계속 사용하려 할까?

적극적 차별철폐정책의 두 번째 쟁점은 무엇이 '집단'을 구성하는지 정확히 규정하는 것이다. 라틴아메리카계 미국인은 '집단'인가? 쿠바인과 푸에르토리코인, 멕시코인은 하나의 이름을 붙이기에는 문화적으로 공유하는 것이 부족하다. 그만큼 이 문제는 간단하지 않다. 베트남과 중국 출신의 아시아계 미국인이나, 이 나라 출신의 이민 2, 3세대도 마찬가지다. 하나의 이름을 붙이기에는 문화적으로 공유하는 것이 부족하다. 카자흐스탄 출신의 아시아인은 베트남과 중국 출신의 아시아인보다 아마 문화적으로 공유하는 것이 더 적을 것이다. 두 명의 아시아계 미국인은 다른 주에 사는, 두 명의 영미계 미국인보다 문화적으로 더 낯선 사이일 수 있다. 특정 사람들에게 붙이는 이름은 이런 차이를 숨긴다. 입학 사정관이 다양한 집단에 속한 학생을 입학시켜서 다양성을 살리려는 것은 훌륭한 일이지만, 입학 사정관은 소수계 '집단'이 무엇을 뜻하는지 세심하게 살펴야 한다.

예부터 스스로 용광로라고 말하고 싶어 하는 사회에서 이 문제는 더욱 복잡해진다. 소수계 집단에서 '집단'이 무엇인지, 그런 집단이 '제대로 인정받지 못한다'는 것이 무엇인지 우리는 제대로 정의하지 못했다. 사회에서 제대로 인정받지 못한 집단이 더 많은 자리와 지위를 차지하더라도, 다양성이 불러일으키는 용광로 효과는 일어나지 않을 수 있다. 용광로 효과란 다른 배경에서 자란 학생들이 공동선을 위해 함께 노력하는 것을 말한다. 미국 전역에 있는 많은 대학을 훑어보면, 소수계 학생들은 대학에 진학하지만 다른 학생과 섞이지 않고 점점 자기 집단을 만든다. 결국 대학이나 수업은 서류상 다양하지만, 학생들이 어떻게 교류하는지 따져보면 다양하지 않다.

입시가 바뀌면 인재가 보인다

다양한 집단이 대체로 다른 수준의 교육을 받기 때문에, 제대로 인정받지 못하거나 지나치게 인정받는 문제가 생길 수 있다. 미국에서 평균 이상의 학력을 가진 집단은 아시아인과 유대인이다. 이 때문에 대학에서 이들의 인구비율이 상대적으로 '높을 수 있다.' 아시아인과 유대인이 차지한 자리는 다른 소수집단이 차지할 수 있었던 자리이다. 즉 아시아인과 유대인이 그들의 자리를 빼앗은 것이다. 하지만 대학이 입학기준을 바꿔서 특정집단의 학생수를 더 늘리려고 할까? 대학교가 합법적으로 이런 일을 할 수 있을까? 소수집단에 속한 지원자의 학업자격요건은 특히 논쟁거리가 되었으며 이것 때문에 소송도 꽤 일어났다.

지금까지 우리는 적극적 차별철폐정책의 문제를 논했는데, 이런 문제가 있다고 해서 곧바로 적극적 차별철폐정책을 찬성하거나 반대할 필요는 없다. 단지 우리가 논한 문제는 적극적 차별철폐정책이 복잡한 문제이며, 선한 동기를 가진 사람들도 상당히 다른 견해를 가질 수 있음을 말해 준다. 적극적 차별철폐정책을 실행할 때, 성공을 위한 잠재력을 구성하는 요소를 폭넓게 고려하는 것이 좋다. 적극적 차별철폐정책과 함께 앞으로 내가 제안할 제도를 사용한다면, 무엇이 성공잠재력을 구성하는지 폭넓게 볼 수 있을 것이다.

다양성은 늘 친절하지도 않다. 신입생의 다양성을 높이려고 어떤 사람을 입학시키면, 대신에 다른 사람을 탈락시켜야 한다. 따라서 다음과 같은 위험이 있다. 50개 주에서 학생이 온다고 홍보하기 위해 50번째 주에서 온 학생을 입학시키면, 미식축구선수와 오보에 연주자 같이 다른 분야에서 자격이 있거나 탁월한 자격이 있는 학생은 불합격시켜야 한다. 예를 들어, 어떤 아시아계 학생들은 최근에 내신성적과 시험점수를 특별히 잘 받는다. 하지만 이들은 '제대로 인정받지 못한' 집단으로 간주되지는 않는다. 그래서 이들은 대학입학을 다른 학생에게 양보하는 상황에 처할 수 있다. 즉, 희귀하지만 자격요건은 다소 부족할 수 있는 학생이 이들 대신에 입학할 수 있다. 이런 역설을 푸는 간단한 해법이 있다는 말은 아니다. 그런 해법이 있다고 주장하는 사람은 오히려 의심스런 인물이다. 우리가 사용하는 입학제도는 계속 어떤 집단을 다른 집단보다 선호할 것이며, 시대에 널리 사용되는 기준을 따를 것이다. 따라서 우리는 완벽한 평등은 몽상임을 직시하면서, 입학제도를 최대한 평등하게 만들어야 한다. 이것이 우리가 추구해야 할 목표이다. 이 목표를 이루기 위해 나는 이 책에서 공적을 기반으로 한 입시제도를 촉진해야 한다고 주장할 것이다. 하지만 옛 시대의 관점에 비해 나는 공적을 더 넓은 관점으로 이해한다.

성적 위주 모집

성적 위주 모집은 적극적 차별철폐정책의 반대편에 있다. 성적 위주 모집을 하는 대학은 보통 표준화 시험점수와 내신성적이나 GPA를 합하여 전체 성적을 낸다. 일부 주립대에서 성적 위주 모집을 사용한다. 최근까지 캘리포니아대학교가 사용했고, 근래에는 텍사스

대학교도 사용했다. 텍사스 출신 학생 가운데 고등학교 상위 10%는 텍사스대학교에 자동적으로 입학 가능하다.

성적 위주 모집은 다소 냉정하다. 그러나 예측가능성과 통일성, 객관성이라는 장점이 있다. 성적 위주 모집은 어떤 학생이 입학가 능한지 분명하게 규정한다. 성적 위주 모집은 입시기준을 분명히 규정하고, 조작가능하게 하며, 일괄적이고 객관적으로 지원자에게 적용한다. 성적 위주 모집을 사용하면, 끝없이 이어지는 논쟁을 피할 수 있다. 집단을 어떻게 정의하는가? 어느 집단을 우대해야 하나? 확실히 자격을 갖춘 학생을 탈락시킬 때, 어떤 근거를 내세워야할까? 성적 위주 모집은 이렇게 끝도 없이 이어지는 질문을 막는다.

성적 위주 모집이 이렇게 간단하다면, 사립대학은 왜 이것을 거의 사용하지 않을까? 일단 성적 위주 모집은 입시의 기본이 되는 입학 결정기준을 심하게 제한한다. 고등학교 GPA가 유용하다고 주장하는 입학 사정관은 거의 없을 것이다. 입학 사정관은 대부분 표준화 시험점수가 도움이 된다고 생각한다. 입학 결정을 할 때, GPA와 표준화 시험점수만 본다면, 혹은 이것과 비슷한 조건만 본다면, 사람들은 입시가 매우 편협하다고 생각할 것이다. 입학 관련 종사자는 많은 사람이 표준화 시험은 지원자가 성공하는 능력을, 심지어 학업에서 성공하는 능력을 엄밀하게 측정한다고 믿는다. 표준화 시험은 창의력과 동기부여, 배우려는 열망, 그리고 학업 성공에 중요한 다른 기술과 태도를 측정하지 않는다. 더구나 입시의 목표가 활동적 시민과 사회 지도자가 될 사람을 선발하는 것이라면, 고등학교 GPA와 표준화 시험점수는 입시목표를 거의 벗어나 있다.

더구나 성적 위주 모집은 학생이 받은 GPA가 여러 사람에게 똑같은 뜻을 부여한다고 가정한다. 경쟁이 심하지 않은 고등학교에서 어떤 학생이 GPA 3.8(혹은 상위 10%)을 받았는데, 이 점수가 경쟁이 심한 고등학교에서 받은 GPA 3.8과 같을까? 중상층 계층에서 태어나 영어를 모국어로 사용하는 학생이 받은 SAT 650점은, 험악한 도심에서 자라나 영어를 제2외국어로, 심지어 제3외국어로 사용한 학생이 받은 SAT 650점과 정말 같을까?

성적 위주 모집을 하면 결국 가족배경이나 인종이 거의 단일한 학급이 만들어지지 않을까? 성적 위주 모집은 객관적 평가처럼 보인다. 그러나 성적 위주 모집이 문제를 일부 해결해도, 성적 위주 모집은 다른 문제를 낳는다.

개방 추첨형 입시

성적 위주 모집과 다른 형태의 입시로 개방형 입시가 있다. 입시정원보다 지원자가 더 많으면, 추첨으로 합격자를 결정할 수 있다. 유럽대륙에서 이 제도가 널리 시행되고 있다. 이 글을 쓸 때 베네수엘라 대통령인 우고 차베스Hugo Chávez는 베네수엘라의 입시는 시험 기반의 입시에서 개방형 입시로 바뀌어야 한다고 선언했다. 커뮤니티 칼리지는 보통 개방형 입시를 사용하거나 비슷한 종류의 입시를 사용한다. 여러 교육평론가들은 추첨형 입시를 명문대학에도 사용하

입시가 바뀌면 인재가 보인다

자고 제안했다.[2] 유명한 학자인 제롬 카라벨Jerome Karabel은 UC 버클리University of California at Berkeley; UCB에서 고등교육을 가르친다. 그는 명문대에 추첨제를 도입하자고 제안하면서, 높은 수준의 학업 자격요건을 갖춘 학생만 추첨으로 선발하자고 주장한다.[3] 그래도 여전히 문제가 남아 있다. 무엇이 높은 수준의 학업 자격요건을 구성할까? 학교 성적이 이런 자격요건을 측정하는 핵심 기준인 것 같다.

개방형 입시를 지지하는 사람은 이렇게 주장할지 모른다. 개방형 입시는 누가 대학에 입학해야 하는지 결정하는 방법 가운데 유일하게 민주주의를 지향한다. 개방형 입시 지지자에 따르면 모든 사람에게 평등한 기회를 주려면, 모든 사람이 똑같이 입학 기회를 가져야 한다. 일단 입학할 자리가 있다면, 100% 입학 기회를 가져야 하며, 지원자 수가 입학정원보다 더 많으면 적어도 모든 사람이 같은 비율의 기회를 가져야 한다.

개방형 입시를 도입하면 대학은 2개의 선택지를 갖게 된다. 첫 번째, 학생이 자기 힘껏 노력했다면, 대학은 거의 모든 학생이 학위를 받을 수 있음을 보증해야 한다. 어떤 학생은 공부에 그다지 노력하지 않다. 그래서 학위를 받을 수 있다는 것을 보증하려고 대학은 대체로 과목이수 기준을 낮춘다. 두 번째 선택지는 유럽에서 더 자주 사용된다. 특히 프랑스가 그렇다. 일단 학생을 모두 입학시킨 후에 상당수를 낙제시킨다. 프랑스에서는 학생이 대학에 머무는 연수에 따라 받는 학위가 달라진다. 이렇게 하면 기준은 높게 유지된다. 하지만 상당수 학생은 수료하고자 하는 과정을 절대 통과하지 못한다. 학생이 교육기관에 방치되는 것이다. 이런 교육기관은 어느 모로 보나 온전하지 않다.

개방형 입시는 미국에서 인기가 없었다. 단지 법으로 규정된 곳에서 개방형 입시가 시행되었다. 오늘날 많은 학생을 낙제시키는 제도는 인기가 없기 때문인 것 같다. A학점보다 낮게 받아도 의기소침해지는 학생이 많다. 교수도 학생의 저항을 되도록 줄이고, 그들의 지나치게 높은 기대에 맞는 학점을 주었다.

이것과 연결된 이유가 하나 더 있다. 입학경쟁이 심했더라도 학생을 만족시켜야 하는 자격요건은 수년간 점점 약해진 것 같다. A학점을 받기 위해 학생이 해야 할 공부의 양과 질은 정말 감소했다. 많은 대학이 이미 일부 과목에서 절반이나 절반 이상의 학생에게 A학점을 주었다고 보고한다. 이런 맥락에서 학생이 해야 할 공부의 양과 질은 떨어질 수밖에 없다. 이것을 보여주는 증거가 있다. 학생이 읽어야 하는 참고도서의 수준이 떨어진다. 교수는 이 사실을 개탄하지만 정작 자신은 낮은 수준의 책을 학생에게 권한다. 개방형이 아니라 자격요건을 요구하는 입시를 해도 이런 일이 벌어진다. 개방형 입시를 하면 기준은 더 심하게 낮아질 것이다.

더구나 미국은 훨씬 실력 지배체제다운 입시제도를 선택해 왔다. 물론 모든 사람이 어떤 학교라도 다닐 수 있는 평등한 기회를 고려할 때, 미국이 선택한 입시제도는 '민주주의'답지 못하다. 무엇이 공적(실력)을 구성하는지 결정하는 것은 상당히 어렵다. 하지만 내신성적과 표준화 시험점수, 추천서, 교과외활동이 입학과정에서 중요

입시가 바뀌면 인재가 보인다

한 역할을 하는 입시제도를 대학은 대체로 선택해 왔다. 미국에서는 오히려 이런 입시제도가 민주주의답다는 평가를 받았다. 이 입시제도를 통해 학생이 대학입시에 성공할 수 있는 기회를 공평하게 얻는다고 생각했기 때문이다. 그러나 학생 한 사람 한 사람이 정말 성공할 기회를 공평하게 얻는다고 믿는 사람은 아마 없을 것이다. 도심에서 자란 학생이 교외의 고급주택가에서 학교를 다닌 학생과 똑같은 교육기회를 갖는다면 그것은 운이다. 오히려 입학 결정자들은 미래 성공을 가리키는 지표를 보려고 한다. 그렇게 하면서도 학생의 성장배경과 실현가능한 기회를 고려하면서 다양한 학급을 구성하려고 한다. 학생들은 다양한 학생이 모인 학급에서 공부하면서 대학 사회에 기여할 수 있을 것이다.

개방형 입시가 미국에서 인기가 없는 또 다른 이유는 보상체계와 상관이 있다. 개방형 입시를 미국 대학에서 일반적으로 사용하기는 어려울 것이다. 개방형 입시는 노력한 만큼 보상받고, 열심히 하지 않은 만큼 불이익을 당한다는 생각과 충돌하기 때문이다. 대학이 대학입시경쟁을 아예 없애 버리면, 학생이 고등학교에서 열심히 공부할 동기를 잃어버릴지 모른다고 사람들은 걱정한다.

하지만 심리학은 소위 외적 보상이 내적 동기를 파괴할 수 있음을 이미 밝혔다. 어떤 일을 마냥 즐거워서 하는 사람이 있다고 하자. 그런데 그 일에 대해 보상 제도가 도입되면, 결국 그는 즐거워서가 아니라 보상을 받기 위해 일하게 된다. 얼핏 생각하면 이해가 안 가지만, 보상은 일할 때 사람들이 느꼈던 기쁨을 정말 파괴할 수 있다.

미국 교육제도에서 외적 보상은 학생이 느꼈을지 모를 열심히 공부하려는 내적 동기를 철저하게 파괴했다. 학교는 학생의 수행에 점수를 매긴다. 물론 그렇게 하지 않는 학교도 있다. 점수는 대단히 큰 몫이다. 그래서 배우면서 느꼈을지 모를 기쁨 때문이 아니라 점수를 잘 받으려고 공부하는 일이 벌어진다.

지금까지 설명한 이유 때문에 개방형 입시는 미국에서 인기를 얻지 못하고 있다. 일부 커뮤니티 칼리지와 대학이 이 입시를 사용하고 있다. 이것은 사소한 예외가 아니라 대단한 예외이다. 상당수 학생이 커뮤니티 칼리지에서 고등교육을 시작하기 때문이다. 커뮤니티 칼리지를 다닌 학생 가운데 상당수가 나중에 4년제 대학으로 편입한다. 하지만 명문대일수록 입시가 더 까다롭기 때문에 개방형 입시가 빠른 시일 내에 이루어지리라고는 보이지 않는다.

지역제한형 입시

스페인은 학생이 갈 수 있는 대학을 지역을 기준으로 엄격하게 제한한다. 대체로 학생은 자기가 사는 지역의 대학에 간다. 미국의 경우 주에서 지원하는 칼리지와 종합대학은 지역적으로 다소 유연하다. 그러나 이런 대학들은 지역제한을 하며 때때로 할당인원을 정하기도 한다. 학생이 자기가 사는 주가 아닌 주립대학에 지원한다면, 입학기준은 일반적으로 더 높아진다. 또한 거주하는 주에서 학교를 다니는 학생이 내는 등록금보다 실제로 더 많은 등록금을 내

입시가 바뀌면 인재가 보인다

기 때문에 입학가능성도 그만큼 줄어든다.

지역제한제도는 미국에 이미 뿌리내렸으므로 이 제도를 문제 삼는 사람은 거의 없다. 하지만 이 제도로 말미암아 미국 전역의 교육기회가 균형을 잃고 말았다. 똑같이 초ㆍ중학교도 자기가 사는 지역에 있는 학교에만 갈 수 있게 해서 교육기회가 한쪽으로 기울고 말았다. 고등교육의 경우 노스다코타에서 자란 학생은 그랜드 포크스 중심에 있는 노스다코타대학교에 지원하면 유리하다. 캘리포니아에서 자란 학생은 UCB에 지원하면 유리하다. 이 대학은 세계적으로 이름 있는 교육기관이다. 이 학생들은 자기가 거주하는 주에 있는 주립대학에 입학하려고 경쟁할 것이다. 하지만 자신이 살았던 주가 입학 여부를 상당 부분 결정할 것이다.

지역제한제도는 겉으로 보기에 공평하지 않다. 비슷한 자격을 갖추었는데도, 노스다코다의 파고에서 자란 학생이 캘리포니아의 팔로알토에서 자란 학생보다 왜 교육기회가 적어야 하는가? 전통적으로 이 질문에 대해 다음과 같이 답변했다. 주 정부가 주립대학을 재정적으로 지원한다. 따라서 주에 사는 응시자에게 기회를 더 주는 것이 합리적이다. 응시자의 부모가 낸 세금이 학교 유지에 쓰이기 때문이다.

주 의회가 주립대학에 대한 지원금을 계속 삭감하면서 상황이 달라지고 있다. 실제로 오늘날 주립대학은 주 의회보다 다른 곳에서 훨씬 많은 지원을 끌어내야 한다. 이런 상황 때문에 '주립'대학에서 주립은 재정지원의 주체가 아니라 명칭이 되어 가고 있다. 일부 주립대학은 사립화까지 언급했다. 하지만 주 의회는 계속 주립대를 소유하고 있다. 재정지원은 하지 않으면서 소유권은 갖고 싶다는 것이다.

주립대학의 구조는 쉽게 바뀌지 않을 것이다. 주립대는 계속 지역 거주민을 선호할 것이다. 사립대학도 규정이 없을 뿐 지역제한을 둔다. 비슷한 자격을 갖추고 예일이나 하버드에 지원한 학생 가운데, 몬태나 출신의 학생이 매사추세츠나 코네티컷 출신 학생보다 더 유리하다. 예일과 하버드는 지역 다양성을 추구하는데, 탁월한 학생 가운데 대학 인근 출신보다 몬태나 출신을 데려오는 것이 더 힘들기 때문이다. 몬태나 인구는 상대적으로 적다. 그리고 지리, 학문, 재정을 고려할 때 예일이나 하버드에 갈 수 있다고 생각하는 몬태나 사람은 적은 것 같다. 법규가 있든 없든 거주지는 유럽만큼 미국에서도 상당히 중요하다.

유연한 입시

명문대는 입시제도가 유연하다. 명문대는 고등학교 GPA와 표준화시험점수를 본다. 하지만 이 점수를 해석할 때 점수에 영향을 줄 수 있는 변수까지 생각한다. 명문대는 운동경기와 음악, 예술, 과학에서 이룬 성취, 학생회 경험, 봉사활동 경험까지도 고려한다. 게다가 추천서와 지원서 에세이, 때때로 개인면접도 고려한다.

적극적 차별철폐정책의 맥락에서 유연한 입시가 사용된다. 적극

입시가 바뀌면 인재가 보인다

적 차별철폐정책을 고려하지 않고 유연한 입시가 사용되기도 한다. 일부 대학교는 학력만 고려한 입학결정을 위해 유연한 입시를 도입하려고 한다. 학력만 고려하는 선발방식을 선택하면 학비조달 능력은 고려되지 않는다. 그러나 학력만 고려하여 선발할 수 있는 학교는 실제로 극히 일부이며, 이런 선발방식을 계속 유지할 수 있는 학교는 거의 없다.

나는 이 책에서 유연한 입시를 확대하자고 제안할 것이다. 유연한 입시는 기존의 입시방법을 대체하지 않고, 새로운 방법을 덧붙인다. 현재 평가방법은 원래 평가해야 할 항목보다 적게 평가하는 경향이 있다. 보다 폭넓게 평가한다면, 다양성을 확보하면서도 학업능력이 탁월한 학생을 선발할 수 있다. 바로 이런 생각이 유연한 입시를 뒷받침한다.

다양성은 이제 일부 학생과 학부모의 불안과 분노가 솟아나는 근원이 되고 말았다. 어떤 학생이 완벽한 지원자인데도, 대학은 '다양한' 지원자의 자리를 마련하려고 그를 탈락시킬 수 있다고 생각한다. '다양한'이 원래 무엇을 뜻하는지 상관없이 어떤 사람은 대학의 이런 관점에 화를 낸다. 이것은 전혀 근거 없는 감정은 아니다. 앞에서 설명했듯이 대학은 진심으로 다양성을 추구한다. 그래서 당신이 몬태나와 뷰트 출신이라면, 뉴욕 출신보다 하버드에 더 쉽게 들어갈 수 있다. 당신이 운동경기팀의 주장일 때 하버드에 더 쉽게 들어갈 수 있다.

내 아내 카린은 독일인인데, 이러한 다양성을 강조하는 것을 보고 어리둥절해한다. 카린은 하이델베르크대학교를 졸업했는데, 이 대학은 학교성적으로 학생을 선발한다. 당신이 아무리 인기 있는 운동선수이거나 음악인이라 해도 그것은 입시에 조금도 반영되지 않는다. 당신이 운동과 음악 연습시간에 너무 많은 시간을 보낸 나머지 성적이 나빴다 해도, 그건 당신이 감당할 일이다. 유럽도 대부분 이런 방식을 따르며 나머지 나라도 마찬가지이다. 미국에 사는 많은 사람도 카린처럼 어리둥절해한다. '다양성'이 도대체 대학입시와 무슨 상관인가?

다양성을 인정하지 않고 심지어 받아 주지도 않으면서 자랐을 때 무슨 일이 벌어질까? 오바마와 매케인이 대선에서 격돌할 때 미국은 이것을 처음으로 목격했다. 오바마를 향한 중상모략은 끔찍했다. 오바마는 '우리와 같지 않고', 숨은 테러리스트이자, 아예 적그리스도라고 했다. 하지만 예상가능한 비방이었다. 나이를 들이밀며 매케인을 비방하는 목소리도 있었다. 미국이 건국될 때부터 중상모략은 미국 정치판에서 끊이지 않았다. 우리가 예상할 수 없는 것이 있다. 예를 들면 자신이 들은 것을 얼마나 믿을지는 예상할 수 없다. 그래도 존 케리^{John Kerry}의 선거를 보면서 우리는 그것을 예상했어야 했다. 선거운동 초기에 어떤 사람이 베트남 전쟁에 참전하지 않은 대통령과 부통령 후보자를 공격했다. 존 케리는 베트남 전쟁 영웅이었지만, 선거운동에서는 겁쟁이로 묘사되었다.

학생이 다른 사람의 관점을 이해하고 평가하고, 심지어 소중히 여기도록 가르치려면 대학은 다양성을 추구해야 한다. 터프츠대학

입시가 바뀌면 인재가 보인다

교의 학생은 대부분 민주당 지지자이다. 그러나 공화당 지지자도 있다는 것을 분명히 지적해야 한다. 이렇게 할 때 학생은 남이 나와 다른 관점을 가질 수 있음을 이해할 것이다. 학생이 대부분 공화당 지지자인 학교도 똑같다. 테드 스티브스Ted Stevens 알래스카 주 의원은 여러 번 중범 판결을 받았지만 다시 당선되었다. 알래스카에서 도대체 무슨 일이 벌어졌던 것일까? 알래스카 출신 학생이 당시 사람들이 무슨 생각을 했는지 설명할 수 있다면, 대학에서 이 사건을 주제로 토론해 보는 것도 좋다. 몇 년 전 O. J. 심슨이 형사상 고소에 대해 무죄판결을 받았을 때, 심슨이 무죄라고 생각한 흑인의 비율과 심슨이 범죄를 저질렀다고 생각한 백인의 비율이 같았다. 두 집단이 상대방의 관점을 이해하려면, 두 집단은 서로 이야기를 나눠 봐야 한다. 일반적으로 힐러리 클린턴Hillary Clinton 후보자를 보는 여성의 관점은 남성의 관점과 달랐을까? 대학에 여학생이 없다면, 혹은 대학에 남학생이 없다면 이 문제에 대해 직접 대화를 해서 답을 찾을 수 없다.

다양성이 없다면 대학이 누리는 지적 삶은 좁아진다. 사람들은 자기 관점이 유일하며, 자기 관점밖에 없고 남의 관점은 아예 없다고 믿어 버리기도 한다. 부모는 때때로 다음 사실을 깨닫지 못한다. 부모가 자녀를 대학에 보낼 때, 부모는 교수와 대학시설에 돈을 지불한 만큼 자녀의 동료 학생에게도 돈을 지불한 것이다. 동료 학생은 자녀가 나름대로 신념을 갖도록 도우며, 자녀의 평생 친구가 되기도 한다. 그런데 동료 학생과 자녀가 모두 관점이 똑같다면, 자녀는 결국 대학교육에서 가장 중요한 요소를 놓칠 것이다. 다양한 관점을 이해하고 평가하는 법을 배우지 못할 것이다.

입시가 바뀌면 인재가 보인다

지능과 성공을 다르게 바라보기

　　　　　　오늘날 대학이 앓는 가장 심각한 질병은 무엇일까? 학생을 선발하고 가르치고, 평가할 때 대학은 어떤 잘못을 저지를까? 입학업무를 하는 교직원이 지능을 어떻게 이해하는지 보라. 이들은 낡아빠진 지능 개념에 갇혀 있다. 낡은 지능 개념으로 학생을 선발하고 가르치다 보니 엄청나게 인력을 낭비하고 말았다. 더구나 수백만의 젊은이를 어긋난 길로 인도하고 말았다.

지능이란

지적 사고를 할 때 정확히 어떤 일이 일어날까? 1921년과 1986년에

열린 심포지엄에서 학자들은 지능을 정의하는 핵심 특징을 확정하려고 했다.[1] 심포지엄에 참석한 학자들은 지능을 구성하는 핵심요소를 (1) 환경의 요구에 맞출 수 있는 능력, (2) 지각하고 주목하는 기초 과정을 수행하는 능력, (3) 추상적 추론과 마음으로 재현하기, 문제 해결, 의사 결정 같은 고차적 수준의 (사고)과정을 사용하는 능력, (4) 문제를 배우고, (5) 문제에 효과적으로/적절하게 답하는 능력으로 규정했다.

하지만 이 심포지엄에서 발표된 내용은 결론이 아니라 의견교환일 뿐이다. 지능을 구성하는 요소는 무엇인가라는 문제를 두고 오랫동안 팽팽한 논쟁이 있었다. 심포지엄의 결론은 이 논쟁의 일부일 뿐이다. 1923년에 에드윈 보링이 그랬듯이 어떤 학자는 지능을 그저 조작적으로 정의하는 데 그친다. 예를 들어 IQ[Intelligence Quotient]를 재는 것으로 만족한다.[2] IQ는 원래 비율이었다. 연령에 맞는 수행 수준과 정신연령에 맞는 수행 수준의 비가 IQ였다. 하지만 지금은 평균값에서 얼마나 벗어났는지 계산하여 IQ를 정해 버린다. 평균 IQ는 100이다. IQ 검사에서 전체 피험자의 3분의 2를 조금 넘는 피험자들은 IQ 85와 115 사이에 속한다.

알프레드 비네[Alfred Binet]와 테오도르 시몬[Theodore Simon]은 1916년 판단능력 측정검사를 했다. 데이비드 웩슬러[David Wechsler]는 1939년 언어능력과 수행능력 측정검사를 했다.[3] 학자들이 말하는 지능은 바로 이 검사에 의존한다. 프랜시스 골턴[Francis Galton]은 1883년에 비네와 웩슬러보다 먼저 정신물리적 능력 측정검사를 제안했다. 예를

입시가 바뀌면 인재가 보인다

들어 듣거나 접촉하는 민감성을 측정하려 했다.[4] 이런 검사들은 타당성이 별로 없다는 사실이 드러났다. 검사들은 서로 상관성이 없었고, 검사결과와 학업성공도 상관성이 없었기 때문이다.

지능이론 가운데 가장 영향력 있는 이론은 심리측정이론이다. IQ 검사와 ACT, SAT는 모두 이 이론에 근거를 둔다. 심리측정이론은 정량측정을 기반으로 삼는다. SAT와 ACT는 지능 측정 검사는 아니지만, IQ 검사와 긴밀하게 연결되어 있다. 따라서 SAT와 ACT는 기본적으로 IQ 검사 대신 사용될 수 있다.[5] 입학 사정관은 SAT와 ACT만 보고 지원자의 지능과 자격을 판단하지 않는다. 하지만 입학을 결정하는 중요한 기준으로 사용한다. 심리측정이론은 기본적으로 시험응시자의 점수 차이를 분석한다. 심리측정이론을 검증할 때도 종종 시험응시자의 점수 차이를 분석한다.

전통적 지능검사는 20세기에 접어들면서 생겨났다. 특히 제1차 세계대전 때 징병검사용으로 사용되면서 전통적 지능검사는 널리 보급되었다. 그때나 지금이나 사회경제적 지위가 높은 계층에 속한 사람에게 대체로 유리했다. 미국의 경우 아프리카계나 라틴아메리카계보다 유럽이나 아시아계 미국인에게 유리했다. 물론 여러 학자가 이 결과에 대해 다양한 관점에서 설명한다. 하지만 대부분은 환경을 지목한다. 이렇게 특정 계층이 이득을 보는 원인은 환경에서 시작한다는 것이다.

찰스 스피어맨Charles Spearman의 심리측정이론은 가장 초기에 나타난 대표적인 이론이다. 그는 지능이 일반요인general factor, *g*을 포함한다고 주장했다. 지능의 일반요인은 지적 과제를 수행할 때 언제나 작용한다. 그리고 지능의 특수 요인specific factor, s은 어떤 지능검사에만 나타난다.[6] 스피어맨은 지능검사들에서 나타나는 '양positive의 상관관계'를 발견하면서 1927년에 지능의 일반요인을 제안하였다. 지능검사들은 모두 양의 상관관계를 맺고 있는 것처럼 보였다. 이 사실은 일반요인을 암시한다. 지금도 많은 사람이 스피어맨의 이론을 여전히 지지한다. 아더 로버트 젠슨Arthur Robert Jenson은 요인분석과 다른 자료를 분석하고 나서 단일요인이 있다고 주장한다. 모든 지적 수행을 실제로 뒷받침하는 단일요인이 있다는 뜻이다.[7] 하지만 1938년에 이미 루이스 레온 서스턴Louis Leon Thurstone이 스피어맨의 이론에 반대했다. 스피어맨이 자료를 분석하면서 만들어낸 이론적 개념이 일반요인이라고 서스턴은 주장했다. 서스턴은 언어이해력과 유창한 언어구사력, 수리력, 시각화 능력, 귀납적 추리력, 기억력, 지각속도, 이 7개의 기본정신능력이 지능의 기초라고 말했다.[8]

레이몬드 카텔Raymond Cattell과 존 비셀 캐롤John Bissell Carroll 같은 최근 학자들은 스피어맨과 서스턴의 이론을 하나로 만들려고 노력했다. 이들은 위계질서를 가정할 때 지능을 제대로 이해할 수 있다고 제안한다. 일반요인이 위계질서의 꼭대기에 있다면 특수요인은 위계질서의 아래에 있다.[9] 여기서 일반요인이 지능의 핵심에 가깝다. 카텔은 유동적 지능과 결정화된 지능을 제시했다. 새로운 자극을 받아서 추론할 때 유동적 지능이 작동한다. 반면 결정화된 지능은 이미 저장된 지식기반을 가리킨다.

입시가 바뀌면 인재가 보인다

시험을 도입한 교육기관 가운데 대학입학시험은 지능검사라고 주장하는 기관은 없으며, 입학 사정관도 대학입학시험이 지능검사라고 생각하지 않는다. 그렇다면 지금까지 우리는 왜 지능에 대해 논했나? 우리는 지능검사와 대학입학시험과 다르다고 생각한다. 하지만 이것은 정교하게 뿌리내린 환상일 뿐이다. SAT는 전통적 지능검사가 측정하는 지식이나 실력과 질적으로 다른 능력을 측정한다는 환상 때문에 우리는 지능검사와 대학입학시험이 다르다고 믿는다. 하지만 무시할 수 없는 증거가 우리의 믿음을 반박한다. SAT는 두 부분으로 나뉜다. 첫 번째 부분은 '논리력 시험'이다. 지능검사는 대부분 논리력 시험이 많은 부분을 차지한다. 지능이론도 대부분 논리력을 핵심으로 여긴다. 찰스 스피어맨도 논리력의 원리를 양적, 질적으로 분석함으로써 일반요인을 규정했다.[10] 나와 다른 학자는 연구를 통해 논리력 시험은 지능검사와 상당한 상관관계가 있음을 밝혀냈다. 논리력 시험은 지능검사가 측정하는 능력을 주로 검사하기 때문이다.[11] 장 피아제Jean Piaget는 나보다 훨씬 먼저 이 사실을 지적했다. 피아제는 지성의 발달은 주로 추론적 사고가 발달하는 과정이라고 주장했다.[12] 보통 '순수하게' 지능만 검사한다는 레이븐의 순서행렬검사Raven's Progressive Matrices도 추론적 사고를 검사한다.

작업기억은 조금은 추론을 떠받친다. 그래서 지능검사와 대학입학시험은 모두 작업기억을 측정한다. 특히 독해시험이 이것을 측정한다.[13] 검정회사는 너무나 분명한 일을 굳이 애써서 하지 않으려

한다. 일례로 검정회사는 대학입학과 지능검사의 상관관계를 자세하게 보고할 마음이 없다. 검정회사가 이런 상관관계를 상세히 보고한다면, 검정회사가 고안한 이론적 개념이 쉽게 손상될 것이다. 검정회사가 만든 시험에서 얻은 점수가 이 개념을 뒷받침한다. 이 개념은 솔직히 모호하다. 그러나 분명히 구별된다고 가정한다. 검정회사가 고안한 시험들은 여러 종류가 있는데, 사람들은 이런 시험이 측정하려는 심리학적 개념이 과연 무엇인지 제대로 알려고 하지 않는다. 그래서 지능검사와 대학입학시험의 상관관계는 여전히 드러나지 않고 있다. 또한 여러 시험들은 겉보기에 다르지만 계속 같은 심리학적 개념을 측정한다. IQ 검사도 여러 가지가 있다. 스탠퍼드-비네 검사와 웩슬러 검사는 서로 다르다. 하지만 이 IQ 검사들은 대체로 같은 심리학적 개념을 측정한다. 아서 젠슨Arthur Jenson과 리처드 헤른슈타인Richard Herrnstein, 찰스 머리Charles Murray는 다음 사실을 밝혔다. 대학입학시험에 나오는 논리력 검사는 이름은 다르지만 일반적으로 지능검사였다.[14] SAT는 아예 분명한 이름이 없다고 말하기도 한다. 이미 말했듯이 SAT는 처음에 'Scholastic Aptitude Test'의 머리글자였다. 그러다 'Scholastic Assessment Test'로 이름이 바뀌었다. 지금은 SAT는 머리글자도 어떤 단어의 약자도 아니다.

우리는 심리측정 지능이론에 사로잡혀 있다. 이 이론에 내재한 가장 심각한 문제는 원래 의도를 뒤집는 것이다. 지능검사를 실시하는 사람은 학업성취를 예측하려고 한다. 그래서 자신이 하는 검사를 '지능' 검사라고 선언한다. 비네도 학업수행을 예측하려고 했

입시가 바뀌면 인재가 보인다

다. 따라서 우리가 실행하는 검사는 학업수행을 예측하려는 검사에서 나왔다고 볼 수 있다. 간접적으로 직장에서의 수행도 예측하려고 했다. 대단히 체계적으로 조직된, 학문적 시험에서 드러나는 수행을 지능이라 한다. 대중적으로 지능을 이렇게 이해한다. 이것을 '암묵적 지능이론'이라고도 한다. 하지만 이런 지능관은 공간(문화)과 시간(시대)에 따라 달라진다. 이 사실을 알기 위해 자세히 관찰할 필요도 없다. 여러 문화권에 사는 여러 세대의 사람들은 지능을 다채롭게 이해하고 정의하기 때문이다. 오늘날 세계는 점점 연결되고 있다. 따라서 우리는 정책을 고려할 때도 현대적이고, 세계적으로 바라봐야 한다. 오늘날 대학 입학생 가운데 세계 여러 곳에서 온 학생들이 점점 늘어나고 있다. 미국 학생조차 문화 배경이 서로 다르기 때문에 지능을 다양하게 이해하고 정의할지 모른다.

지능은 문화에 따라 달라진다

여러 문화권을 보면 지능 개념이 조금씩 다른 것 같다. 오늘날 타이완의 지능 개념을 보자. 타이완에서 지능은 5개 영역을 모두 포함한다. (1) 일반인지요소(서구의 전통적 지능검사에서 말하는 g 요인과 비슷하다.) (2) 사교 지능(사회적 관계를 맺는 능력) (3) 성찰 지능(자신을 이해하기) (4) 자기를 내세우는 지적 능력(자기가 똑똑하다는 것을 언제 드러낼지 안다.) (5) 자기를 삼가는 지적 능력(자기가 똑똑하다는 것을 언제 감춰야 하는지 안다.)[15] 반면, 나와 동료들은 미국인의 지능 개념은 3개의 영역인 문제해결능력과 언어구사능력, 사교능력에 집중되어 있음을 발견했다. 타이완인과 미국인이 가진, 암묵적 지능이론은 전통적 심리측정 지능검사가 측정하는 능력보다 더 많은 것을 포함하는 것 같다.[16]

아프리카 연구를 보면, 지능이 문화에 따라 확연히 다르게 나타난다는 사실을 다시 확인할 수 있다. 패트리샤 루츠기스Patricia Ruzgis와 엘레나 그리고렌코Elena Grigorenko는 다음과 같이 주장했다. 아프리카에서 통용되는 지능 개념은 대체로 어떤 기술을 중심으로 삼는다. 즉, 집단들이 조화롭고 안전하게 살아가는 데 유익한 기술이 지능의 중심이다. 또한 집단 안에서 맺는 관계도 똑같이 중요하며, 어떤 때는 집단 간 관계보다 더 중요하다.[17] 따라서 집단 안에서 잘 지내는 기술도 지능의 핵심이다. 잠비아에 거주하는 체와족은 사회적 책임감과 협동심, 순종이 지능의 핵심이라고 강조한다. 그래서 똑똑한 학생은 어른을 존경할 것이라고 체와족은 생각한다.[18] 이런 사실을 로버트 서펠Robert Serpell이 알아냈다. 찰스 슈퍼Charles Super와 사라 하크니스Sara Harkness는 케냐 부모의 지능관을 알아냈다. 케냐 부모는 가족과 사회에서 책임 있게 행동하는 것을 중요한 지능으로 여긴다.[19] 지능은 짐바브웨어로 *ngware*이다. 사회적 관계에서 신중하고 조심스럽게 행동한다는 것이 이 단어의 뜻이다. 가나와 코트디부아르에 거주하는 Baoule 사람은 가족과 지역 사회에 봉사하고 어른을 존경하고 공경하는 것이 지능의 핵심이라고 생각한다.[20]

아프리카 문화권만 사회적 지능을 중요하게 여기는 것은 아니다.

입시가 바뀌면 인재가 보인다

아시아의 여러 문화에서 나타나는 지능 개념도 서양의 전통적 지능이나 IQ 기반의 지능보다 사회적 지능을 훨씬 강조한다. 물론 지능을 정의할 때 아프리카와 아시아 문화권은 미국 문화보다 사람과 관계맺는 기술을 더 강조한다. 하지만 이 문화권도 지능의 인지적 측면이 중요함을 인정한다. 케냐인의 지능개념을 조사하는 연구에 따르면, 시골에 사는 케냐인은 4개의 요소가 지능을 구성한다고 믿는다. *rieko*(지식과 기술), *luoro*(존경), *winjo*(실생활 문제를 처리하는 방법을 앎), *paro*(주도력). 이 4개의 요소 중 첫 번째 요소만이 지식 기반의 기술을 가리킨다는 사실에 주목하자. 이 기술에는 공부 기술도 포함된다.[21]

미국인의 지능 개념도 여러 개임을 기억하자. 캘리포니아 새너제이에는 여러 인종집단이 산다. 이들은 똑똑함을 조금씩 다르게 이해하고 있다.[22] 라틴아메리카계 부모는 사회적 관계를 맺는 기술을 중요하게 여겼다. 반면 아시아와 유럽계 부모는 인지 기술이 중요하다고 강조했다. 유럽계 가족 배경을 가진 교사도 사교적 능력보다 인지 기술을 중요하게 여겼다. 학생의 부모가 교사의 지능관을 얼마나 공유하는지 알면, 라틴아메리카와 아시아계 학생까지 포함한, 여러 인종의 학교 석차를 정확하게 예측할 수 있다. 다시 말해, 교사는 다음과 같은 학생에게 종종 보상한다. 교사의 지능관과 일치하는 지능관을 갖도록 사회화된 학생이 교사에게 자주 보상받는다.

대학입학추천서를 쓸 때도 교사는 자신이 가진 암묵적 지능 개념을 활용한다. 교사의 추천서는 학생을 언급하는 만큼 교사 자신의 암묵적 지능관을 보여준다. 하지만 교사가 지능의 인지 측면만큼 사회적 측면에 상을 주지 않고 칭찬하지 않는다 해도, 졸업 이후에 학생이 성공하려면 인지적 지능 못지않게 사회적 지능이 중요할 수 있다. 사회적 지능이 성공하는 데 더 중요할 수 있다.

기존의 입학시험을 보면 어떤 집단이 다른 집단보다 종종 성적이 더 낮다. 이런 현상에 대해 사람들은 보통 어쩔 수 없다는 듯이 손을 흔들며, 능력 기반의 시험제도는 제대로 작용하지 않을 거라고 단정한다. 능력 기반의 시험제도는 늘 특정 집단에게 불리하게 작용하기 때문이다. 적극적 차별철폐정책은 불이익을 받는 특정 집단을 위한 정책이다. 그러나 우리는 너무 쉽게 이런 결론을 내버린다. 능력 기반 시험제도는 실행 가능하다.

성공지능을 정의한다

내가 고안한 능력이론은 내가 옹호하는 제도를 뒷받침한다. 나는 이 이론을 확장된 성공지능론이라 부른다.[23] 성공지능은 성공하는 능력이다. 사람마다 성공을 다르게 정의한다. 과학자와 운동선수, 배우, 음악가, 작가, 회계사, 배관공, 비서, 회사 중역은 모두 성공을 조금씩 다르게 이해하고 있다. 그래서 지능 개념을 정의할 때, 사람마다 속한 문화가 다르며, 추구하는 목표도 다르다는 사실을 반드시 고려해야 한다.

성공지능은 지능의 3요소 분석지능, 창조지능, 실용지능과 연결

입시가 바뀌면 인재가 보인다

되어 있다. 전통적 IQ 검사와 SAT 시험은 분석지능을 측정한다. 창조지능은 주어진 상황을 뛰어넘는 능력을 말한다. 창조지능을 가진 사람은 변하는 상황에 맞게 물 흐르듯 사고할 수 있다. 실용지능을 사용하는 사람은 일상에서 어떤 일을 해낸다.

일상에서 한쪽으로만 똑똑한 사람은 없다. 분석만 하거나, 기발하기만 하거나, 너무나 실용적이기만 한 사람은 없다. 이런 특성이 하나도 없는 사람도 드물다. 각 영역에서 실력 수준은 조금씩 다르다. 어떤 사람은 분석능력이 매우 뛰어나며, 창의력도 좋지만, 실용적 태도는 부족할 수 있다. 어떤 사람은 분석능력이 탁월하지만, 창의적·실용적 기술을 쌓으려고 노력하기도 한다. 능력들은 서로 상관관계를 맺고 있다. 이 능력들이 완전히 따로 떨어져 있는 것이 아니기 때문이다.[24] 어떤 인물이 진정으로 창의적이라면, 그는 신선한 생각을 만들어내면서도 가장 좋은 생각을 가려내어 평가하고 그것을 다른 사람에게 설득하는 방법까지 찾아내야 한다.

성공지능의 암묵적 차원

실용지능은 대체로 암묵지를 사용한다.[25] 다른 사람이 지지하지 않고, 어떤 자료가 뒷받침하지도 않는 상태에서 습득한 지식을 보통 암묵지라고 한다. 암묵지를 습득하는 사람은 무엇을 배워야 하는지 정확하게 지시받지 않지만, 체험하면서 교훈을 이끌어낼 것이다. 배움이 주요 목적이 아니더라도 그는 그렇게 할 것이다.

암묵지를 가진 사람은 여러 상황에서 다양한 과제를 수행하는 법을 이해한다. 따라서 암묵지는 개인 체험에서 도출되는 절차적 지식에 속한다고 볼 수 있다. 절차적 지식이 활용되는 사례처럼 암묵지는 분명하게 표현되지 않은 채 행위를 인도한다. 암묵지를 활용할 때 종종 우리는 자신이 무엇을 아는지 모른다.

대체로 암묵지는 제약조건이 많은 복잡한 규칙을 반영한다. 이 규칙은 어떤 상황에서 특정 목표를 추구하는 방법을 규제한다. 그래서 암묵지를 분명하게 표현하기 어렵다. 예를 들어, 특정한 형편을 고려하면서 다양한 목적에 알맞게 사람을 평가하는 규칙이 있다. 이렇게 복잡한 규칙을 조건-행동 쌍으로 기술하기도 한다. 예를 들어, 상사와 이야기하는 법을 다음과 같이 기술해 볼 수 있다.

조건 1 : 〈당신은 포럼에 참석한다.〉
조건 2 : 〈상사가 한 말이나 행동은 당신이 보기에 틀렸다. 혹은 적
　　　　절하지 않다.〉
조건 3 : 〈상사는 질문하라거나 논평하라고 요청하지도 않는다.〉
그렇다면 〈논쟁거리를 상사에게 직접 말하되 상사를 평가하지 마라.〉
왜냐하면 〈이렇게 하면 상사는 당황하지 않고, 당신과 관계를 계속
　　　　유지할 것이다.〉

암묵지는 그저 추상적 절차 규칙의 모음이 아니다. 암묵지는 맥락에 맞는 지식이다. 암묵지는 내가 처한 상황에서 무엇을 해야 하

입시가 바뀌면 인재가 보인다

는지 알려주는 지식이다.

암묵지에는 다음과 같은 특징도 있다. 암묵지는 개인이 품은 목표에 적합하다. 어떤 일을 처리하면서 얻은 지식은 다른 사람의 체험에서 얻은 지식이나 일반 지식보다 목표를 성취하는 데 더 유용할 것이다. 지도자는 자신이 부딪힌 상황에서 어떤 지도력을 발휘하는 것이 가장 적절한지 배울 수 있다. 권위를 내세울까? 사람들의 참여를 유도할까? 하지만 지도자는 자신의 체험을 돌아보면서 다른 전략이 더 효과가 있을 거라고 예상할 수 있다.

우리는 케냐의 우센지라는 시골에서 연구를 했다. 여기서 우리는 시골 어린이의 암묵지를 조사했다.[26] 학령기 아이들이 주변 환경에 적응하는 능력을 알아보기 위해 우리는 실용지능을 측정하는 검사를 고안했다. 이 검사는 자연산/민간 허브치료제에 대한 아이들의 암묵적·비공식적 지식을 측정했다. 마을 사람들은 민간 허브치료제가 여러 감염에 효험이 있다고 믿는다. 마을에 사는 학생의 95% 이상이 기생충 질환으로 고생하고 있었다. 이들은 민간 허브치료제에 대한 지식을 사용했다. 이들은 평균적으로 일주일에 한 번은 이 약을 먹고, 다른 사람에게도 약을 주었다. 이들의 건강은 스스로 약을 만들어 먹을 수 있는 능력에 달려 있었다. 이런 능력이 없는 아이들은 기생충 질환에 더 많이 시달릴 것이다. 하지만 아이들의 지식은 다른 모든 문화에서 중요한 것은 아니다. 민간 허브치료제를 만들 만한 지식이 없는 서구의 중간 계급은 아이들이 사는 환경에서 생존하거나 번성하는 것이 무척 어렵다고 생각할 것이다. 미국의 경우, 도시빈민지구는 중간 계급이 사는 안락한 집과 그렇게 멀리 떨어져 있지 않다.

우리는 민간 허브치료제를 식별하는, 케냐 학생의 능력을 측정했다. 이 치료제는 어디서 나며, 어디에 쓰이고, 얼마나 사용해야 적절한지 학생들이 알고 있을까? 우리는 학생이 이런 지식을 습득할 능력이 있는지 측정했다. 우리는 다른 곳에서 작업한 연구를 고려하면서, 이 검사에서 얻은 점수는 전통적 지능검사 점수와 상관관계가 없을 거라고 예상했다. 이 가설을 검증하려고 우리는 85명의 학생에게 레이븐의 색채 누진행렬형 검사를 했다. 레이븐 검사는 유동적·추상적 추론 능력을 측정한다. 그리고 밀힐 어휘 스케일 검사Mill Hill Vocabulary Scale도 했다. 이 검사는 결정화된, 형식적 지식 기반 능력을 평가한다. 우리는 85명의 학생에게 Dholuo어로 된 어휘 검사도 했다. Dholuo어는 학생들의 자국어이며, 영어는 학교에서 배우는 언어였다.

검사결과는 놀라웠다. 인간지능에 대한 전통적 이론으로 평가했는데 결과는 뜻밖이었다. 암묵지 검사결과와 결정화된 능력검사 사이에 통계적으로 유의한 상관관계가 있었다. 그런데 그 관계는 음의 상관관계였다. 즉, 학생이 암묵지에서 높은 점수를 받을수록 결정화된 능력검사에서 평균적으로 낮은 점수를 받았다. 유동적 능력검사도 실용지능과 음의 상관관계가 있었다.

이 결과를 여러모로 해석할 수 있다. 그러나 인류학자 집단이 내놓은 문화기술 관찰 결과를 고려하면서 우리는 학생을 향한 부모의 기대가 이 현상을 그럴듯하게 설명할 거라고 마무리했다. 많은 학생이 등록금을 내지 못하거나 다른 사정 때문에 졸업하기 전에 학교를 그만두었다. 더구나 이 마을에 사는 가족들은 대부분 서구식 학교교육이 그렇게 가치 있다고 생각하지 않는다. 이 마을 학생들이 서구식 학교교육을 받아야 할 필요는 없다. 학생들은 농사를 짓거나, 다른 직업으로 살아가기 때문이다. 서구식 학교교육을 받지 않아도 얼마든지 일을 할 수 있다. 대학에 진학하는 학생은 거의 없을 것이다. 반면 가족은 앞으로 살아갈 환경에 잘 적응하는 데 필요한 지식을 학생에게 가르쳐야 한다고 강조한다. 학생이 마을에서 살아가는 데 필요한, 토착적이고 실용적 지식을 배우는 데 힘썼다면, 이런 학생은 대체로 학교에서 좋은 결과를 내려고 시간을 투자하지 않는다. 그러나 학교에서 좋은 결과를 내는 학생은 보통 토착적이고 실용적 지식을 배우는 데 시간을 많이 투자하지 않는다. 따라서 학교교육과 실용적 지식은 음의 상관관계를 맺는다. 학교에서 탁월한 학생이 실용적 지식을 배우지 않는 경우도 있다. 아무도 그에게 실용적 지식을 가르쳐 주지 않으려 하기 때문이다. 마을 사람에게 그는 '실패자'로 보일 수 있다.

기존의 검사와 대학입학시험을 통해 확인할 수 있는, 인간지능의 일반요인은 우리에게 무엇을 말해 줄까? 이것은 (성공하는 능력보다) 학생의 능력이 특히 서구식 교육을 하는 학교의 기대에 얼마나 맞아떨어지는지 더 많이 알려 주는 것 같다. 케냐에서 우리가 수행한 연구는 바로 이런 사실을 암시한다.

더구나 지적 수행이 상황에 의존한다는 사실은 북미나 유럽에서 멀리 떨어진 나라에서도 타당하다. 이것도 우리 연구가 밝혀낸 사실이다. 알래스카 남서부 지역에 거주하는 Yup'ik 에스키모 학생을 연구하면서 우리가 발견한 사실을 북미나 유럽에서도 똑같이 확인할 수 있을 것이다.[27]

우리는 Yup'ik 에스키모 학생에게 특히 눈길이 갔다. 교사의 눈에, 이들은 학교에서 좋은 성과를 내는 데 필요한 기본 지능조차 부족했다. 하지만 많은 학생이 엄청난 실용지식을 갖고 있었다. 교사에게는 거의 없는 지식이었다. Yup'ik 학생은 겨울에도 독스레드(허스키 개가 끄는 썰매)를 타고 이 마을에서 저 마을로 쉽게 이동할 수 있다. 이들은 얼어붙은 툰드라 지대에서도 가장 미묘한 지형까지 포착해낼 수 있기 때문이다. 학생이 사는 지역에 거주하지 않는 교사와, 우리 같은 연구자가 학생과 똑같이 이동하려 했다면, 똑같이 보이는, 수백 마일의 황량한 벌판에서 길을 잃은 채 분명 사망했을 것이다.

나와 동료들은 학업지능과 실용적 지능의 중요성이 알래스카의 시골과 도시에서 어떻게 다르게 나타나는지 비교해 보기로 했다. 261명의 학생이 연구에 참여했다. 일단 연구에 참여한 어른이나 동료학생이 이들의 실용적 기술을 평가했고, 암묵지 검사를 통해 실용적 기술을 한 번 더 평가했다. 학생들은 Yup'ik 마을에서 암묵지를 습득했다. 그리고 유동적 지능과 결정화된 지능을 측정하여 학생들의 학업지능을 측정했다. 유동적 지능검사는 추상적 추론 기술을 측정하며,

입시가 바뀌면 인재가 보인다

결정화된 지능검사는 어휘력 같은 세상지식을 측정한다.

결정화된 지능은 도시 학생이 대체로 시골 학생을 능가했다. 하지만 Yup'ik 마을에서 습득한 암묵지는 시골 학생이 대체로 도시 학생을 능가했다. 시골 학생의 사냥 기술을 예측할 때는 암묵지 검사가 학업지능 검사들보다 더 유용했다. 하지만 도시 학생의 사냥 기술을 예측할 때는 암묵지 검사가 더 유용하지는 않았다. 따라서 학생이 척박한 환경에서 살아남는 기술과 같이 살아가는 데 가장 필요한 기술을 검사하려 한다면 실용지능 검사가 가장 알맞은 측정법이다.

나는 보스턴의 서쪽 끄트머리에 거주한다. 내가 거주하는 큰 중산층 지구나, 웨스턴과 웰즐리 같은 부유한 교외에서 성장한 학생은 학업 기술을 익힐 기회가 많다. 전통적 검사가 바로 학업 기술을 높게 평가한다. 이 학생들은 자신이 선택한 칼리지나 종합대학에 입학할 때 특히 유리하다. 적극적 차별철폐정책이 있지만 그래도 이들은 유리하다. 거주지에서 몇 마일만 가면 록스베리이다. 록스베리는 보스턴에서 경제적으로 가장 취약하며, 그만큼 범죄발생률도 높은 곳이다. 그러면 이런 곳에 사는 학생은 어떤 기술을 익힐까? 물론 이 학생들도 SAT나 ACT 같은 시험이 측정하는 기술을 조금은 익히지만 반드시 그런 기술을 익히지는 않는다. Yup'ik 에스키모 학생처럼, 이들도 자신이 살아가는 환경에 멋지게 들어맞는 기술을 개발한다. 어떤 학생은 목숨을 위태롭게 하는 위협과 잠재적 폭력에 맞서면서 가족과 학교 어느 편도 들지 말아야 하는 상황에 처한다. 이들은 이 문제를 푸는 법을 배워야 한다. 마약 밀매자가 되지 않는 법도 배워야 한다. 혼란에 빠진 가족과도 함께 살아야 한다. 가족이 이렇게 방황하는 이유는 조금은 경제적·사회적 고난 때문이다. 우리 가운데 몇 명이나 이 학생들이 사는 거리를 안전하게 통과할 수 있을까? 그것도 밤에 A지점에서 B지점까지 무사히 통과할 수 있겠는가? 우리 가운데 몇 명이나 이런 모험을 정말 하겠는가? 물론 일부는 결국 무사히 거리를 통과하는 법을 배울 것이다. 최근 일어난 사회적 급변 때문에 어떤 학생들은 중간 계급에서 하층 계급으로 이동했다. 부모가 실직하고 심지어 집까지 잃어버렸기 때문이다. 이런 학생들은 다양한 생활 기술을 더욱 연마할 것이다.

학생은 어떤 기술을 배울까? 적응하는 데 필요한 기술을 배운다. 우리는 이런 기술을 배우는 능력을 측정해야 한다. 시험 칠 때 나타나는 기술을 배우는 능력만 측정해서는 안 된다.

성공지능과 표준화 시험

SAT와 ACT 같은 표준화 시험이 인간 능력의 폭넓은 구조까지 밝힐 필요는 없지 않을까. 검정회사도 입학시험으로 학업 기술을 평가하려고 한다. 검정회사가 학업 기술에 초점을 맞춘 것은 대체로 마케팅의 결과이다. 검정회사와 대학이 공유하는 목표를 고려할 때, 검정회사의 결정은 합리적이다.

오늘날 대학입학시험을 '지능검사'라고 부르는 것은 검정회사와 대학이 공유하는 목표에 해로울 것이다. 하지만 통계학으로 따져보면 대학입학시험은 대체로 기존의 지능을 측정한다. 언어이해력과 추리(언어이해력 부분에서 측정), 수리력(수리추론 부분에서 측정), 언어 유창성(쓰기 부분에서 측정)은 모두 서스턴과 길포드, 다른 학자들의 지능이론에 그대로 나와 있는 요소들이다. 이런 요소를 부르고 싶은 대로 불러도 좋다. 그래도 이런 요소들은 이미 전통적 심리측정 지능이론에 포함되어 있다.[28]

역사를 둘러보고 여러 지역을 살펴봐도 학교교육은, 특히 소년이 받는 학교교육은 수습과정의 모양새를 하고 있다. 학교에서 학생은 어린 나이부터 기술을 연마한다. 장사를 잘하기 위해 알아야 하는 지식을 학생은 배운다. 학교는 다른 지식을 그다지 많이 가르치지 않는다. 학생도 특정한 종류의 과제만 수행한다. 전통적 지능검사가 측정하는 특정한 기술을 개발하는 데 유익한 과제에는 학생이 참여하지 않는다. 특히 서구의 학생들이 어릴 때부터 배우는 여러 과목을 이 학생들은 공부하지 않는다. 전통적 지능검사는 대체로 다양한 영역에서 기술을 측정하므로 이런 학생들은 전통적 지능검사에서 좋은 점수를 받기 어렵다. 학생들의 검사 결과를 보고 이들에게 일반 지능요인이 있다고 말하기는 어려울 것 같다. 우리가 케냐에서 한 연구도 이것을 확증해 준다.

케냐의 시골에서 행한 연구가 미국 학생과 상관이 있을까? 더구나 도시에 사는 미국 학생에게? 그런데 우리의 연구는 정말 미국학생과 상관이 있다. 학생들은 대부분 학계의 슈퍼스타가 되려는 꿈을 가지고 있지 않다. 학계의 슈퍼스타는 교수가 되어 다음 세대의 슈퍼스타를 가르칠 것이다. 오히려 삶의 목표는 학생마다 다르다. NBA 스타, 배우, 댄서, 바이올린 연주자, 예술가 등. 하버드대학교에 입학하여 물리학 같이 어려운 과목에서 A학점을 받으면 이런 목표들을 가장 효과적으로 이룰 수 있을까? 그렇다고 답하긴 어렵다. 하버드대학교에 가서 학문적으로 탁월하게 되는 것이 오히려 이런 목표를 이루는 데 방해가 될지 모른다. 상대적으로 발레 무용가는 자기 이름을 알리는 데 투자할 시간이 거의 없다. 대체로 발레 무용가는 4년씩이나 무용을 그만두고 학문을 계속할 만한 여유가 없다. NBA나 NFL에서 스타가 될 만한 학생은 하버드에서 수행하는 선수 훈련을 받지 않으려 할 것이다. 하버드는 그 학생을 프로농구계나 프로축구계의 지도자가 될 수 있도록 교육시키기 때문이다. 어려운 시험을 치르려고 벼락치기할 시간이 바이올린 연주자에게 없다. 그는 수많은 시간을 연습에 소비해야 한다. 전문 바이올린 연주자가 특히 솔로이스트가 되려고 계획을 세워 오랫동안 연습하지 않는다면, 그의 꿈도 물거품이 될 것이다.

자격요건이 입사 여부에 영향을 주는 직업도 있다. 최상위 투자은행이나 법률회사는 오직 명문 칼리지나 종합대학 출신만 뽑으려고 한다. 이 사례를 보면, 고등교육은 조금은 교육과 함께 자격증을 파는 사업이 되었음을 알 수 있다. 직업을 처음 얻는 데 학력은 상당히 중요하다. 자격을 따지는 것은 이런 상황 때문에 시작되었을 것이다. 하지만 승진하거나, 최고 경영자가 되거나, 법률담당자가 될 때 학력은 점점 효과를 잃을 것이다. 승진하거나 최고 경영자가 되면 모교의 이름보다 한 사람이 실제로 습득한 교육이 중요해진다.

학교에서 강조되고 입학시험에서 측정하는 기본 기술은 기억력이지만 이것마저 문화에 따라 다르게 발달한다. 어떤 연구에서 모로코인과 북미인에게 동양산 융단에 새겨진 무늬와, 수탉과 물고기가 나오는 그림을 기억해 보라고 했다. 모로코인은 융단 무늬를 기억하는 기술이 없는 참여자와 상당히 다르게 사물을 기억했다. 모로코는 대대로 융단교역을 했던 나라이다. 모로코인은 융단의 무늬를 다른 참여자보다 더 잘 기억했다.[29] 비슷한 연구를 진행한 주디스 키어린스Judith Kearins는 다음 사실을 발견했다. 시공간 전시물을 기억해 보라는 요청에 대해 영미계 오스트레일리아인은 언어를 이용한 기억 전략을 구사했지만 오스트레일리아 원주민은 시각을 이용한 기억전략을 사용했다. 이 전략은 사막 유목민 문화에 적합한 전략이었다.[30] 따라서 학생은 다른 기술을 개발하거나 같은 기술도 다르게 사용할 수 있다. 이것은 학생이 속한 문화 배경에 따라 달라진다.

실용적 지식 : 실제로 어떻게 작용할까

다른 사례를 살펴보자. 아담은 유명한 비즈니스 학과생이다. MBA 과정 중인 아담의 미래는 밝다. 아담은 학생일 때 사업을 시작했다. 사업이 탄탄대로라는 소문도 자자했다. 아담은 학교를 계속 다녔지만 주로 사업에 집중하면서 학업을 소홀히했다. 아담의 성적은 처음에는 상위권이었지만 점점 그가 시간을 어디에 쓰고 있는지 드러냈다. 그때 유명한 벤처 캐피털 회사가 아담에게 투자하겠다고 제안했다. 그런데 조건이 하나 있었다. 아담이 이 사업의 전임 CEO로 일해야 한다는 조건이었다. 아담은 케냐의 시골 학생과 같은 처지에 있는 것이다. 아담은 사업에서의 성공보다는 학업에 충실할 수도 있었지만 학업을 그만두기로 결정하고 졸업하기 몇 달 전에 중퇴해 버렸다. 아담은 승부수를 던졌고, 사업은 기대했던 것보다 훨씬 더 성공적이었다. 아담 같은 사업가에게 사업을 하면서 학문적 업적을 쌓는 것은 서로 맞지 않는 일이었다. 아담의 경우 사업과 학업은 음의 상관관계였다. 케냐의 시골에서 실제로 성공하는 학생이 생업을 선택하듯, 아담도 사업을 선택했다. 하지만 아담은 위험을 무릅썼다. 사업이 망한다면 아담은 결국 비즈니스 학과로 되돌아갔을지 모른다.

나는 몇 달 전에 터프츠대학교의 졸업식에 참석했다. 졸업식 연사는 뉴욕 시장인 마이클 블룸버그^{Michael Bloomberg}였다. 매사추세츠의 메드포드를 다시 방문하게 되어 기쁘다고 그는 말했다. 그는 이곳에서 자랐다. 블룸버그는 터프츠대학교의 총장에게 감사를 표했다. 총장은 블룸버그가 이 대학의 수업에서 만난 첫 번째 교수였다. 블룸버그의 학업성적은 상위 절반에도 들지 못했다. 하지만 블룸버그는 자신이 하위권에 속함으로써 다른 사람이 상위 절반에 들도록 도왔다고 말했다. 청중은 모두 웃었다. 블룸버그의 농담에는 뼈있

입시가 바뀌면 인재가 보인다

는 메시지가 숨어 있다. 학업에서 성공한 사람이 반드시 삶에서도 성공하는 것은 아니다(블룸버그는 성적이 하위권이었지만 뉴욕 시장이 되었다-옮긴이).

나는 학교발전기금을 모으는 데 많은 시간을 보내곤 했다. 나는 발전기금을 모금할 때 터프츠대학교 졸업생 중 가장 성공한 사람들을 만난다. 돈이 많아서 기금을 낼 수 있는 사람도 성공한 사람이지만, 사회에 기여한 사람도 성공한 사람이다. 내가 만난 졸업생은 사업을 하고 있었다. 하지만 내가 만난 모든 졸업생이 사업가는 아니었다. 하나의 사실이 눈에 띄었다. 수많은 학장과 기금 모금자도 분명 내가 본 사실을 보았을 것이다. 내가 만난 졸업생은 대학성적이 상위권이 아니었다. 그렇다고 이들의 GPAs나 SATs 점수가 아주 높았던 것도 아니다. 어떤 이들은 입학할 때 내신성적도 별볼일 없었다. 대학을 졸업할 때 학점이 그다지 좋지 못했던 사람도 꽤 있다. 하지만 많은 이들이 실용적 기술을 익혔다. 그래서 어떤 자원도 사용가능한 세상에서 이들은 두각을 나타낼 수 있었다.

학생을 합격시킬 때 우리는 스스로에게 이런 질문해 보아야 한다. 학업 기술이 왜 중요할까? 학업 기술을 개발하는 만큼 학업 기술을 확인하는 것이 중요할까? 대학 학점이 성공에 그렇게 중요하다면, 일등으로 졸업한 학생들은 30년 후에 왜 최고의 학문적 명성을 얻지 못할까? 성공지능이론에 따르면, 장점을 활용하고 단점을 교정하거나 보상하는 사람이 성공한다. 성공으로 이끄는 공식은 여러 가지이다. 장점과 단점을 고려하여 자신에게 맞는 성공 공식을 찾아야 한다. 이런 가설은 능력이 변할 수 있다고 은근히 가정한다. 단점을 고치려고 집중한다면 정말 단점을 고칠 수 있다는 뜻이다.

당신을 가르쳤던 교사 가운데 가장 훌륭한 교사를 생각해 보라. 그가 무엇 때문에 최고의 교사가 되었는지 질문해 보라. 그들은 여러모로 훌륭한 교사였다. 훌륭한 교사가 되기 위해 하나의 길을 갈 필요는 없었다. 어떤 교사는 많은 학생을 대상으로 강의를 잘했고, 어떤 교사는 세미나 지도를 잘했으며 어떤 교사는 한 사람, 한 사람을 잘 감독했을 것이다. 최고 경영자 역시 나름대로 개성이 있다. 하지만 자기 개성을 회사에 잘 융화시키는 경영자가 성공할 수 있다. 따라서 모든 일을 잘하는 사람은 없으며, 어떤 일도 못하는 사람도 없다. 성공지능을 잘 발휘하는 사람은 장점을 찾아내고 그것을 활용할 방법을 알아낸다. 성공지능이 부족한 사람은 자기가 무엇을 잘하는지 절대 찾아내지 못한다. 그리고 찾아내지 못했다. 장점을 최대한 활용하는 법도 알아내지 못한다.

단점을 보상하거나 교정할 줄 아는 것도 중요하다. 역사적 균형감을 갖춘 대통령이 될 자질이 빌 클린턴에게 있었다. 그는 조지타운과 예일 법대를 나왔으며, 지적 탁월함과 사교성, 카리스마를 겸비했다는 인정도 받았다. 어떤 정치인에게서도 찾기 힘든 덕성이었다. 그러나 치명적인 약점이 있었다. 다른 여자와 혼외 관계를 맺으려는 무모한 짓을 참지 못했다. 대통령으로 재직할 때도 이유는 모르겠지만 약점을 고칠 수 없었다. 결국 엄청난 대가를 치르고 말았다. 클린턴은 스캔들에 휘말린 채 많은 시간을 허비했다. 그만큼 미

입시가 바뀌면 인재가 보인다

국도 허송세월을 보냈다. 빌 클린턴과 함께, 존 에드워드John Edwards 와 마크 샌포드Mark Sanford도 매우 탁월한 정치가였지만, 무모한 성적 행동 때문에 직업을 망치고 말았다. 조지 부시도 비슷했다. 그는 대부분의 사람은 감히 넘볼 수도 없는 교육을 받았다. 필립스 아카데미를 나와서 예일을 거쳐 하버드 비즈니스 스쿨을 졸업했다. 하지만 대공황 이후 가장 거대한 금융위기가 부시 임기기간 중에 들이닥쳤다. 다른 심각한 문제도 터졌다. 이라크 아부그라이브 교도소에서 고문사건이 일어났다. 이런 사건이 일어난 이유는 많겠지만 하나의 이유는 확실했다. 실수에서 교훈을 얻지 못하는 고질적 문제가 부시에게 있었다. 부시는 임기 말에 큰 정부를 강조하며 연방정부로 권력을 집중해야 한다고 주장하는 바람에 공화당원까지 힘이 빠지고 말았다. 자신이 내세운 국내외 정책에 대한 반응을 예상하는 능력은 거의 음치 수준이었다. 결국 클린턴과 부시는 모두 엄청난 교육을 받았지만 깜짝 놀랄 만큼 문제가 있는 지도자임이 증명되고 말았다. 두 사람 모두 약점이 있었지만, 약점을 보상하거나 교정하는 법을 찾아내지 못했다.

우리에게 늘 약점이 있다. 어떤 사람은 성질이 급하거나 성급하게 반응한다. 나는 매우 성공한 회사 중역에게 컨설팅해 준 적이 있다. 그는 나쁜 소식을 들으면 화를 버럭 내곤 했다. 어느 날 그는 전화상으로 승진심사에서 탈락했다는 말을 듣게 되었다. 그는 폭발한 나머지, 당장 상사에게 달려가 승진한 사람이 얼마나 형편없는 결정을 내렸는지 지적하면서 자신이 훨씬 더 적합한 사람이라고 설명했다. 결국 그는 도전의식을 일깨우는 자리를 놓쳐 버렸고, 해고까지 당했다. 그에게 있던 두드러진 약점이 몰락을 가져온 원인이 된 것이다.

대학입학생을 선발할 때 우리는 다재다능한 사람을 뽑지만 음악과 운동, 기업가 정신, 정치적 수완, 연기 등 재주가 비상한 젊은이도 뽑는다. 또한 장점을 잘 활용하는 젊은이도 뽑는다. 결국 한두 가지 장점을 잘 활용하고 단점을 보상하거나 고칠 수 있는 사람이 가장 크게 성공할 것이다.

어떤 학생이 장점을 활용하고 단점을 보상하거나 고칠지 입학 사정관이 알아내기는 어렵다. 하지만 이런 경향이 있는 학생을 알아볼 가망성을 높이는 방법은 있다. 예를 들어 장점을 드러낼 기회를 많이 주는 것이다. 지원자에게 자기를 드러낼 여러 가지 기회를 주면, 지원자도 장점을 어떻게 보여줄지 알아낼 것이다. 또한 입학 사정관은 면접할 때, 지원자의 장점과 함께 단점이 무엇이며 단점을 어떻게 극복할지 물어볼 수 있다. 지원자의 대답에는 입학 사정관에게 좋게 보이고자 하는 바람이 묻어 있을 것이다. 하지만 장점과 단점을 물어보면 입학 결정을 하는 데 유용한 정보를 얻을 수 있다.

이 원칙은 우리 모두에게 통한다. 나도 마찬가지이다. 나는 최근까지 터프츠대학교의 예술과학부 학장이었다. 내가 다른 대학에서 왔다는 사실이 나의 강점이었다. 나는 다른 대학에서 왔기에 기발한 대학 개선안을 만들 수 있었다. 하지만 터프츠대학교에 오래 있었던 교원은 그런 개선안을 생각해낼 수 없었다. 어떤 조직이든, 사

입시가 바뀌면 인재가 보인다

람들은 현재에 안주하며 현실이 달라질 수 있다고 생각하지 않으려 한다. 그러나 외부인이란 나의 장점은 놀랍게도 약점이기도 했다. 터프츠대학교에 새로 왔으므로 나는 이 대학이 어떻게 돌아갔는지 막연하게 알았다. 이 상황에 대한 나의 해법은? 학장 임기가 시작 되면서 학장을 보좌할 교직원을 선택하게 되었다. 나는 모두 내부 인을 뽑았다. 오랫동안 터프츠대학교에서 일한 교직원을 택한 것이 다. 예상대로 그들은 여러 상황에서 나를 건져냈다. 조직문화를 충 분히 이해하지 못해서 저지를 수 있는 실수를 그들이 막아 주었다.

창의성 : 실제 사례

내가 예일에서 가르칠 때 나와 함께 작업한 세 명의 대학원생은 서 로 다른 기술을 보여주었다. 이들이 보여준 기술에는 지능이 수반 되지만 수반되지 않을 때도 있다. 첫 번째 학생은 앨리스이다. 앨리 스는 학업 기술이 매우 뛰어났다. 기억력과 분석력이 탁월했다. 전 통적 심리측정 지능검사는 이런 기술을 강조한다. 앨리스는 심리학 과 대학원 과정에서 거의 일등으로 시작했다. 하지만 대학원 과정 이 끝났을 때 앨리스의 성적은 거의 바닥이었다. 이유는 명확했다. 앨리는 분석 기술은 뛰어났으나 창의력은 거의 발휘하지 못했다. 앨리스는 공부 잘하는 일에 지나치게 강화되어 자신 속에서 잠자고 있을지 모를 창의성을 개발하려는 어떤 동기도 가지고 있지 않은 것 같았다.

'셀리아'라는 대학원생도 있었다. 셀리아가 아주 탁월해서 대학원에 합격한 것은 아니었다. 셀리아는 분석 영역과 창의성 영역에서 강했다. 그래서 합격하게 되었다. 하지만 셀리아는 우리를 놀라게 했다. 졸업할 때 셀리아는 수많은 곳에서 직업 제안을 받았다. 면접관이 듣고 싶어 하는 말을 알아내는 능력이 셀리아에게 있었다. 반면 '폴'은 분석력과 창의력이 탁월했다. 폴은 면접을 많이 보았다. 그러나 볼 때마다 면접관을 모욕했고, 결국 미지근한 제안만 받게 되었다. 셀리아는 면접처럼 중요한 상황에 잘 적응했지만 폴은 그만큼 실용 지능이 높지 못했다.

또 한 명의 학생, '바바라'는 무서울 만큼 창의적이었다. 적어도 바바라의 연구 포트폴리오와 학과 지도교수의 추천서를 그대로 믿는다면. 하지만 바바라의 GRE^{Graduate Record Examination} 성적은 낮았다. GRE는 대체로 분석력을 요구한다. 바바라는 결국 우리의 대학원 과정에 합격하지 못했다. 하지만 나는 바바라를 연구조교로 고용하고, 바바라에게 창의성을 발휘할 기회를 주었다. 3~4년이 지난 후 바바라는 대학원 과정을 일등으로 입학했다. 몇 년 후, 우리는 심리학을 전공하는 대학원생이 예일대학교에서 보낸 12년간의 학업생활을 연구했다. 대학원 입학 첫 해의 성적을 예상할 때 GRE 점수는 대단히 좋은 참고자료였지만, 분석적, 창의적, 실용적 문제해결능력과 연구능력, 교수능력, 학위논문의 수준을 충분히 예측할 만한 참고자료는 아니었다.[31] 남자의 경우 GRE의 분석 영역을 보고 다른 능력을 예측할 수 있었지만, 여자의 경우 어떤 영역도 의미 있는 예

입시가 바뀌면 인재가 보인다

측력이 없었다.

창의력을 발휘하기 어려운 학교가 있다. 실제 사례가 하나 더 떠오른다. 이 사례의 주인공은 훨씬 어리다. '줄리아'는 공립학교 학생인데, 이 학교에서는 중간 계급 학생이 다수이다. 줄리아의 초등학교 교사는 행성 단원을 수업했다. 학생이 화성에 친숙해지도록 교사는 이렇게 말했다. "우주 비행사가 되었다고 상상해 보세요." 학생은 우주 비행사처럼 차려입고 화성에 도착하면 무엇을 할지 생각했다.

줄리아는 손을 들고 선생님에게 말했다. 제가 화성인처럼 차려입고 화성에 도착한 우주 비행사를 맞이하면 안 될까요? 교사는 줄리아의 생각을 곧바로 거부했다. 우주 연구에 따르면 화성에 생명체가 살지 않는다. 그래서 줄리아가 화성인처럼 옷을 입는 것이 사실과 맞지 않을 것 같다고 교사는 설명했다.

이 사건을 들었을 때 마음이 아팠다. 교사는 물론 그렇게 대답할 권리가 있다. 하지만 창의적인 생각을 말하고 나서 줄리아처럼 곧바로 거부를 당한 학생이 얼마나 많을 것인가? 그러면 학생은 다음에 무슨 생각을 할까? 창의적인 생각이 떠오르더라도 자기 안에 꼭꼭 숨겨두어야 한다고 다짐할지 모른다. 교사는 학생에게 이런 교훈을 주어서는 안 된다.

우리는 교사의 행동을 이해할 수 있으며, 교사도 좋은 의도로 그렇게 말했다. 아마 화성에는 화성인이 없을 것이다. 이 주장도 확실한 것은 아니다. 화성인은 지하에 있을지 모른다. 화성인은 화성을 탐사하는 지구인에게 거짓 피드백을 하는지 모른다. 화성인은 우리의 화성탐사가 인지할 수 없는 생명 형태인지도 모른다. 다른 모든 교사처럼 그 교사도 학기 동안 보려고 하는 교재가 깜짝 놀랄 만큼 많을 것이다. 주 단위 시험에서 학생이 좋은 성적을 받아야 한다면, 교사는 교재 내용에 특별히 신경 써야 할 것이다. 하지만 어떤 행위가 창의성을 가장 효과적으로 죽일까? 학생이 창의적 생각을 냈을 때 교사가 그것을 하찮게 여긴다면, 이것이 창의성을 죽이는 행위가 아닐까?

바바라와 줄리아의 이야기를 보면, 교육을 받고 입학시험을 칠 때도 창의성을 보여주기 어렵다는 것을 알 수 있다. 우리 사회는 창의성을 높이 평가한다. 하지만 창의성을 정말 북돋우어야 할 때 우리는 '정말 창의성을 북돋우지 않는다'. 칼리지보드The College Board는 SAT에 쓰기시험을 덧붙였다. 쓰기시험 채점은 정형화되어 있고, 창의적 글보다 틀에 맞춘 글이 대체로 더 높은 점수를 받는다. SAT로는 창의성을 확인할 수 없다. 교사는 여러 가지 능력을 발견하려 하지만 창의성을 찾지는 않는다.

창의성은 일부 교사를 정말 창피하게 만들었을지 모른다. 학생이 발휘하는 창의성은 교사에게 조금은 위협적이다. 교사는 학생보다 많이 알며, 전통적 학업 기술도 학생보다 더 좋을 것이다. 하지만 교사는 자기 생각에 갇혀 창의성이 떨어질 수 있다. 그래서 그런 교사는 창의적인 학생을 자존감을 위협하는 존재로 볼 수 있다. 학생은 교사의 통제감까지 위협한다. 창의적인 학생은 집단을 거스른

입시가 바뀌면 인재가 보인다

다. 교사는 훈육할 때도 학생이 집단의 기준을 따르는지 주목한다. 그래서 교사는 창의적 활동을 혼란스런 행동으로 오인할 수 있다.

창의적인 사고가 중요하다고 확신하지 않는 교사와 교육행정가도 많다. 그들은 창의성이 교육의 결과가 아니라 교육의 부산물이라고 생각한다. 그들이 보기에 교육의 목적은 어떤 과목의 내용을 가르치는 것이다. 누군가 비판적이거나 창의적 사고를 배우려고 하면, 사람들은 그런 노력을 매우 불필요한, 부차적 행위라고 종종 평가한다.

심지어 지능을 연구하는 우리 연구자들은 지능이 정말 개발될 수 있음을 알고 있다. 그래도 창의성을 가르칠 수 없다고 믿는 교사가 많다.[32] 교사는 창의성이 유전되는 속성이라고 생각한다. 교사는 창의성을 북돋우기가 매우 힘들다고 믿는다.

창의성의 본성을 이해하면 이런 오해를 없애버릴 수 있다. 창의성은 사지선다형 시험으로 제대로 측정할 수 없다. 이런 객관식 시험은 '옳은' 대답이나 '틀린' 대답을 요구한다. 학교 숙제도 논쟁거리가 될 수 있다. 예를 들어, 한정된 정해진 답을 요구하는 과제가 창의적인 학생에게 다소 어렵게 느껴진다. 당연히 교사도 창의적인 학생에게 상을 주는 것이 거북하다. 창의적인 학생이 제출한 답은 객관적 평가기준에 맞지 않기 때문이다.

성공지능의 핵심은 지혜다 : 더 강화된 성공지능

최근에 나는 지혜를 성공지능이론에 덧붙였다.[33] 자기 관심과 상호주관적 관심, 자기를 넘어선 관심을 적절히 고려하고, 긍정적 윤리 가치를 추구하면서, 공동선을 이루려고 지식과 성공지능, 창의성을 일정 기간 꾸준히 활용하는 능력이 지혜이다.[34] 즉, 지능과 지식을 활용하여 공동선을 꾸준히 추구하는 기술이 바로 지혜인 것이다.

지혜는 왜 그렇게 중요할까? 탁월한 지능이 지혜를 낳지 않을 때 어떤 일이 벌어질 수 있는지 생각해 보자. 히틀러와 스탈린, 독재자는 지능과 지혜가 어떻게 다른지 잘 보여주었다. 오늘날 테러리스트도 이것을 보여주는 사례이다. 테러리스트는 사람들이 예상하지 못한 표적을 골라낼 만큼 창의적이며, 자신이 고른 표적이 좋은 표적인지 결정할 만큼 분석적이며, 표적을 공격할 만큼 실천에 능한 것 같다. 하지만 테러리스트는 지혜롭지 못하다. 기술을 지혜롭게 사용할 능력이 진보하는 것보다 기술 진보가 훨씬 빠르다. 기술 때문에 엄청나게 파괴적인 무기가 세상에 등장했지만 무기를 없애거나 통제하는 지혜는 우리에게 없다. 다음과 같이 말해도 전혀 과장이 아닐 것이다. 핵무기든, 생화학적 무기든, 이런 무기 때문에 인류는 끔찍하게 절멸할지도 모른다. 일부 지도자는 이런 무기를 조심스레 사용할 수 있다고 생각하기도 한다. 하지만 정말 그럴 수 있을까. 우리가 조만간 지혜를 깊이 있게 개발하지 않는다면, 우리 인류는 살아남을 기회를 절대 얻지 못할 것이다.

입시가 바뀌면 인재가 보인다

지혜로운 생각과 어리석은 생각을 우리는 주변에서 쉽게 확인할 수 있다. 미국 경제계에서도 그렇다. 머크 제약회사를 살펴보자. 전 최고 경영자인 로이 바겔로스Roy Vagelos가 이끌 때 머크는 성장했고 놀라운 명성을 얻었다. 대체로 바겔로스가 멕티잔Mectizan이란 문제에 대해 현명하고 지혜롭게 결정을 내렸기 때문에 머크는 발전할 수 있었다.

머크 소속 과학자들은 회선사상충증river blindness을 막으려고 멕티잔이란 약을 개발한다. 눈을 멀게 하는 회선사상충증에 걸린 수만 명이 멕티잔으로 치유될 수 있었다. 그런데 멕티잔을 먹어야 하는 사람들은 구입할 돈이 없었다. 바겔로스의 조언자들은 멕티잔 개발을 중지하는 것이 좋다고 바겔로스에게 조언했다. 약을 개발해 봐야 회사가 손해를 보기 때문이다. 하지만 바겔로스는 조언을 뿌리치고 이 약을 개발하기로 결정했다. 그리고 무료로 멕티잔을 배포했다. 여론은 머크의 결정에 찬사를 보냈다. 멕티잔이 배포되고 나서, 머크의 재정적 가치는 더욱 올라갔다. 훌륭한 결정을 하는 지도력 덕분에 머크가 성장할 수 있었다.

몇 년이 지나서 머크는 어려운 상황에 처했다. 그때 최고 경영자는 레이 길마르틴Ray Gilmartin이었다. 바이옥스Vioxx는 1년 매출이 수조 원이 넘는, 블록버스터 같은 약물이었다. 하지만 임상시험 결과가 신통치 않았다. 바이옥스는 관절염과 관련된 통증을 줄였지만, 심장에 해를 끼치는 것으로 보였다. 특히 과거에 심장이 좋지 않았던 사람에게 바이옥스는 위험할 수 있었다. 길마르틴이 이끌던 머크는 이 사실을 덮어버리기로 결정하고, 일부 임상결과를 '재해석'해 버렸다. 이 결정은 머크를 오랫동안 괴롭혔다. 머크는 대략 3만 건에 달하는 고소를 당했다. 머크는 재정적으로 무너지고, 윤리적으로 비난을 받았다.

바겔로스처럼 사고하도록 가르치는 교수가 많을까? 길마르틴처럼 사고하도록 가르치는 교수가 더 많을까?

조금 더 최근 사건을 보자. 도요타는 급발진이 일어나고 제동장치가 제대로 작동하지 않는다는 보고를 무시해 버리는, 잘못된 관행을 일찍부터 알고 있었다. 이 사건은 도요타의 명성에 먹칠을 했고, 도요타가 입은 재정 손실도 어마어마했다. 하지만 도요타 자동차의 결함으로 사망자가 발생했다는 사실이 더 중요하다.

지혜의 뜻을 고려할 때, 지혜는 그저 자기나 타인의 이익을 최대로 늘리는 능력이 아니라, 여러 이익이 조화를 이루게 조정하는 능력이다. 도시와 농촌, 환경, 심지어 하나님처럼, 사람들을 둘러싼 맥락에서 '자기를 넘어선' 차원을 고려하면서 이익이 조화를 이루게 조정하는 능력이 바로 지혜이다. 지혜는 창의력에도 관여한다. 그래서 지혜로운 해답은 분명한 해답과 상당히 다를 수 있다.

지혜로운 사람은 스스로 선한 목적을 세우지만, 다른 사람에게도 선한 결과를 낳도록 애쓴다. 어떤 이가 특정 사람의 이익을 최대화하면서 다른 사람의 이익을 최소화하려고 한다면 그는 지혜를 발휘한 것이 아니다. 물론 지혜롭게 결정하면 공동선을 낳을 수 있지만, 공동선은 특정한 사람에게 더 좋을 수 있다. 따라서 사악한 천재는

입시가 바뀌면 인재가 보인다

학교와 사회에서 똑똑할 수 있으나, 우리는 그가 지혜롭다고 평가하지는 않는다.

지원자의 지혜를 측정하기

대학에 지원하는 17세 청소년에게 지혜를 발휘하는 기술이 있는지 측정할 수 있을까? 카린 스턴버그^{Karin Sternberg}와 나는 이런 기술을 측정하는 평가법을 고안했다. 우리가 개발한 평가문항 가운데 하나를 보자.

> 당신 친구가 흥분한 것 같군요. 당신은 왜 흥분했냐고 묻습니다. 친구는 지금 마약을 흡입했다고 당신에게 몰래 고백합니다. 친구는 지금까지 마약 흡입을 교묘하게 숨기고 있었지요. 당신이 보기에, 친구에게 분명한 증상이 나타나지 않았습니다. 또한 누구도 친구에게 증상이 있다고 말하지 않습니다. 친구는 마약의 효과보다 들통 날까 걱정하고 있습니다. 친구는 마약을 계속 복용하려고 계획을 세웁니다. 친구는 중독되지 않았다고 당신에게 장담합니다. 친구는 마약봉투를 어떻게 숨기면 좋겠냐고 당신에게 묻습니다. 더구나 당신을 신뢰하므로 자신을 배신하지 말라고 요구합니다. 당신은 어떻게 해야 할까요?

이 질문에 대한 답에 점수를 부여할 때, 우리는 답의 내용보다 응답자가 공동선을 추구하려는 정도를 보고 점수를 주었다. 자기 관심과 상호주관적 관심, 자기를 넘어선 관심을 조화롭게 조절하고, 긍정적 윤리 가치를 추구하면서, 공동선을 꾸준히 추구하는 정도를 평가했다. 다시 말해, 응답자는 답을 하면서 지혜를 발휘한다.

윤리와 지혜, 버티는 법 배우기

리더십 강의를 하면서 나는 세미나에 참석한 17명의 학생에게 "나는 정말 자랑스럽습니다."라고 말했다. 그리고 다음과 같은 넋두리를 늘어놓았다. 나는 방금 출장을 마치고 돌아왔다. 윤리적 리더십에 대한 컨설팅 사례비를 받았는데, 내가 받아야 할 금액보다 작았다. 사례비가 이렇게 작다 보니 처음에 컨설팅을 하겠다고 괜히 나섰다는 생각이 들었다. 그런데 나는 두 번이나 비용을 청구할 수 있음을 알았고, 청구서를 작성할 거라고 학생에게 말했다. 먼저 나를 초청한 기관이 나에게 돈을 지불할 것이다. 이 기관에게 돈을 받으려면 청구서에 내가 지불한 비용목록만 쓰면 된다. 그리고 내가 소속된 대학이 나에게 돈을 지불할 것이다. 여행하면서 생긴 영수증을 대학에 제출하면 된다. 윤리적 리더십에 대한 컨설팅을 정말 열심히 수행했다고 학생에게 설명했다. 두 번이나 비용을 받을 생각을 하니 내가 한 일에 대해 스스로 당당해질 수 있어 기쁘다고 덧붙였다.

이런 넋두리에 학생은 어떻게 반응했을까? 나는 학생이 강하게 항의할 거라고 예상하고 있었다. 이미 몇 달간 리더십을 공부한 학생들이 내가 저지른 짓에 대해 가만히 있겠는가? 학생들은 나에게 항의하지 않을까? 적어도 6명 정도는 용감하게 손을 들고 내가 저지른 명백하게 비윤리적 행동을 비판하지 않을까? 기다리고, 기다리고, 또 기다렸다. 누구도 항의하지 않았다. 그래서 나는 그날의 수업주제를 다루기로 했다. 바로 윤리적 리더십이었다. 윤리적 리더십 수업을 진행하면서도, 누군가 손을 들고 내가 두 번이나 받은 일을 지적할 거라고 기대했다. 역시 아무도 지적하지 않았다.

　결국 강의를 중단했다. 그리고 학생에게 솔직하게 물었다. 나는 두 번이나 비용을 청구하기로 결심했는데, 이것은 잘못된 행위가 아니냐고 물었다. 사실 이 사건은 모두 내가 꾸며낸 이야기이긴 했다. 하지만 정말 잘못되었다고 생각하면 항의해야 하는 것이 아닐까? 학생들은 당황하여 나에게 항의하지 않은 것 같다. 일부 학생들은 정말 당황했다. 어떤 학생들은 내가 분명 농담했을 거라고 생각했다. 나는 교수이며, 곧 학장이 되므로 내가 무슨 짓을 하든 나름대로 이유가 있을 거라고 생각한 학생도 있었다. 비용청구 사건을 이야기하기 전에, 나는 이미 몇 달간 학생들에게 윤리적 리더십을 가르쳤다. 그러나 내가 전혀 예상하지 않았던 학생들도 있었다. 그들은 나의 약삭빠른 생각을 칭찬하면서, 내가 두 번이나 청구해서 비용을 받을 수 있다면, 나는 그 돈을 가질 자격이 있다고 주장했다. (잘했어요, 교수님!)

　이 수업을 통해 나는 윤리이론을, 심지어 사례 연구를 실제 행위로 번역하는 작업이 얼마나 어려운지 새삼 되새기게 되었다. 학생은 리더십의 윤리학 교재를 읽었다. 다양한 세계 지도자에게서 리더십의 윤리학에 대한 강의도 들었다. 리더십의 윤리학을 두고 토의도 했다. 하지만 비윤리적 행위가 자기 눈앞에 나타나자 학생들은 그것을 전혀 알아보지 못했다. 더구나 내가 가르친 학생들은 흔히 말하는 영재로 인정받은 학생이었다. 이론을 실천으로 옮기는 것이 왜 이리 어려울까? 그것도 윤리적 리더십을 몇 달이나 공부한 학생들이!

학생들이 안고 있는 문제를 보면, 빕 라텐Bibb Latané과 존 달리John Darley의 방관자 개입 연구가 생각난다.[35] 이들의 연구는 통념을 뛰어넘었다. 이 연구에 따르면, 어떤 사람이 곤란한 상황에 처했더라도 방관자는 특정한 상황에서만 그를 도왔다. 예를 들어 다른 누군가 그를 도울 거라고 방관자가 생각한다면, 방관자는 개입하지 않은 채 가만히 쳐다볼 것이다. 라텐과 달리는 심지어 다음과 같은 사실도 밝혀냈다. 착한 사마리아인 비유 강의를 신청한 신학생도 곤궁한 사람을 돕는 일에서는 다른 방관자보다 더 낫지 않았다. 곤궁한 사람을 돕는 자가 바로 착한 사마리아인이 아니던가!

이처럼 눈앞에서 사건이 터졌을 때 윤리에 맞게 행동하는 것은 무척 어려운 일이다. 부모와 학교, 종교를 통해 배운 지식으로 실천하기에는 예상보다 훨씬 힘들다.

윤리적 행동으로 나가는 8단계

윤리적 행동을 하려면 대체로 순서대로 여러 단계를 거쳐야 한다. 단계를 하나씩 거치지 않으면 윤리적으로 행동하기 힘들 것이다.

　　　　　　　　　　　입시가 바뀌면 인재가 보인다

아무리 윤리학을 배우고, 아무리 다른 기술을 가지고 있어도 이런 단계를 무시하면 윤리대로 행동하기 어려울 것이다.[36] 윤리대로 행하려면 개인은 다음 단계를 거쳐야 한다.

1. 사건이 일어났고, 내가 그 사건에 대응해야 한다는 것을 알아야 한다.
2. 그 사건을 윤리에 따라 정의해야 한다.
3. 이 사건의 윤리적 뜻은 중요하므로 윤리적으로 이 사건에 응답해야 한다고 결정해야 한다.
4. 내가 결정한 윤리적 응답에 책임을 져야 한다.
5. 이 사건에 어떤 추상적인 윤리 가치를 적용할지 알아내야 한다.
6. 상황에 맞는 해법을 내놓기 위해 추상적 윤리가치를 실제로 어떻게 적용할지 결정해야 한다.
7. 내가 결정한 행동을 사람들이 윤리적이라 생각하더라도, 그 행동은 나쁜 영향을 끼칠 수 있다.
8. 내가 선택한 윤리적 해법을 행해야 한다.

이 단계를 따져 보면 어떤 문제에 윤리적으로 응답하는 것은 상당히 어렵다. 앞에서 말한, 두 번이나 비용을 청구한 사건에 이 단계를 하나씩 적용해 보자.

1. 사건이 일어났고, 내가 그 사건에 대응해야 한다는 것을 알아야 한다. 학생은 리더십 수업을 듣고 있었다. 리더십 전문가에게 교육을 받는다고 학생은 믿고 있었다. 여기서 나는 학생에게 문제를 보여주지 않았다. 학생이 대응해야 하는 문제를 내놓지 않았다. 나는 그저 내가 겪은 일을 학생에게 말했을 뿐이다. 권위 있는 인물인 내가 말한 사건이 특정한 대응을 요구한다고 학생은 전혀 생각하지 않았다. 물론 학생은 나의 말을 노트에 적어야 한다고 생각했겠지만 어떤 학생에게 나의 이야기는 아예 사건도 아니었을 것이다.

학생은 내가 말한 사건이 중요함을 깨닫지 못했다. 이 문제는 단순한 수업 사례에 그치지 않는다. 정치와 교육, 종교 영역의 지도자가 말할 때, 사람들은 자신이 들은 말을 왜 따져 봐야 하는지 모르겠다고 생각할 수 있다. 결국 사람들은 권위 있는 자의 말을 듣는다. 지도자의 가르침에 따라 청중은 비윤리적 행위를 인정하고 심지어 실행하기도 한다. 청중은 냉소적이고 타락한 지도자의 말도 듣는다.

2. 그 사건을 윤리에 따라 정의해야 한다. 일부 학생은 이 사건을 윤리 문제로 규정했다. 이 사건을 두고 토의하면서 어떤 학생은 확실히 이 문제를 공리주의로 이해했다. 즉, 나는 열심히 일했다. 그런데 나는 사례비를 적게 받았다. 나는 적절하게 보상받을 방법을 찾았다. 이런 맥락에서 나는 내가 한 일보다 더 많이 보상받을 교활한 방법을 생각해낸 것이다.

냉소적 지도자는 비윤리적으로 행하고도 으스댄다. 로버트 무가

입시가 바뀌면 인재가 보인다

베[Robert Mugabe](짐바브웨의 정치인)가 생각난다. 하지만 이 세계에는 무가베처럼 행동한 지도자가 또 있을 것이다. 무가베와 심복은 백인 농부의 재산을 빼앗았다. 이 재산몰수는 이른바 전쟁 영웅의 노고를 보상하는 행위라고 이들은 주장했다. 전쟁영웅에게 보상하는 것이 왜 윤리에 어긋나겠는가?

최근에 중국 정부는 언론매체를 조작하여 중요한 국가사에 함축된, 엄청난 윤리적 뜻을 무시하려고 했다.[37] 2008년 5월 12일에 사천성에서 지진이 발생했고, 학생만 대략 만 명이 죽었다. 그런데 이상한 건물이 있었다. 대다수 건물이 지진이 일어나면서 붕괴되었지만 일부 건물은 끄떡 없었다. 당 지도부에 인맥이 있는 아이들이 다니는 학교와 정부기관 건물은 지진을 견뎌냈다. 반면, 가난한 아이들이 다니는 학교는 무너져 흔적도 없이 사라졌다. 이 운이 없었던 학교는 지진에 견디기에는 매우 부실하게 건축되었다는 사실이 드러났다. 지진을 견딘 건물에는 건축비용이 지원된 것으로 보인다. 이 돈은 공산당 공무원들이 횡령한 자금이었다. 중국 정부는 이 비리를 감추려고 별짓을 다했다.

다른 나라의 정부만 사건의 윤리적 뜻을 숨기려 한다고 생각해서는 안 된다. 스콧 매클렐런[Scott McClellan]은 조지 W. 부시의 백악관 공보담당관이었다. 그는 부시 행정부가 진실을 감추고 대놓고 거짓말을 했다고 주장했다. 그는 책으로 이것을 폭로했고, 책은 베스트셀러가 되었다.[38] 매클렐런의 글을 읽어 보면, 부시 행정부의 사람들은 거짓을 진실과 구별할 수 없었던 것 같다. 혹은 거짓을 진실과 구별하는 데 관심이 없었던 것 같다.

3. 이 사건의 윤리적 뜻은 중요하므로 윤리적으로 이 사건에 응답해야 한다고 결정해야 한다. 내가 지어낸 사건을 다시 보자. 나는 출장 비용을 두 번이나 청구했다고 말했다. 일부 학생에게 나의 설명은 거칠고 미심쩍었던 것 같다. 그래서 이 학생들은 나의 설명만 듣고 항의하기는 힘들다고 생각했던 것이다. 아마 자신이 이미 똑같은 짓을 했을지 모른다. 자신도 때때로 타인의 소유물을 그냥 가져갔을 것이다. (신문이나 돈이 길거리에 떨어져 있으면 그냥 가져간다.) 그래서 내가 한 짓이 자신이 이미 저질렀던 짓보다 더 나쁘다고 생각하지 않았을지도 모른다. 이 학생들은 사건의 윤리적 뜻을 알아차렸을 것이다. 하지만 항의할 만큼 큰 사건은 아니라고 판단한 듯하다.

정치인은 자기 행위의 윤리적 뜻을 무시하는 일에 아예 도사가 된 것 같다. 존 에드워드는 부인이 있는데도 다른 여자와 아이를 낳았고, 아이가 시합에서 이기도록 아이의 친구를 압박하여 시합을 조작하려 했다. 한 매사추세츠 주 상원의원은 2008년 6월에 체포되었다. 그는 길거리에서 여자를 더듬으려 했다는 혐의를 받았다.[39] 알고 보니 수년간 여자를 성희롱한 경력이 있었다. 현장에서 체포되었는데도 그는 죄가 없다고 호소하면서 어처구니없는 짓을 저지르고 말았다. 그에게 책임감과 윤리는 사라진 것 같았다. 경찰이 그에게 이름을 묻자 그는 동료 의원의 이름을 말해 버렸다.

입시가 바뀌면 인재가 보인다

4. 내가 결정한 윤리적 응답에 책임을 져야 한다. 학생은 학생일 뿐이지. 나의 학생들은 이렇게 생각했을지 모른다. 교수가 리더십을 가르치고 그가 학장이라면, 학생이 무슨 권리로 그에게 이래라저래라 하겠는가? 학생에게 그렇게 말해야 할 책임이라도 있는가? 학생이 보기에 비용을 두 번이나 청구한 사건의 윤리적 뜻을 결정할 사람은 바로 나다. 그렇게 결정할 책임은 나에게 있다.

사람들은 비슷하게 생각하는 것 같다. 사람들은 지도자가 어긋난 짓을 하도록 내버려둔다. 지도자가 저지른 행위의 윤리적 뜻을 결정할 책임은 바로 지도자에게 있다고 사람들은 생각하기 때문이다. 달리 그들이 지도자이겠는가? 사람들은 특히 종교 지도자에 대해 다음과 같이 가정하기도 한다. 종교 지도자는 무엇이 윤리인지 결정할 특별한 자격이 있다. 종교 지도자가 자살폭탄테러를 하라고 부추긴다면, 지도자의 말을 들은 '사람'은 자살폭탄테러가 분명 윤리적 행위라고 느낄 수 있다. 그 행위가 윤리적이지 않다면, 종교 지도자가 왜 그런 짓을 하라고 했겠는가?

5. 이 사건에 어떤 추상적인 윤리 가치를 적용할지 알아내야 한다. 일부 학생은 내가 지어낸 사건에 윤리적 문제가 있다고 인지했을 것이다. 하지만 이 사건에 어떤 윤리적 규칙을 적용해야 할까? 학생은 비용을 청구하는 법을 알아내야 할까? 그럴 필요는 없는 것 같다. 청구하는 법을 알아내더라도, 두 번이나 비용을 청구하는 행위가 윤리적이라고 말할 수 있는 상황이 있을까? 대학은 연구비를 지

원하듯 나를 보조할 수 있다. 내가 청구한 비용보다 더 많이 줄 수 있다. 아니면, 내가 영수증을 제출했으므로 대학은 나에게 비용을 지불해도 된다고 생각할 수 있다. 내가 다른 사람에게 또 비용을 청구해도 그것은 대학과 상관없다. 나는 원래 다음과 같이 말하려 했다고 생각할 수 있다. 대학이 비용을 지불했고, 후원기관이 다른 형태의 비용을 지불했다. 비용의 종류가 다르므로 나는 양측에 비용을 청구할 수 있다. 따라서 나는 학생에게 말을 잘못한 것이다. 비용을 두 번이나 청구하는 것은 흔한 일이 아니다. 이렇게 낯선 상황에서는 무엇이 윤리적 행위를 구성하는지 확실하지 않다.

우리는 대부분 윤리 규칙을 이런저런 방법으로 배우고 생활에 적용해야 한다. 예를 들어 우리는 정직해야 한다. 그러나 때때로 거짓말을 한다. 남의 기분을 상하게 하지 않으려고 그렇게 했다는 변명을 늘어놓는다. 하지만 우리는 변명을 방패 삼아 거짓말의 효과를 막아내고 있을 뿐이다. 남을 기분 나쁘게 하지 않는 것이 거짓말하지 않는 것보다 앞선다고 말하기도 한다. 우리는 계속 거짓말을 하면서, 똑같이 남의 기분을 변명으로 내세울 수 있다. 정치인은 최상위 계층에게 세금감면을 더 해줘야 한다고 주장하면서 상위계층의 이익이 나머지 사람들에게 '흘러 들어간다'는 이론을 내세우기도 한다. 이렇게 우리는 모든 사람의 복지를 여전히 고려하고 있다는 말이다. 변명은 다음과 같이 계속된다. 일부는 더 이익을 보겠지만 결국 나머지 사람들도 덕분에 이익을 볼 것이다.

입시가 바뀌면 인재가 보인다

6. 상황에 맞는 해법을 내놓기 위해 추상적 윤리가치를 실제로 어떻게 적용할지 결정해야 한다. 아마 나의 학생이 사용할 수 있는 윤리 규칙이 있었을 것이다. 심지어 학생은 그 규칙을 알았을지 모른다. 하지만 그들은 그것을 어떻게 적용할지 몰랐다. 마땅히 받아야 할 몫만 다른 사람에게 기대하라는 규칙을 학생이 알고 있었다고 해보자. 그러면 비용을 두 번이나 청구한 사건에서 내가 받아야 할 몫은 얼마일까? 아마 학생은 내가 더 많이 받았다고 생각했을 것이다. 내가 더 많이 받았다고 말했으니까. 아무 일도 하지 않고 이익을 바라지 마라는 규칙을 학생이 알았다고 가정해 보자. 우선 나는 컨설팅을 해주었다. 따라서 나는 노동에 알맞은 대가를 받으려고 노력했을 뿐이다. 학생은 이 추상적 규칙을 내가 한 행위에 어떻게 적용할지 몰랐을 것이다.

추상적 규칙을 구체적 상황으로 옮기는 것은 중요하다. 우리는 실용지능을 연구하면서 다음과 같은 사실을 발견했다. 지능의 추상적·학문적 측면과 구체적·실용적 측면은 상관성이 많지 않다.[40] 그래서 어떤 사람은 수업시간에 종종 놀라운 기술을 발휘하지만, 이 기술을 행위로 옮기지 못한다. 예를 들어, 어떤 사람은 운전면허 시험을 놀라운 성적으로 통과하지만 정작 운전을 못한다. 어떤 사람은 프랑스어 수업에서 A학점을 받을 수 있지만 파리에서 행인에게 프랑스어로 말하지 못한다. 어떤 교사는 학급경영수업에서 A학점을 받지만 학급을 경영하지 못한다. 사람들은 추상적 기술을 구체적 기술로 제대로 옮기지 못한다. 그래서 사람들은 윤리 규칙을 많이 알지만 실제로 적용은 잘 못하는 것 같다.

언론보도를 살펴보면 목사 관련 사건이 많다. 이 목사들은 종교와 윤리에 대해 훈련을 많이 받지만, 비윤리적으로 막무가내로 행동한다. 그들은 윤리학을 가르칠 수 있을 것이다. 하지만 가르친 대로 행하지 못한다. 어떤 사람은 그들을 곧바로 비난하고 싶을 것이다. 그러나 심리학자인 나는 실력 있는 심리학자를 많이 알고 있다. 이들은 심리치료에서 실행한 기술을 정작 자신에게 적용하지 못한다. 심리학자라도 인간관계의 갈등을 피할 수 없으며, 윤리학자라고 해서 비윤리적 행위를 피할 수 있는 것은 아니다.

7. 내가 결정한 행동을 사람들이 윤리적이라 생각하더라도, 그 행동은 나쁜 영향을 끼칠 수 있다. 혹시라도 나쁜 결과가 생길까 봐 행동을 자제한 학생도 있을 것이다. 학생은 내가 정말 비윤리적이라고 생각했을지 모른다. 하지만 대놓고 나의 잘못을 지적해서 성적을 망치고 싶지 않았을 것이다. 인종말살을 저지르는 범죄자에게 대들면 자신이 희생자가 될 수 있다. 다른 사람은 상황을 이용하면서 자기 이익을 챙기는데 나는 윤리적으로 행동한다면, 나는 멍청하게 보일 것이다. 어떤 사람은 행동하기도 전에 주저한다. 그것이 상상에서 빚어진 결과이든 정말 일어날 수 있는 결과이든 예상되는 결과이기 때문이다.

사람들은 쉽게 다음과 같이 생각한다. 윤리에 따라 행동해야 한다고 느끼면, 나쁘게 행동하려는 유혹을 뿌리칠 것이다. 하지만 현

입시가 바뀌면 인재가 보인다

실은 정확히 반대이다. 엔론사건에서 셰런 왓킨스Sherron Watkins는 회사의 비윤리적 행위를 고발했지만 결국 처벌받았다. 그는 '내쫓겼다'고 느낄 수밖에 없었다.[41] 내부고발자는 자신이 보호받아야 한다고 생각하지만, 내부고발자는 보통 박해받는다.

8. 내가 선택한 윤리적 해법을 행해야 한다. 당신은 교실에서 수업을 듣는다. 교사는 어떤 일을 했다고 자랑을 늘어놓는데, 당신이 보기에 그 행위는 윤리적이지 않다. 주위를 둘러보니 모두 입을 꽉 다물고 있다. 당신이 보기에 누구도 당황하지 않은 것 같다. 당신 혼자 잘못 생각한 것이 아닐까? 라텐과 달리의 연구에서 확인했듯이 방관자가 많을수록 상황에 뛰어들 수 있는 사람도 줄어든다. 왜? 정말 잘못된 일이 벌어졌다면, 잘못되었다고 말한 사람이 책임을 질 것이라고 모든 사람이 생각하기 때문이다. 따라서 복잡한 고속도로보다 한적한 시골도로에서 차가 고장 난 것이 더 낫다. 시골도로로 가는 주행자는 자신만이 당신을 도울 수 있다고 느끼기 때문이다.

때때로 타인은 어떤 상황이 함의하는 윤리적 뜻을 제대로 감지하지 못한다. 하지만 이것이 문제는 아니다. 오히려 당신이 비윤리적이라고 규정한 행동을 하도록 타인이 당신을 부추긴다면, 그것이 문제다. 르완다의 인종학살사건에서 투치족을 미워하고 죽이라고 누군가 후투족을 부추겼다. 심지어 투치족에 자기 가족이 있는데도 후투족을 부추긴 것이다.[42] 대학살에 가담하지 않으려는 사람은 자신이 희생자가 될 수 있었다.[43] 히틀러가 장악한 독일에서도 똑같은 일이 벌어졌다. 유대인집단수용소에서 유대인을 구하려는 사람은 자신이 집단수용소에 수용되는 위험을 무릅써야 했다.[44]

이 책을 쓸 때 오바마 행정부가 의료보험개혁안을 제정했다. 오바마 행정부가 제안한 개혁안이 좋은지 나쁜지에 대해 논쟁할 수 있다. 나는 이 분야에 대해 전혀 모르기 때문에 어떤 판단을 내리기에는 부족하다. 그런데 흥미롭게도 오바마의 정치적 적수들이 '사망선고위원회Death Panels'를 언급했다. 의료개혁안이 통과되면 환자의 생사를 결정하는 위원회가 생긴다는 것이다. 사망선고위원회는 일부 정치적 적수들이 만들어낸 말이며, 의료보험개혁안과 전혀 상관이 없다. 이런 새빨간 거짓말을 만들어내는 사람들이 대체로 소리 높여 윤리를 강조한다.

윤리를 말하는 것과 윤리대로 행동하는 것은 엄청나게 다르다. 마크 샌포드Mark Sanford 사건을 보자. 조지아 주지사인 샌포드는 누구보다 정부의 윤리성을 강조한 인물이었다. 그는 혼외정사를 저지르고 공화당 주지사협회의 회장직을 사임했다. 이것은 정부기관 안팎에서 그가 저지른 가장 비윤리적 행위일 것이다.[45]

윤리를 고려하여 추론하고 윤리대로 행동하도록 가르칠 수 있을까

하워드 가드너Howard Gardner는 실존적, 심지어 영성적 지능이 있는지 알려고 애썼다. 이 지능 덕분에 사람들은 삶의 역경을 헤쳐 나갈 수 있다.[46] 로버트 콜Robert Coles은 어른 못지않게 아이에게도 도덕지능이 있다고 주장했다.[47] 어떤 아이는 다른 아이보다 도덕적·영성적 지능이 뛰어날까? 로렌스 콜버그^{Lawrence Kohlberg}에 따르면 도덕 추론에도 단계가 있으며, 아이는 자라면서 더 높은 단계의 추론을 한다. 어떤 아이는 다른 아이보다 더 빨리, 더 높은 단계의 추론을 할 것이다. 그래서 개인마다 도덕 발달 수준이 다를 것이다.[48]

나는 이 논제를 조금 다르게 본다. 사람마다 도덕 추론과 도덕 발달 수준이 분명 다를 수 있다. 하지만 어른 못지않게 아이도 윤리적 추론과 행동을 배우고 숙달할 수 있다. 종교나 가치, 윤리학을 가르친다고 아이가 그것을 배울 수 있는 것은 아니다. 내가 지적한 윤리적 행동에 이르는 단계까지 가르쳐야 한다. 어른과 아이가 모두 이것을 배운다면, 그들은 윤리대로 행하는 것이 왜, 얼마나 어려운지 알 수 있다. 우리가 이렇게 어른과 아이를 가르친다면, 어른과 아이는 여러 어려움을 넘어서 8단계를 모두 통과할 수 있을 것이다.

왜 윤리에 어긋나게 행동할까

윤리적 지도력이 부딪힌 난점을 논하면서 나는 윤리적 수수방관이 위험하다고 지적했다.[49] 자신은 윤리적 가치와 상관없다고 생각하는 것이 윤리적 수수방관이다.[50] 이렇게 수수방관하는 사람은 윤리적 가치는 다른 사람에게나 적용되는 것이지 자신과는 상관없는 일이라고 생각할 것이다. 자신은 윤리보다 우월하거나 윤리와 상관없다고 생각하는 사람도 있고, 윤리는 자기 삶에서 의미가 없다고 보는 사람도 있다.

사람을 어리석게 만드는 오류가 있다.

1. 황당한 낙관주의 : 어떤 사람은 자신이 너무 똑똑하고 능력 있어서 자신이 하는 일은 모두 옳을 거라고 생각한다. 자신의 행동이 어리석고 비윤리적이라도 그렇게 믿는다.

2. 자기 위주의 생각 : 어떤 사람은 자기의 지도력과 힘을 이용하여 자기 지위를 높이려고 한다. 티코^{Tyco}의 최고 경영자인 데니스 코즐로스키는 최근에 탈세를 저질러 교도소에 들어갔다. 그는 회사를 개인통장으로 여기면서 운영했다.[51] 코즐로스키는 자신과 가족의 부를 위해 윤리를 저버렸다.

3. 거짓 전지 : 어떤 사람은 자기가 다 안다고 자부한다. 빌 클린턴과 조지 W. 부시의 행동을 보자. 이들의 행동은 상당히 다른 영역을 겨냥하지만, 놀라운 공통점이 하나 있다. 이들이 실수를 했다는 것이 공통점은 아니다. 이들은 같은 실수를 계속 반복했다. 두 사람은 바로 이 사실을 공유한다. 클린턴은 스스로 똑똑하다고 생각했다. 맞다. 그래서 자신의 지능과, 자신이 받은 탁월한 교육 덕분에 자신에게 없는 지식마저 자신이 가지고 있다고 생각한 것 같다. 조지 W. 부시는 자기 배짱을 믿을 수 있다고 자부한 것 같다. 부시도 때때로 틀렸다. 하지만 부시에게 수준 높은 내성적 지능과 성찰 능력은 없었던 것 같다. 이런 능력이 있었다면, 부시도 실수에서 교훈을 얻을 수 있었을 것이다.[52] 버락 오바마^{Barack Obama}도 대통령 선거운동을 하면서 잘못을 저질렀다. 그러나 오바마는 잘못에서 교훈을 얻고 잘못을 반복하지 않았다. 하지만 후보자보다 대통령이 잘못에서 교훈을 얻기

입시가 바뀌면 인재가 보인다

가 훨씬 어렵다는 사실을 오바마도 알게 되었다. 그래서 오바마의 대통령직도 논란에 휩싸여 있다.

4. 거짓 전능 : 나폴레옹의 러시아 침략은 실패했으며, 이 사건은 거짓 전능을 증언하는, 위대한 역사적 기념비로 남아 있다. 나폴레옹은 스스로 엄청난 힘을 가지고 있다고 자부했다. 나폴레옹의 러시아 침략은 정치적으로 쓸데없는 행위이며, 전략적으로 흠이 있는 결정이었다. 하지만 그는 보상을 받고 싶었다. 러시아 침략은 나폴레옹 몰락의 시작이었다. 다른 권세 있는 지도자처럼 그도 도를 넘었고, 전능하다고 자부하다가 몰락해 버렸다.

5. 거짓 안전감 : 뉴욕 주지사였던 엘리엇 스피처Eliot Spitzer는 누구도 자신을 해할 수 없을 만큼 강력하다고 스스로 믿었던 것 같다. 스피처는 전직 검사였으므로 경찰이 매춘 후원자가 누구인지 다방면에서 추적한다는 것을 분명 알았을 것이다. 하지만 스피처는 계속 무모한 짓을 저질렀다. 결국 그는 주지사 자리를 내놓았다.[53]

오늘날 빠르게 진화하는 세계화된 세상에서 성공하려면, 여기서 내가 기술한 창의적 기술, 분석 기술, 실용 기술, 지혜에서 우러난 기술이 반드시 필요하다. 2007년에 '현명하다'고 평가받던 금융투자가 2010년에도 똑같은 평가를 받지는 않는다. 그것이 2020년에도 '현명한' 투자가 될지 확실하지 않다. 2000년에 통용되던 사회 관습도 10년이 지나면 더 이상 통하지 않을 것이다. 학교에서 배우는 지식은 당신이 졸업하기도 전에 구닥다리가 될 수 있다. 오늘날 세계는 과거 어떤 시대보다 빠르게 달라지고 있다. 새로운 환경에 제대로 대처할 수 없는 사람은 평생 동안 배우는 자가 될 수 없다. 그는 쉽게 실패한다. 상황에 대한 그의 지식이 쓸모없기 때문이다.

특히 새로운 상황에 적응하고 혁신적인 아이디어를 내려면, 창의적인 능력이 있어야 한다. 익숙한 문제를 다루려 해도 때때로 창의적 능력이 필요하다. 어떤 아이디어가 좋은지 평가하려면 분석력이 있어야 하고, 아이디어를 실행하고 남에게 아이디어의 가치를 설득하려면 실용능력이 있어야 한다. 마지막으로, 지혜가 필요할 때가 있다. 어떤 아이디어가 윤리적이라고 확신하려면, 그 아이디어가 장단기간 좋은 결과를 가져올 거라고 확신하려면, 그 아이디어가 여러 개인과 집단의 필요를 조화시킨다고 확신하려면, 지혜가 있어야 한다.

이렇게 지능과 생활능력을 폭넓게 따졌을 때, 오늘날 대학입학 평가제도는 끔찍하다. 그만큼 부적절하게 보인다. 빠르게 변화하는 환경에서 자라는 아이들은 창의적 기술과 실용 기술을 상당히 개발해야 할 것이다. 이런 기술이 있어야 살아갈 수 있기 때문이다. 안전하게 학교에 도착하여, 강한 압박감을 견디며 공부하려면, 창의적이고 실용적 기술을 익혀야 한다. 하지만 고등학교의 GPA와 현행 시험은 이런 기술을 측정하기에 턱없이 부족하다.[54] 한편, 부유한 학생은 학교에 입학하여 대학을 독식하면서 엄청난 이득을 누리

입시가 바뀌면 인재가 보인다

고 있다. 이 학생들의 부모와, 이 학생들이 다니는 학교는 분석 기술과 기억 기반의 기술을 강조한다. 이런 기술들은 표준화 시험으로 쉽게 확인된다. 이렇게 되면 서로 강화하는, 닫힌 환경이 만들어진다. 즉, 부유한 학생들이 배우는 지식은 바로 표준화 시험에서 좋은 점수를 얻는 데 필요한 지식이다. 그래서 이들은 성적 향상을 위한 기회를 더 많이 얻게 된다.

학생과 대학, 사회를 위해 제대로 봉사하려면 우리는 이렇게 닫힌 체계를 뚫고 나와야 한다. 창의적으로, 분석적으로, 지혜롭게, 실제적으로 우리를 21세기로 인도할 자질을 갖춘 학생을 알아보려면 우리는 더 나은 시험을 개발해야 한다.

05

숨은 재능 평가하기

사회경제적으로 상류층이 아니더라도 정말 숨은 재능이 있어 칼리지와 종합대학에서 성공할 수 있는 학생이 있다고 하자. 그가 자기 재능을 입학 사정관에게 보여주려면 무엇을 해야 할까?

분석지능과 창의적 지능, 실용지능을 조합하자는 주장에 대해 사람들은 문제점을 지적했다. 이 주장은 성과 기반의 대안적 시험제도나 적극적 차별철폐정책의 보안책을 가로막는다는 것이다. 하지만 나와 동료들은 성공지능이론을 바탕으로 새로운 제도를 만들어냈다. 우리가 고안한 새로운 제도에서는 사회경제적 하류층에 속한 학생과, 상류층에 속했더라도 기존 방식대로 배우고 생각하지 않는 학생도 숨은 재능을 발휘할 수 있다.

　적어도 1996년부터 우리는 지능이론 분야에서 성과를 냈다. 나와 동료들은 미국 전역에 거주하는 300명이 넘는 고등학생에게 우리가 고안한 검사를 받게 했다. 우리는 분석 능력과 창의적 능력, 실용 능력에서 자기 장점을 다르게 표현하는 학생을 찾아내려 했다.[1] 제6장에서 이 연구를 자세히 소개한다. 이 연구에 따르면 학생 개개인의 능력에 맞춰 가르쳐 보니, 적어도 특정한 때가 되자 학생은 뛰어난 성과를 냈다. 적어도 특정한 때에, 학생이 배우는 양식에 맞게 학생을 가르쳤을 때, 창의적이며 실용적인 재능이 있는 학생은 성공했다.

　이 연구를 마무리하고 나서 나와 동료들은 전통적 교수법보다 학생의 학습양식에 맞게 가르칠 때 학업 결과가 더 나아진다는 것을 보여주려 했다. 전통적 교수법은 기억하고 분석하는 활동이 배우고 사고하는 데 중요하다고 강조한다.[2] 하지만 또 다른 질문이 우리 안에서 자라고 있었다. 대학과 대학원 성적이 상당히 좋은 학생이 창의적 · 실용적 · 분석적 기술을 평가하는 검사를 받는다면, 그는 여전히 좋은 점수를 받을 수 있을까? 우리는 레인보 프로젝트로 이 질문에 답하려 했다.

레인보 프로젝트

창의적 · 실용적 · 분석적 기술을 측정하는 검사를 사용하여 대학입학시험을 향상시킬 수 있음을 레인보 프로젝트는 보여주려 했다.[3] 레인보 검사는 SAT의 논리력 시험이나 ACT를 보충할 수 있다. SAT 의 논리력 시험은 독해 기술과 수리 기술, 글쓰기 기술을 측정한다. 우리가 레인보 프로젝트를 수행할 때, 쓰기시험은 SAT에 없었다. 쓰기시험 결과를 고려하는 입학 사정관은 그다지 많지 않다. 물론 쓰기시험 결과는 입학 사정관의 주목을 끈다. SAT를 이용하여 대학 생활의 성공을 예측할 수 있다는 사실이 여러 연구를 통해 드러났 다. 특히 예측자로서 SAT의 유용성은 GPA로 측정된다.

레인보 프로젝트를 수행하면서 미국 전역에 있는 15개 학교에 서 자료를 수집했다. 4년제 대학 8곳, 2년제 대학(커뮤니티 칼리지) 5곳, 고등학교 2곳, 응답자는 모두 1,013명이며, 주로 대학 신입생 이거나 고등학교 3학년생이었다. 여기서는 대학생 분석결과만 살필 것이다. 대학학업 결과자료는 대학생 자료밖에 없었기 때문이다. 대학생 응답자는 793명이었다.

우리는 표준화 시험점수와 고등학교 내신성적GPA을 기초 자료로 수집했다. 이 자료를 바탕으로 지금 대학입학 사정기준으로 사용되 는 시험(검사)의 예측력을 평가했다. 우리는 이 자료를 우리가 고안 한 검사와 비교했다. 학생이 응시한, 표준화 대학입학 시험점수는 칼리지 보드College Board에서 확인했다.

분석 기술 측정하기

우리는 SAT와 스턴버그의 삼원 능력검사STAT의 분석 질문으로 분석 기술을 측정했다.[4] STAT에 있는 분석 질문은 다음과 같은 기술을 측정하려고 한다.

- 언어 분석 : 언어 분석력은 일상에서 신조어의 뜻을 알아내는 능력이다. 학생은 문단에 나온 새로운 단어를 보고 문맥에 맞게 그 단어의 뜻을 추리해야 한다.
- 수리 분석 : 수열. 학생은 수열을 보고 다음에 어떤 수가 나와야 하는지 알아내야 한다.
- 형상 분석 : 모자이크 퍼즐. 학생에게 오른쪽 하단이 비어 있는 그림 모자이크 퍼즐을 보여준다. 학생은 어느 그림이 빈 곳에 맞는지 찾아내야 한다.

창의적 기술 측정하기

우리는 STAT의 선다형 문제와 수행 기반 문제로 창의적 기술을 측정했다. 선다형 질문은 다음과 같은 기술을 탐구한다.

- 언어 창의력 : 새로운 단어 유비. 일어나기 어려운 상황을 학생에게 제시하고 언어 유비를 보여준다. (원숭이가 나무에서 떨어진다는 상황을 학생에게 제시한다.) 학생은 일단 일어나기 어려운 상황을 사실이라고 전제하면서 언어 유비를 풀어야 한다.
- 수리 창의력 : 새로운 수 조작. 수를 조작하는 새로운 규칙을 학생에게 알려준다. 예를 들어 '플릭스'라는 규칙이 있다고 해

입시가 바뀌면 인재가 보인다

보자. 2개의 피연산자에서 첫 번째 피연산자가 두 번째 피연산자와 맺는 관계에 따라 값이 달라지는 함수가 플릭스이다. 예를 들어 첫 번째 피연산자는 두 번째 피연산자보다 크거나, 작거나 같다. 그래서 학생은 플릭스 같은 새로운 함수를 사용하여 수학문제를 풀어야 한다.

● 형상 창의력 : 먼저 학생은 서로 이어진 그림 몇 개를 본다. 그림들은 조금씩 변한다. 학생은 그림이 변하는 규칙을 알아내야 한다. 이 규칙을 사용하여, 이어진 그림들 다음에 어떤 그림이 올지 알아내야 한다.

개방형 질문을 이용하여 창의적 기술을 평가하기도 한다. 우리는 초기에 개방형 질문으로 창의력을 측정했다.[5] 예를 들어 학생은 이상한 제목 가운데 하나를 골라 짧은 이야기 두 편을 쓴다. '문어의 운동화' 같은 제목으로 짧은 이야기를 2개 쓰는 것이다. 그림 콜라주를 골라서 이야기 두 편을 구두로 말하는 문제도 있다. 그림만 있는 여러 개 만화 가운데 하나를 골라 자막을 넣는 문제도 있다. 이런 문제들은 수행을 기반으로 한 개방형 질문이다. 숙련된 평가자들은 참신함과 내용, 과제 적합성을 기준으로 학생이 제출한 답에 등수를 매긴다. 우리는 학생이 수행하는 과제를 평가하면서 여러 가지 기준을 사용했다. 그래서 평가의 신뢰성도 충분히 확보했다.

실용 기술 측정하기

STAT에서 실용 기술을 선다형 문제로 측정한다. 아래 문제 유형을 보자.

- 언어 실용력 : 일상 추론. 학생은 사춘기 학생이 부딪히는 일상 문제를 읽고 가장 좋은 해법을 고른다.
- 수리 실용력 : 일상 수학. 일상생활에서 수학을 사용해야 하는 상황을 읽는다. 가령 구기 종목을 보기 위해 표 구입하기 상황에서 발생한 수학문제를 해결한다.
- 형상 실용력 : 경로 계획. 학생은 특정 지역의 지도를 본다. 학생은 그 지역을 효과적으로 탐색하는 방법을 묻는 질문에 답한다.

실용 기술을 평가할 때 일상 상황 판단도구(영화로 제시됨), 상식 설문지, 대학생활 설문지 세 가지 상황 판단도구를 사용한다. 이 세 가지의 상황 판단도구는 각각 다른 종류의 암묵지식을 탐구한다.[6] 일상 상황 판단도구에 나오는 영화를 보면, 대학생이 부딪히는 상황이 나온다. 예를 들어 학생은 교수에게 추천서를 부탁해야 한다. 교수의 행동을 보니 교수는 학생을 잘 모른다. 학생은 이 상황에 대한, 여러 대처법들을 살펴보고 순위를 정해야 한다. 상식 설문지를 보면 일상적인 회사 상황이 나온다. 어떤 사원은 도저히 참아줄 수 없는 사람과 같이 업무를 하라는 지시를 받는다. 이럴 때 어떻게 해

입시가 바뀌면 인재가 보인다

야 할까? 설문지는 대학생활에서 대학생이 흔히 접하는 일상적 문제를 제시한다.

창의력 수행 과제와 달리 실용적 수행과제에서는 학생이 선택한 항목에 대해 점수를 매기지 않는다. 학생은 '정답'이 없다는 말을 듣는다. 그리고 각 상황에 대한 대처방법을 보면, 상황에 접근하는 방법은 사람마다 다름을 알 수 있다.

우리의 연구에 참여한 학생이 설문검사를 할 때 학생은 오프라인과 온라인을 선택할 수 있었다. 오프라인으로 참여한 학생은 325명이며, 연필을 사용하여 설문검사를 했다. 온라인을 선택한 학생은 468명이며, 컴퓨터나 인터넷을 사용했다. 학생은 개인이나 작은 모둠으로 검사에 참여했다. 직접 이야기를 말하는 검사에서, 모둠으로 참여한 학생은 다른 학생을 방해하지 않으려고 헤드폰을 쓰거나 다른 방으로 가서 검사를 했다.

전체 검사는 두 부분으로 나뉜다. 첫 번째 부분이 끝나면 두 번째 부분이 곧바로 이어진다. 첫 번째 부분에서 통보승인절차와 인구 정보, 영상 정보(영화), STAT 한 벌, 만화가 제시된 후에 간략한 설명이 이어진다. 두 번째 부분에서 똑같이 통보승인절차와 인구 정보, '부가적 검사들'이 제시된다. (부가적 검사 : 상식 문제, 대학생활검사, 이야기 쓰기 혹은 이야기 구술. 대학생활검사와 이야기 쓰기 혹은 이야기 구술은 상황에 따라 실시하지 않을 수 있다.) 부가적 검사는 모두 제한조건이 있다. 검사항목이 많기 때문에 연구에 참여한 학생은 검사를 모두 받지 않았다. 우리는 학생이 어떤 검사를 선택했을 때 몇 가지 조건을 부과했다. 두 번째 부분이 끝나면 마무리 설명을 했다. 우리는 늘 이 순서대로 검사를 했고, 한 명이 검사를 끝내는 시간을 분명히 정하지 않았다. 하지만 우리는 시험감독관에게 지침을 주었다. 한 부분을 끝내는 데 소요되는 시간은 대략 70분이다. 실제로 학생이 두 부분을 모두 끝내는 데 2시간에서 4시간 정도 걸렸다.

우리가 고안한 검사를 모두 끝내려면 시간이 많이 걸린다. 그래서 검사를 나눈 다음 검사내용이 서로 겹치지 않게 배열했다.[7] 그 후에 우리는 학생에게 검사항목을 무작위로 배분했다.

우리의 연구에 참여한 대학교들은 학생을 선발하는 정도가 조금씩 달랐다. 어떤 대학은 까다롭게 학생을 선발하지만 다른 대학은 그렇지 않다. 지금부터 내가 설명하려는 분석 결과는 선별도의 차이를 교정하지 않은 결과이다. 우리의 연구에 참여한 대학교들은 선별도가 조금씩 달랐다. 그래서 타당성 계수는 평균치보다 더 낮아질 것이다. 너그럽게 선발하는 대학에서 받은 A를 까다롭게 선발하는 대학에서 받은 A와 똑같다고 간주하기 때문이다. 선별도의 차이를 교정했을 때, 타당성 계수는 훨씬 높아졌다. 하지만 선별도의 차이를 교정해도 문제가 생긴다. 예를 들어 선별도를 평가하는 근거는 무엇일까? 그래서 우리는 선별도의 차이를 교정하지 않은 자료를 사용하기로 했다.

우리 연구에 참여한 대학생만 살펴보면, 이들의 SAT 평균점은 전국 대학생 평균점수보다 조금 더 높았다. 2년제 대학생의 경우 SAT

입시가 바뀌면 인재가 보인다

평균점수는 언어 491점, 수학 509점이었다. 4년제 대학생의 SAT 평균점수는 언어 555점, 수학 575점이었다. 이 점수는 전국 대학생 평균점수보다 조금 더 높지만, 대체로 대학생 평균점수에 속한다.

설문조사를 위해 일부 대학교들의 학생들을 선택했을 때, 이들의 SAT 평균점수가 다소 높을 수 있다. 이런 가능성은 늘 있다. 하지만 우리가 선택한 대학들은 선별도가 조금씩 다르며, 종류도 다양하다. 커뮤니티 칼리지에서 명문 4년제 대학까지, 여러 종류의 대학을 선택했다. 우리가 선택한 학생들의 SAT 점수 표준편차는 전국 SAT 점수 표준편차와 비슷했다. 전국 표준편차보다 조금 더 높은 편이긴 하다. 따라서 SAT 평균점수가 더 높을 수 있다는 문제는 우리 연구에서 통하지 않을 것이다.

레인보 검사를 할 때 학생은 기본적으로 어떤 능력을 사용할까? 우리는 '요인 분석'으로 답을 찾으려 했다. 통계학적 방법인 요인분석은 개인차이의 근원을 밝힌다. 여러 시험과 검사점수는 이런 근원을 반영한다. 개인차이의 근원을 '요인들'이라 부른다. 우리는 요인분석으로 의미 있는 요인을 3개 추출해냈다. 첫 번째 요인은 실용적 수행검사를 대변했고, 두 번째 요인은 창의적 수행검사를 대변했으며, 세 번째 요인은 선다형 검사를 대변했다. 선다형 검사에는 분석적·창의적·실용적 기술을 검사하는 문제가 모두 있었다. 우리는 선다형 검사가 세 번째 요인이 되리라 예상하지 못했다. 오히려 분석적 수행검사가 요인이 될 거라고 예상했다. 이 결과에서 우리는 측정 대상 못지않게 측정 방법도 중요함을 알 수 있다. 우리가 얻은 결과에서는 측정 방법이 매우 중요했다. 예를 들어 선다형 검사를 사용하여 결과를 얻었을 때, 이 결과는 측정 대상이 아니라 측정 방법을 반영한다. 우리가 실시한 선다형 검사의 결과는 선다형 검사를 다루는 학생의 기술을 반영한다. SAT와 ACT는 대체로 선다형 문제이다. 선다형 문제가 거의 전부인 경우도 있다. 따라서 SAT나 ACT에서도 우리는 비슷한 결론을 예상할 수 있다.

우리는 레인보 검사를 통해 다음 사실을 알고 싶었다. 대학 신입생의 한 해 성적을 예측할 때, 레인보 검사가 SAT보다 더 예측력이 뛰어날까? SAT 점수와 레인보 검사만 비교했을 때, 레인보 검사의 예측력이 SAT의 두 배였다. SATs와 고등학교 내신성적을 함께 고려했을 때도, 레인보 검사의 예측력은 여전히 50%나 높았다. 새로운 검사법이 기존의 검사법보다 실제로 예측력이 더 뛰어났다.

정량 자료에 관심 있는 분을 위해 세세하게 설명해 보겠다. SAT와 ACT의 기초는 인지 기술에 대한, 전통적 심리측정 개념이다. 실제로 2개의 검사는 훌륭하게 대학수학능력을 예측했다. 하지만 전통적 인지기술이론을 넘어설 때가 된 것 같다. 대학 학점college GPA을 예측하는 능력은 레인보 검사가 SAT보다 거의 두 배였다. 다중회귀분석으로 평가한 결과이다. 또한 SAT와 고등학교 내신성적은 대학 학점에서 분산의 14.1%를 예측했는데, 레인보 검사는 여기에 8.5%를 추가로 예측했다. 그리고 레인보 검사에서는 인종에 따라 검사 결과가 그렇게 달라지지 않았다. 이 사실들을 모두 고려할 때, 우리는 학생의 분석적·창의적·실용적 기술을 확인하는 과정을 대학

입시가 바뀌면 인재가 보인다

입학시험에 포함시켜야 한다고 강하게 주장할 수 있다. 이렇게 학생이 가진 여러 기술을 측정하면서 우리는 예측력을 높이고, 입시의 공정함까지 꾀했다. 이 주장을 뒷받침하는 증거도 있다. 대학교 수업도 향상되고, 학교와 사회에서 성공하는 데 필요한 창의적 · 실용적 기술을 대학 교원이 강조하게 되면, 어떤 학생이 대학과 사회에서 성공할지 레인보 검사를 통해 더욱 정확하게 예측할 수 있을 것이다.

지난 세기 동안 시험제도는 겉모습만 달라졌다. 이로 인해 평가절차의 구인 타당도에도 거의 영향을 주지 못했다. 구인 타당도는 측정하려는 개념을 측정도구로 제대로 측정할 수 있는 능력을 뜻한다. 우리는 학생이 대학과 사회에서 앞으로 성공할지 측정하려고 한다. 성공지능이론 덕분에 우리는 구인 타당도를 높일 수 있는 기회를 얻을 수 있다. 또한 집단에 따라 검사수행결과가 달라지는데 성공지능이론은 이런 차이를 줄일 수 있다. 레인보 검사는 기존의 적극적 차별철폐정책을 보완하거나 대체할 수 있다. 따라서 레인보 검사는 적극적 차별철폐정책의 목표를 정말 이룰 수 있다.

내가 기술한 레인보 검사는 일상에서 성공하는 데 필요한 기술을 모두 측정하지 않는다. 예를 들어 나는 수업에서 모둠활동을 평가하는데, 내가 설명한 레인보 검사는 모둠활동을 측정하지 않는다. 적어도 직접 측정하지 않는다. 더구나 우리는 주 단위나 전국 단위로 사용하려고 레인보 검사의 범위를 넓히지 않았다. 레인보 검사의 구조를 확대하면, 분명 새로운 문제들이 생길 것이다. 여기에 우리가 예상하지 못한 문제들도 있다. 또한 레인보 검사를 확대하면, 돈과 시간도 더 많이 소비될 것이다. 하지만 여러 인종에 속한 남녀 학생들 가운데 다른 방식으로 사고하고, 배우는 학생들은 레인보 검사를 통해 새로운 가능성과 희망을 가질 수 있다. 이런 가능성을 생각할 때, 우리가 지불하는 비용은 상대적으로 적을지 모른다. 우리 사회에 필요한 시민과 지도자는 창의적이고, 실용적이며, 특히 지혜로워야 한다. 기억을 잘하고 분석을 척척 해내는 것으로는 부족하다. 창의적이거나 실용적이거나 지혜로운 시민과 지도자를 발굴하고 길러내려면, 지식과 교양을 겸비한 시민을 길러내는 기술을 대학입시에서 폭넓게 강조해야 한다.

레인보 프로젝트를 떠받치는 원리는 다른 형태의 입시에도 적용된다. 나와 동료들은 이 원리가 비즈니스 스쿨 입시에도 적용될 수 있음을 밝혀냈다. 이런 입시에 레인보 프로젝트의 원리를 적용했을 때 예측력이 높아졌고, 인종적·성별적 차이가 낳는 효과가 줄었다.[8] 나와 동료들은 다음 사실도 알아냈다. 학점인정시험[AP]이 확장된 심리학과 통계학이 말하는 창의적·실용적 항목을 포함할 때, 이 시험은 인종집단의 차이가 시험에 미치는 효과를 줄일 수 있다 (Advanced Placement examination : 고등학생이 고등학교에서 대학 학과목을 수강하는데, 이 과정을 보통 Advanced Placement라 하고, 이 과정에서 일정 점수를 받으면, 이것을 대학 학점으로 인정하는 대학이 있다.[9] 따라서 Advanced Placement examination를 학점인정시험으로 볼 수 있다―옮긴이) 엘레나 그리고렌코와 동료들이 이끌어

입시가 바뀌면 인재가 보인다

가는 초등학교는 영재 학생을 선발하려고 레인보 원리와 같은 원리를 사용하고 있다.[10]

집단 차이

우리는 이 연구를 통해 학생이 대학에서 이루는 성공을 예측하려고 했다. 그런데 초기에 개발된 검사들에서도 또 다른 목표가 암시되어 있다. 하지만 초기의 검사결과는 학생의 인종적·민족적 집단 정체성의 영향 때문에 흐릿해졌다. 인종적·민족적 차이가 표준화 시험에 미치는 영향을 줄이는 검사를 고안할 수 있다면, 특히 흑인과 라틴계 학생처럼 역사적으로 차별을 받은 학생 집단을 위해 그런 검사를 고안할 수 있다면, 우리는 대학입시를 더욱 평등하게 만들 수 있을 것이다. 레인보 검사는 도대체 어떻게 측정했기에 집단 차이를 줄일 수 있었을까? 레인보 검사는 SAT처럼 전통적 능력 평가에 영향을 주는 민족과 인종 차이를 모두 줄였다. 라틴계 학생과 흑인 학생의 경우, 인종과 민족이 미치는 영향이 가장 많이 줄어든 것 같다. 레인보 검사에서 이들의 점수는 대체로 백인 학생의 평균에 더 가까워졌다. 하지만 실용 기술의 수행에서 라틴계와 흑인 학생은 아직 백인 학생과 분명하게 차이가 났다.

레인보 검사에서 미국 원주민 학생은 백인 학생의 점수에 가까이 다가갔다. 원주민 학생의 중앙값은 구두 창의력 검사에서 백인 학생보다 더 높았다. 물론 우리가 수집한 자료의 개수가 워낙 적다 보니 미국 원주민 학생의 수행에 대해 우리가 내린 결론은 분명 바뀔 수 있다. 우리가 하려는 말은 다음과 같다. SAT 같은 기존 검사와 비교할 때, 레인보 검사는 인종집단 차이를 줄였다. 심지어 레인보 검사는 미래의 학업성공을 예측하는 능력을 향상시켰다. 학업성공 예측력을 향상시키는 것이 바로 SAT와 ACT 같은 기존 시험의 목표가 아닌가! 과거 연구에 따르면, 레인보 검사가 이룬 이런 성과는 얻기 어려운 것이다. 우리는 어떻게 이런 성과를 얻었을까? 바로 기존 검사가 일반적으로 측정하던 기술의 범위를 대폭 늘림으로써 해낼 수 있었다.

컬라이더스코프 프로젝트

나는 2005년에 예일대학교를 떠나 터프츠대학교로 자리를 옮겼다. 예일에서 나는 IBM 심리학과 교육학 교수였고, 레인보 프로젝트의 주요 협력자였다. 터프츠에서는 예술과학대학 학장이었다. 터프츠대학교는 교육에 활발히 참여하는 시민상을 강조했다. 따라서 터프츠대학교는 레인보 프로젝트의 일부 구상을 행할 수 있는, 이상적 장소처럼 보였다. 공과대학의 학장인 린다 아브리올라Linda Abriola와, 입학처장인 리 코핀, 나는 컬라이더스코프 프로젝트를 시작했다. 린다는 프로젝트를 도왔고, 리 코핀Lee Coffin은 적극적으로 협력하면서 프로젝트를 실속 있게 이끌어 갔다. 이 프로젝트는 대학입학용 평가 도구로써 레인보의 이상과, 학생의 지혜를 발견하는 방법까지 담고 있다. 코핀은 이 프로젝트를 실행하는 입학과 처장이었다. 그

입시가 바뀌면 인재가 보인다

가 협력하지 않고, 대학 본부에서도 지원하지 않았다면, 컬라이더스코프 프로젝트를 절대 실행할 수 없었을 것이다.[11]

프로젝트의 목표와 초기 관심

컬라이더스코프도 레인보처럼 전통적 입시시험을 대체하려고 기획한 검사는 아니었다. GPA, SAT, ACT는 전통적 입시시험이다. 컬라이더스코프는 이런 시험을 확장하려고 고안되었다. 학부생 입시에서 가장 효과 있는 도구는 보통 GPA이다. GPA는 여러 능력의 대리측정지표를 제공하기 때문이다. 예를 들어 GPA는 학생의 학업능력을 측정한다. 특히 분석 능력과 기억 관련 능력을 주로 측정한다. 이 능력들은 고등학교에서 중요했던 만큼 대학에서도 중요할 것이다. GPA는 동기유발도 에둘러 측정한다. 학생이 성공하려고 열심히 공부하는지 GPA는 측정한다. 더구나 GPA는 성실함과 실용지능의 일부 특징도 측정한다. 에둘러 평가하기는 하지만, GPA는 학생이 교사의 소망을 이해하고 교사의 기대에 부응할 수 있는지 평가하기 때문이다. SAT, ACT, GPA는 기억력과 분석력을 평가하지만, 다른 기술도 측정한다. 예를 들어 압박감을 견디면서 공부하는 능력, 상당히 길게 이어지는 평가과정을 꾸준히 준비하는 능력, 선다형 시험을 치르는 능력 등을 측정한다. 우리는 기존의 검사기준을 보충하기로 했다. 훨씬 전통적 기술에 가까운 분석 기술과 함께, 창의적·실용적·지혜 기반의 기술을 측정하는 검사를 개발하여 기존의 검사기준을 보충하는 것이 우리가 세운 목표였다.

코핀 처장과 입학처 직원들은 지혜-지능-창의성이 결합된 질문지WICS를 2006~2010년 지원양식에 새로 덧붙였다. 터프츠대학교의 예술학부와 과학부, 공학부에 지원하는, 1만 5천 명이 넘는 학생은 매년 이 지원양식을 사용했다. 레인보 프로젝트에서는 응시자가 상당히 분량이 많은 검사지를 감독관 한 명의 지시 아래 작성했다. 반면 컬라이더스코프 프로젝트는 일반 입학전형에 포함되어 있다. 레인보 프로젝트처럼 분량이 많은, 하나의 검사지를 종합대학의 입시도구로 사용하기는 어렵다. 또한 컬라이더스코프를 이용하면, 분량이 많은 검사지를 작성해야 하는 상황을 피할 수 있다. 이런 검사지를 이용하면 학생은 짧은 시간에 복잡한 문제를 풀어야 하기에 엄청난 스트레스를 받게 된다. 컬라이더스코프 검사는 학생의 선택사항이다. 학생은 그저 문제 하나만 풀면 된다.

컬라이더스코프 프로젝트가 시작된 첫해에 우리는 창의적 문제를 학생에게 제시했다. 'MTV의 종말', '중학생 불량배의 고백' 등의 제목으로 이야기를 써 보라고 했다. 이런 문제도 출제했다. 역사적 사건이 다르게 진행되었다면 세상은 어떻게 되었을까? 로자 파크스Rosa Parks가 버스 좌석을 양보했더라면 세상은 어떻게 되었을까? 수행문제도 있었다. 신상품이나 신상품 광고를 설계해 보라고 학생에게 주문했다. 실용 기술과 지혜를 측정하는 문제도 출제했다. 친구를 설득하여 대중적이지 않은 생각을 받아들이게 하려면 무엇을 해야 할까?(실용 문제) 공동선을 추구하려면 지적 열정을 어떻게 사용해야 할까?(지혜 문제) 컬라이더스코프 프로젝트를 시작한 첫 4년

입시가 바뀌면 인재가 보인다

간 우리가 사용했던 질문은 부록(267쪽 참조)에 나와 있다.

컬라이더스코프 검사 결과에 점수를 줄 때 우리는 여러 측면을 모두 고려했다. 학생이 쓴 글만 보고 점수를 결정하지 않았다. 입학처 교직원은 분석적·창의적·실용적·지혜 기반의 기술에 대한 등수를 정할 때 학생이 작성한 지원서를 전부 관찰한다. 따라서 새로운 평가방법을 제시하고 등급을 매기는 것이 목표라기보다 전체 지원 과정을 폭넓게 평가하는 것이 진짜 목표였다. 특히 우리는 지원자가 긍정적 지도력과 연관된 자질을 갖추고 있는지 살폈다.

학생은 컬라이더스코프 문제 가운데 하나만 선택하여 답할 수 있다. 학생은 한 문제만 풀기 때문에 문제를 충분히 생각해 보고 답했을 것이다. 컬라이더스코프 문제를 학생에게 여러 개 냈더라면, 상당수 고등학생이 터프츠대학교에 응시하지 않았을지 모른다. 사실 우리는 그것을 걱정했다. 컬라이더스코프 문제를 여러 개 냈다면, 터프츠대학교 경쟁하는 학교의 지원서를 작성하는 것보다 터프츠대학교의 지원서를 작성하는 데 시간이 훨씬 오래 걸렸을 것이다. 더구나 성공지능을 발휘하는 학생은 장점을 인지하고 활용하며, 약점을 알아내고, 교정하고, 보상한다는 것이 성공지능이론의 기초이다. 따라서 컬라이더스코프 문제를 하나만 고를 수 있어야 학생도 장점 하나를 활용하는 기술을 보여줄 수 있다.

컬라이더스코프 프로젝트는 뒷문이 아니다. 창의적이지만 하위권에 속한 학생을 입학시키려고 만든 것은 아니다. 그렇다고 자격이 탁월한 학생을 입학시키지 않으려고 만든 것도 아니다. 대학입학 경쟁이 심한 상황에서 선발하기 가장 까다로운 학생층은 중상위권 학생이다.[12] 터프츠대학교는 매년 거의 1만 6천 명의 응시자에게 학업성과에 따라 등수를 매긴다. 등수가 매우 높은 학생들이나 학업성과분포에서 최상위에 있는 학생들은 보통 SATs나 ACTs 성적이 탁월하고 고등학교 내신성적도 높다. 이 학생들이 제출한 추천서에도 학업성취가 뛰어난 것으로 나타나 있다. 등수가 매우 낮은 학생들이나 학업성과분포에서 최하위에 있는 학생들의 내신성적과 SATs를 보면, 대학 지원자의 평균성적보다 많이 낮다. 어떤 학생이 학업성과에서 매우 높은 등수를 받았다면, 입학 가능성도 보통 높아진다. 하지만 이런 학생이라도 가뿐히 입학하지 못한다. 인성 요인도 작용하기 때문이다. 우리는 이런 학생을 거부하려고 컬라이더스코프를 이용하지 않는다. 하지만 입학인원이 정해져 있는 상황에서 어떤 학생은 컬라이더스코프 덕분에 도움을 받고, 다른 학생은 컬라이더스코프 때문에 손해를 보았다면, 간접적으로 어떤 학생은 컬라이더스코프 때문에 입학하지 못할 수 있다. 우리는 만족스럽지 않은 학업성적을 보상하려고 컬라이더스코프를 이용하지도 않는다. 터프츠대학교의 학부 입시과정에서 학업성취와 학업적 탁월함은 여전히 핵심기준이다.

학업성적분포에서 중상위권에 속한 학생에게 컬라이더스코프가 가장 유익하다. 중상위권에 속하는 많은 학생들은 학업성적은 좋지만 강점과 약점이 모두 있다. 이들에게 약점이 있다는 것은 전혀 문제가 안 된다. 이들에게 분명 장점이 있지만 다른 지원자가 이들보

입시가 바뀌면 인재가 보인다

다 더 나아 보인다. 이것이 이들의 문제이다. 이들의 내신성적은 상당히 높지만 SATs 점수는 고만고만할지 모른다. 반대로 내신성적이 고만고만하거나. 지원하는 학생의 성적은 대부분 좋지만 입시 경쟁은 팽팽하다. 중상위권 학생이 가진 개인적·긍정적 자질이 입학사정관의 주관적인 평가로 측정되기 전에, 컬라이더스코프는 이 자질을 분명하고 객관적으로 측정하려고 한다.

예비조사결과

컬라이더스코프 첫해 실행결과(2011학년도 입시)와 두 번째 실행결과 일부(2012학년도 입시)를 살펴보자. 결과는 상당히 밝다. 이 결과에는 상관관계가 있음을 반드시 기억해야 한다. 우리가 수집한 입시결과는 컬라이더스코프를 도입하고 나서 일어난 일과 입시의 상관관계를 반영한다. 그러나 상관관계는 반드시 인과관계를 뜻하지 않는다. 다른 요인도 얼마든지 작용할 수 있다. 이런 요인 가운데 입시 방식이 바뀌도록 작용한 요인도 있다. 이 요인은 컬라이더스코프와 함께 입시 방식에 영향을 줄 수 있다. 예를 들어 우리는 컬라이더스코프를 도입하면서 학부생 입시를 위해 마케팅과 홍보 계획을 새로 짜고, 소수집단에 속한 학생을 위해 재정을 늘리고 입학설명회도 자주 가졌다. 코핀 입학처장과 입학처 직원들은 터프츠대학교의 입학 설명회와 선발 과정을 계속 바꿔 나갔다. 컬라이더스코프 프로젝트는 이렇게 바뀌어 가는 과정의 한 단계일 뿐이었다. 터프츠대학교의 입시 내용을 더욱 향상시키는 것이 이 프로젝트의 목표였다.

　일부 교직원은 컬라이더스코프를 도입하고 나면 지원자 수가 줄어들지 모른다고 걱정했다. 컬라이더스코프 작문 검사를 작성하려면 응시자는 그만큼 힘들기 때문이다. 하지만 터프츠대학교 지원자 수는 최근 수준으로 유지되고 있다. 더구나 지원 학생들의 자질도 눈에 띄게 나아졌다. 지원자 가운데 하위 3분의 1에 속했던 학생들의 지원이 점점 줄어들었다. 아마 이런 학생들은 새로운 입학시험을 보고 그냥 지원하지 않기로 결심한 것 같다. 그 사이에 우수한 지원자가 더 많이 터프츠에 지원했다. 새로 만든 대학 안내서가 지원자에게 통했던 것 같다. 입학처는 우수한 지원자에게 호소하려고 터프츠대학교 생활을 파노라마로 구성하여 대학 안내서에 담았다.

　지원자의 SATs 평균이 낮아지면서 아예 곤두박질칠지 모른다고 우려하는 교직원도 있었다. 하지만 합격하여 등록한 학생들의 평균점수는 오히려 올라갔다. 터프츠대학교에서 컬라이더스코프를 사용하면서 평균점수는 매년 오른다. 컬라이더스코프 같은 새로운 평가방식이 SATs와 음의 상관관계를 맺지 않은 것으로 보인다. 새로운 평가방식은 다른 요소들과 일대일로 상관관계를 맺지 않는다. 따라서 새로운 방식을 도입하더라도 자격이 모자라는 지원자가 합격하지는 않는다. 오히려 합격한 지원자의 자격은 여러모로 더욱 뛰어났다. 우리 조사에 의하면 컬라이더스코프에서 높은 점수를 받은 학생은 낮은 점수를 받은 학생에 비해, 학교 생활을 즐기고 교우관계도 좋다. 또한 사람을 더 많이 사귀고 과외활동에서도 더욱 보

　　　　　　　　　　　　　　　입시가 바뀌면 인재가 보인다

람을 느낀다. 그중 우리에게 가장 힘이 되는 사실은 많은 학생이 컬라이더스코프를 좋게 평가한다는 것이다. 이들은 자신이 누구인지 보여줄 수 있는 기회를 컬라이더스코프 덕분에 얻었다고 생각한다.

나는 초빙 강연을 여러 번 했는데, 지원자와 학부모는 컬라이더스코프를 좋게 평가했다. 그럴 때마다 뿌듯하다. 현재 대학입시로 지원자가 자기 재능과 업적을 충분히 보여줄 수 없다는 공감대가 생긴 것 같다. 대학 지원자에게 컬라이더스코프는 자기를 드러내는 방법이다. 다른 입시에서 보여줄 수 없는 자기를 드러낼 수 있다.

터프츠대학교에 지원한 소수계 학생의 수는 수년간 제자리 걸음이었다. 제대로 인정받지 못한 소수계 학생의 지원자와 합격자는 컬라이더스코프를 도입한 첫해에 모두 늘어났다. 컬라이더스코프를 도입하면서 입학 설명회도 많이 하고 학자금 지원재정도 늘렸을 때 컬라이더스코프는 효과가 있었다. 터프츠대학교가 이것을 잘 보여준다. 대학이 입학 설명회에 신경을 쓰고 투자를 하자 실제로 유색인종 학생의 지원동기도 높일 수 있었다. 컬라이더스코프 덕분에 입학 사정관도 가장 재능 있는 학생을 온갖 계층에서 선발할 수 있었다. 또한 학자금 지원을 늘려서, 입학허가를 받은 학생이 다른 경쟁 대학으로 가지 않고 터프츠대학교에 등록하도록 북돋울 수 있었다. 결국 터프츠대학교는 제대로 인정받지 못한 소수계 학생이 터프츠에 지원하도록 유도하면서, 흑인 학생을 전해보다 약 30% 더 합격시킬 수 있었다. 라틴계 학생의 합격도 15%나 더 늘어났다.

이런 결과를 숙고해 볼 때 입시절차를 다양하게 혁신하면, 학업

자질을 유지하거나 향상시키면서 다양성도 더 많이 허용할 수 있음을 알 수 있다. 이것은 여기저기 흩어진 대학의 소수 학생에게만 해당되는 사실이 아니다. 주요 종합대학의 전체 학부생에게도 해당되는 사실이다. 무엇보다 가장 주목할 사건이 있다. 우리는 바로 학생과 학부모, 고등학교 진학상담교사에게 우리의 믿음을 전달했다. 즉, 표준화 시험은 기껏해야 두세 가지 기술을 평가하지만, 학생에게 더 많은 기술이 있다고 우리는 믿는다. 학생이 가진 폭넓은 기술들을 정량적으로 평가할 수 있다는 사실도 그들에게 알렸다.

예일대학교에서 학부생 입학처의 특별자문위원으로 있을 때, 나는 고등학교 내신성적과 시험점수는 지원자를 '고정시킨다'는 것을 느꼈다. 예를 들어, 학생이 제출한 지원서를 검토할 때 대학은 내신등급과 시험점수의 합계를 가장 먼저 본다. 내신등급과 시험점수의 합계는 지원자가 피할 수 없는, 일차원적 기준을 형성한다. 일단 학생을 평가하는 사고틀이 이렇게 마련되면, 이 사고틀은 지원서를 세심하게 검토할 때도 계속 작용할 것이다. 운동선수를 했다. 학생회 일을 했다. 자원봉사를 했다. 이런 경력이 사고틀을 조금은 바꿀 수 있다. 하지만 평가에 작용하는 주요 기준은 내신등급과 시험점수였다. 학업 기술과 상관이 없는 지도력까지 정량적으로 평가하는 컬라이더스코프 검사는 여러 방향으로 학생을 고정시킬 수 있는 기반을 마련한다. 내신등급과 시험점수는 여전히 중요하다. 그러나 학생이 지니고 있는 많은 기술을 고려할 때, 내신등급과 시험점수의 비중을 낮출 수 있다.

입시가 바뀌면 인재가 보인다

입학생의 학업수행

터프츠에서 입학처 교직원이 모두 공유하는 관심사가 있었다. 컬라이더스코프 프로젝트에서 탁월한 점수를 받은 학생이 터프츠에 입학한 후에도 학업성과가 좋을까? 컬라이더스코프의 목표가 반드시 학업수행력을 높이는 것은 아니었다. 하지만 지도력과 적극적 시민의식을 갖춘 지원자를 더 많이 선발하면서, 지금까지 터프츠대학교 학생이 보여준 훌륭한 학업수행력을 유지하는 것이 컬라이더스코프의 목적이었다. 우리는 2011년에 입학한 학생의 첫해를 분석했다. 컬라이더스코프에서 최고점을 받은 학생과, 학업성적(SATs와 고등학교 내신성적)이 최상위권인 학생을 비교했는데, 의미 있는 차이는 없었다. 하지만 컬라이더스코프 점수가 낮은 학생도 학업성적이 최상위권인 학생과 차이가 났다. 컬라이더스코프 점수가 낮은 학생도 컬라이더스코프가 아닌 다른 항목에서는 분명 탁월했을 것이다. 그런데 컬라이더스코프 검사를 한 학생은 검사를 받지 않은 학생보다 신입생 첫해에 학업성적이 더 나았다. 이들의 고등학교 내신성적과 SAT 점수는 이미 정해져 있다. 따라서 컬라이더스코프 검사 덕분에 학업성적을 더 정확하게 예측할 수 있었다. 다시 말해 컬라이더스코프 검사를 받은 학생이, 받지 않은 학생보다 내신성적이 더 높았다. 컬라이더스코프 검사에서 점수가 높았다면 학업성적도 높을 거라고 쉽게 예측할 수 있다는 뜻이다. 컬라이더스코프 점수의 결과를 보면, 대학 지원자 전체의 지도력과 합격한 지원자의 지도력이 상승한 것을 알 수 있다. 그리고 전체 학생의 다양성이 증가한 것도 알 수 있다.

하지만 이런 관계는 어디까지나 연관성이지 인과관계는 아니다. 우리는 컬라이더스코프 검사를 실행하면서 개선된 입시절차를 함께 실행했다. 컬라이더스코프는 개선된 입시절차에 포함된 요소이다. 우리는 터프츠대학교를 미래 지도자를 길러내는 학교로 더욱 확실히 '자리매김' 하고자 입시절차를 개선했다. 내가 볼 때 입시를 기획하는 대학의 철학이 긍정적 지도력과 활발한 시민의식을 발휘하는 기술을 선호할 때, 컬라이더스코프 같은 입시제도가 잘 통할 것이다. 대학의 철학이 훨씬 좁고 편협한데, 컬라이더스코프 제도를 그런 대학에 그저 덧붙인다면, 컬라이더스코프는 제대로 작동하지 않을 것 같다.

신입생의 평균학점을 예상할 때, 레인보 프로젝트는 학업성공 예측력을 두 배나 향상시켰다. 하지만 컬라이더스코프는 그만큼 예측력을 높이지는 않았다. 물론 컬라이더스코프 검사를 받은 학생은 대학 첫해 학점이 상당히 높았지만. 레인보와 컬라이더스코프가 이렇게 차이가 나는 이유가 있다. 먼저 레인보 검사는 집이 아니라 교실에서 실시한다. 둘째, 레인보 검사는 검사시간이 있지만, 컬라이더스코프는 없다. 셋째, 레인보 검사를 한 집단이 컬라이더스코프 검사를 한 집단보다 능력 수준이 훨씬 다양한 것 같았다. 우리는 터프츠대학교에 합격한 학생만 보고 컬라이더스코프 검사의 타당도를 평가할 수 있었다. 이 학생들의 학업 기술은 보통 상당했다. 이들의 SAT 평균이 700~750점 사이였고, 650점 이하는 극히 드물었

입시가 바뀌면 인재가 보인다

다. 넷째, 레인보 검사를 평가하는 사람은 검사를 받은 학생이 어떤 사람인지 몰랐지만, 컬라이더스코프 평가자는 안다. 끝으로 레인보에는 이야기하기 검사가 있다. 이 검사는 대학 학점과 양의 상관관계에 있으며, 대학 학점과 상관관계가 가장 높다. 반면 컬라이더스코프에는 이야기하기 검사가 없다.

폭넓은 능력을 보여주는 학생에게 컬라이더스코프 검사를 했다면, 컬라이더스코프도 예측력을 높였을까? 모르겠다. 하지만 컬라이더스코프의 목표는 레인보의 목표와 다르다. 컬라이더스코프 프로젝트의 핵심목적은 학업수행력을 예측하는 것이지만, 우리는 터프츠에서 이 목적을 중요한 논쟁거리로 삼지 않았다. 낙제 학생은 몇 명 안 된다. 학업 기술이 부족하여 이들이 낙제를 하는 것은 아니다. 이들에게 생활을 짓누르는 개인적 문제가 항상 있다. 오히려 우리는 컬라이더스코프를 통해 어떤 종류의 학생을 알아내려 했다. 즉, 어떤 학생이 그저 좋은 학점을 따는 것에 그치지 않고, 활발하게 참여하고 학생을 이끄는 지도자가 되는지 예측하는 방법을 찾으려 했다. 컬라이더스코프는 정말 유용하고 예측력 있는 정보를 우리에게 제공했다. 우리는 다른 방법으로 이런 정보를 얻지 못했다.

2012년도 신입생에게 실시한 컬라이더스코프 검사의 첫 번째 결과가 나왔다. 역시 성과는 좋았다. 컬라이더스코프 프로젝트를 처음 실행한 해에는 지원자의 절반만이 컬라이더스코프 쓰기검사를 수행했다. 하지만 다음 해에는 3분의 2가 검사를 수행했다. 1년 만에 상당한 증가를 보였다. 그만큼 전통적 시험방식을 뛰어넘은 쓰기검사와 작품 만들기 검사를 더 많은 학생이 받아들이고 좋아한다고 볼 수 있다. 물론 다른 가능성도 있다. 학생은 컬라이더스코프 검사를 하면 입학 가능성이 더 늘어난다고 믿었을지 모른다.

컬라이더스코프를 실행한 첫해에, 컬라이더스코프 점수와 가장 밀접한 상관관계를 맺은 요인은 개인평가personal rating와, 입학 사정관이 교과외활동에 부여하는 점수였다. 하지만 SATs와 학업 능력은 아주 약한 상관관계만 있었다(미국 대학의 입학사정기준을 크게 두 가지로 분류할 수 있다. 학업 능력academic rating과 개인평가personal rating이다. 개인평가에는 가족 명예와 운동경력, 교과외활동, 작문, 추천서 등이 포함된다 — 옮긴이). 이 결과는 컬라이더스코프 점수가 결국 타당했음을 말한다. 컬라이더스코프 검사와 원래 상관관계가 있어야 할 요인이 정말 컬라이더스코프 검사와 상관관계가 있었던 것이다.

인종과 민족의 차이는 컬라이더스코프 점수를 바꾸는 변수는 아니었다. 응시자의 인종과 민족이 달라지더라도 컬라이더스코프 점수는 달라지지 않았다는 뜻이다. 컬라이더스코프는 특정 집단에 속한 학생에게만 통하지 않고, 모든 지원자에게 똑같이 통했다. 우리가 기대한 대로 컬라이더스코프 점수가 높을수록 입학 가능성도 높아졌다. 컬라이더스코프 덕분에 학생의 지원자격을 더 자세히 이해할 수 있기 때문이다. 그러나 컬라이더스코프 점수가 낮더라도 입학 가능성은 낮아지지 않았다. 낮은 컬라이더스코프 점수는 다른 변수와 상관이 없었다. 즉, 컬라이더스코프를 활용하여 지원자에게

입시가 바뀌면 인재가 보인다

손해를 끼치지 않으면서 지원자를 도울 수 있다.

컬라이더스코프 점수는 교과외활동과 지도력 관련 활동과 적당하게 상관이 있었다. 그러나 고등학교 내신성적과 SAT 점수는 연관성이 희미했다. 따라서 컬라이더스코프 점수는 학생의 능력을 다른 관점에서 평가할 수 있는 근거를 제공했다.

컬라이더스코프 같은 프로젝트를 대학원 수준에서도 실행할 수 있다. 우리는 중서부지역 명문 비즈니스 스쿨을 위해 입학시험을 고안했다. 이 시험도 예측력을 높이고, 젠더와 인종–민족집단 차이의 효과를 줄일 수 있음을 우리는 밝혀냈다.[13]

컬라이더스코프는 어떻게 점수를 매길까

학생이 푸는 문제가 완전히 주관식일 때, 학생이 제시한 답을 어떻게 평가할 수 있을까? 이 문제가 궁금한 사람도 있을 것이다. 우리는 정교한 채점지침으로 이 문제에 대처했다. 우리가 고안한 채점지침에 대해 평가자들은 대체로 합의할 수 있다. 우리의 채점기준은 '평가자 간 신뢰도'가 상당히 높다. 우리는 이 채점지침 사용법을 가르치려고 연수 프로그램을 만들었다. 컬라이더스코프를 떠받치는 원리를 잘 아는 연구원에게 입학 사정관은 교육을 받아야 한다. 터프츠에서 우리는 능력과 실력, 전문성 심리학 센터에서 일하는 전문 연구원을 활용했다. 우리가 준비조사를 할 때, 전문 연구원들은 입학 사정관을 만나 쓰기검사 견본을 함께 살폈다. 전문 연구원은 입학 사정관들을 모둠으로 나누었다. 입학 사정관은 모둠별로 견본을 검토하면서 연구원의 안내를 받았다. 그리고 채점을 어떻게 해야 할지 합의를 이뤄냈다. 이렇게 채점 방법에 대해 감을 잡은 후에 입학 사정관은 쓰기검사 견본을 스스로 채점했다. 그리고 다시 함께 모여 채점 결과를 비교했다. 서로 의견이 달라지면, 그 문제를 토의하면서 합의를 이끌어내려고 했다. 입학 사정관은 이렇게 스스로 채점하는 법을 익혔다.

컬라이더스코프 점수는 유기체처럼 얽혀 있다. 그래서 점수를 등급처럼 나누는 공식은 없다. 더구나 이미 말했듯이 컬라이더스코프는 쓰기검사를 채점할 때 다른 지원자격도 함께 고려한다. 하지만 평가자도 쓰기검사를 채점하면서 평가기준을 사용한다. 어떤 평가기준을 사용하는지 대략적으로 기술해 보자.

분석 기술을 측정하는 문제를 채점할 때 평가자는 학생의 답이 분석적으로 타당하고, 균형 잡혀 있고, 논리적으로 잘 조직되어 있는지 따진다. 분석적으로 타당한 논증을 하려면 학생은 질문이 겨냥하는 문제를 다루고, 문제를 정확히 이해하며, 타당하게 문제를 분석해야 한다. 균형 잡힌 논증을 하는 사람은 서로 맞서는 관점을 고려하면서 어느 관점이 타당한지 평가한다. 논리적으로 논증하려면 일관성을 지켜야 한다. 잘 조직된 논증을 하려면, 생각들이 논리에 따라 이어져야 한다.

창의적 기술을 측정하는 문제를 어떻게 채점할까? 평가자는 학생의 답이 과제를 완성하는 데 얼마나 적절한지 따진다. 또한 얼마나 독창적이고 강렬한지 따진다. 독창적으로 답하려면 새로운 답을 제

입시가 바뀌면 인재가 보인다

시해야 한다. 다른 사람 답과 달라야 한다. 인상적으로 답하려면 자기 생각을 잘 다듬어 기존 지식을 새롭게 조명해야 한다. 적절하게 답하려면 과제가 요구하는 것을 충실히 이행해야 한다.

실용적 기술을 측정하는 문제를 어떻게 채점할까? 먼저 평가자는 시간과 장소, 사람, 물질자원을 고려할 때 학생의 답이 실현될 수 있는지 따진다. 그 후에 학생의 답이 얼마나 설득력 있는지 따져야 한다. 실현가능한 답을 제시하려면, 행위를 제약하는 조건을 따져야 한다. 설득력 있게 답하려면 이 해법은 정말 활용할 만하다고 독자나 청자가 확신하게 만들어야 한다.

지혜 기반 기술을 측정하는 문제를 어떻게 채점할까? 평가자는 학생의 답이 가까운 미래와 먼 미래를 내다보고 자기 이익과 타인 이익을 조화시키면서 공동선을 증진시키는지 따진다. 또한 긍정적이고 사회에 유익한 윤리 가치가 학생의 답에 배여 있는지 살펴야 한다. 상황에 영향을 받는 당사자들이 보기에, 지혜로운 해답 덕분에 대체로 상황이 더 나아졌다면, 지혜로운 답은 공동선을 증진시킨다고 말할 수 있다. 각 사람의 이익을 조화시키는 답을 제시하려면, 여러 당사자의 필요를 고려하면서 당사자가 속한 집단까지도 생각해야 한다. 가까운 미래와 먼 미래를 함께 고려하는 답을 제시하려면, 자신이 제시한 답이 어떤 결과를 가져올지 시간의 흐름을 따라 예측할 수 있어야 한다. 그리고 윤리적 답을 제시하려면, 정직과 호혜성, 돌봄, 진정성, 선행과 상관이 있는 답을 제시해야 한다.

컬라이더스코프 프로젝트에서는 입학 사정관도 분석적으로, 창의적으로, 실용적으로, 지혜롭게 학생을 평가하도록 유도한다. 그러나 반드시 그렇게 평가해야 한다고 요구하지 않는다. 앞에서 말했듯이 채점을 할 때, 우리는 컬라이더스코프 쓰기검사만 보지 않고, 지원 자격을 모두 검토한다. 컬라이더스코프 쓰기검사만이 학생의 분석적, 창의적, 실용적, 지혜 기반 기술을 평가할 수 있다고 생각하지 않기 때문이다. 컬라이더스코프 쓰기검사를 통해 학생은 지도력 자질을 드러낼 수 있다. 하지만 쓰기검사만이 그런 자질을 식별할 수 있는 방법은 아니다. 학생은 자신이 제작한 곡이나 예술작품, 이야기를 지원서와 함께 제출할 수 있다. 이 포트폴리오는 창의성을 평가할 때 유익한 자료가 될 것이다. 학생은 자신이 창업한 사업이 어떻게 성공했는지 기술할 수 있다. 또한 자신이 사회적 관계망을 어떻게 구축했는지 설명할 수 있다. 사회적 관계망을 구축하려면 실용적 기술이 빼어나야 한다. 학생은 위기관리센터에서 자원봉사를 하거나 가난한 아이들이 더 나은 삶을 살도록 도와줄 수 있다. 이런 활동에서 우리는 지혜 기반 기술까지 엿볼 수 있다. 우리는 모든 측면에서 지원자를 살피려 한다. 이것이 우리의 목표이다. 그저 학업 기술과 개인자질로 지원자를 평가하지 않고, 학교와 사회에서 모두 유용할 수 있는 기술들을 고려하여 지원자를 평가하려 한다.

재정지원의 문제

컬라이더스코프 같은 제도를 실행하려면 비용이 얼마나 들까? 컬라

입시가 바뀌면 인재가 보인다

이더스코프를 하면, 입학 사정관은 쓰기검사까지 읽어보고 채점을 해야 한다. 그만큼 시간과 돈이 든다. 터프츠에 처음 왔을 때 나는 다음과 같은 목표를 품었다. 컬라이더스코프를 실행할 때, 추가로 발생하는 비용을 기존 자금으로 충당하지 말아야 한다. 나는 교직원과 학생에게 '아버지 돈을 빼앗아 아들에게 주었다'는 말을 듣고 싶지 않았다. 완벽하게 조율된 기존 입시 비용을 줄여서 내가 옹호하는 새로운 입시제도에 돈을 투자한다는 말을 듣고 싶지 않았다는 뜻이다. 그래서 터프츠로 자리를 옮긴 후, 나는 곧 개발부서 교직원과 함께 컬라이더스코프 프로젝트 지원금을 모으기 시작했다. 우리는 몇몇 곳에서 기부금을 받았다. 어떤 기부자는 상당한 액수를 냈는데, 이 돈으로 우리 업무를 지원할 입학 사정관을 더 고용할 수 있었다.

학장으로서 내가 대처해야 할 문제가 하나 더 있었다. 어떻게 하면 컬라이더스코프 프로젝트에 대한 지지를 이끌어낼 수 있을까? 외부에서 들어온 새로운 교육 행정가라면 늘 부딪히는 문제가 있다. 새로 들어온 사람이 내놓은 생각은 기존 제도문화에 어울리지 않는다고 주위 사람들이 의심하는 것이다. 다른 곳에서 통했을지 모르지만 자신들의 제도에 맞지 않는 프로젝트와 프로그램을 대학 구성원은 당연히 꺼린다. 그래서 학장이 된 첫해에 나는 대학 구성원에게 입학제도를 설명하는 데 엄청난 시간을 쏟아부었다. 터프츠 대학교의 입학제도가 터프츠가 추구하는 가치를 어떻게 하면 제대로 반영할 수 있는지 대학 구성원과 논의했다. 우리는 여러 부서가 참여하는 위원회를 만들어, 이미 성공적으로 운영되고 있는 입학제도를 향상시킬 방법을 두루 살폈다.

"달라지는 세상을 이끄는 새로운 지도자를 길러낸다." 이것이 교육기관인 터프츠대학교의 정체성이다. 터프츠대학교는 이 목표를 진지하게 추구한다. 이 표어는 그저 빈말로 그치지 않는다. 이것은 학교의 정신을 제대로 담아낸다. 다수의 터프츠대학생은 세상을 더 나은 곳으로 만들려고 진지하게 고민한다. 지도력을 개발하려는 터프츠의 열망을 실현하는 데 컬라이더스코프는 중요한 원동력이 될 수 있다. 터프츠대학교 구성원은 컬라이더스코프를 한 마음으로 받아들였다. 이 사건은 나보다 이 대학에 대해 많은 것을 가르쳐 준다. 컬라이더스코프 프로젝트 덕분에 터프츠의 교육 행정가들이 지도자 양성이란 열망을 실현할 수 있다고 터프츠대학교의 이해 관계자들은 생각했다. 학장과 입학처 직원들이 특히 컬라이더스코프 프로젝트를 흔쾌히 받아들였다. 이들은 가장 가능성 있는 학생을 받아들이고 싶었다. 이들은 컬라이더스코프를 통해 이런 목표를 성취할 수 있다고 믿었다.

컬라이더스코프 프로젝트에서 분명히 드러나는 문제가 있다. 바로 위조 가능성이다. 학생 대신 다른 사람이 쓰기검사를 작성할 수 있다. 레인보와 다르게 컬라이더스코프 검사는 '집에서 하는' 검사이다. 컬라이더스코프는 터프츠대학교 지원서에 포함되어 있기 때문이다. 다른 사람이 컬라이더스코프 쓰기검사를 대신 작성하고, 서명만 지원자가 할 수 있다. 지원서에 포함되는 자기소개서도 보

입시가 바뀌면 인재가 보인다

통 이렇게 위조할 수 있다. 아마 지원자를 대신하여 쓰기검사를 작성한 사례가 있을 것이다. 아니면 지원자가 자기소개서를 잘 작성하려고 과외를 받은 사례도 있을 것이다. 하지만 컬라이더스코프 검사의 특징을 고려할 때, 이렇게 위조하긴 어렵다.

대학 지원 시 사용하는 에세이나 자기소개서와 다르게 컬라이더스코프 쓰기검사는 터프츠대학교에서만 실행되며, 대부분 1년에 한 번씩 주제가 바뀐다. 컬라이더스코프 쓰기검사를 대행하는 사업을 할 만한 인센티브는 거의 없다. 적어도 지원서 에세이를 대행하는 사업만큼 인센티브가 있지 않을 것이다. 물론 지원서 에세이를 대행하는 사업은 거대한 시장을 가지고 있다.

학생 대신 컬라이더스코프 쓰기검사를 작성할 사람은 누구일까? 가장 유력한 용의자는 부모나 대학입시상담자이다. 하지만 이 사람들이 학생보다 쓰기검사를 잘 작성할지 확실하지 않다. 예를 들어 'MTV의 종말'이란 주제로 짧은 이야기를 만든다면, 자녀가 부모보다 이야기를 더 잘할 수 있다. 부모는 자신의 자녀들만큼이나 이런 종류의 에세이를 작성한 적이 없을 것이기 때문이다. 아마도 이런 에세이를 쓴 경험은 자녀가 부모보다 더 많을 것이다.

학업성적이 낮아서 컬라이더스코프 검사에 매달리는 학생들도 있을지 모른다. 터프츠대학교는 검사결과와 상관없이 이런 학생들을 무조건 입학시킬 마음이 없다. 이미 지적했지만, 터프츠대학교는 입학생이 학업을 수행할 자격이 있는지 반드시 확인한다. 학생에게 그런 자격이 없다면, 학생은 불합격할 것이다.

지금까지 실행한 컬라이더스코프 검사를 돌아볼 때, 이렇게 결론을 내릴 수 있었다. 많은 학생이 컬라이더스코프 쓰기검사가 지원서 내용 가운데 가장 흥미롭다고 생각한다. 또한 학생들은 자기 대신 다른 사람이 이 쓰기검사를 하길 원하지 않을 것이다. 이 검사로 본인의 개성을 드러낼 수 있기 때문이다.

성취도 평가

우리는 레인보와 컬라이더스코프의 기초 아이디어를 다른 종류의 평가에 이미 적용했다. 미교육평가원과 칼리지 보드에서 지원하는 프로젝트를 하면서 우리는 레인보와 컬라이더스코프의 원리를 대학입학시험같이 위험부담이 큰 시험에 적용할 수 있는지 탐구했다.[14] 우리는 심리학과 통계학 AP 시험(대학과목선이수 시험)을 변형하여 분석 기술과 함께, 창의적, 실용적 기술까지 평가했다. 우리가 만든 심리학 AP 시험 문제를 몇 개만 보자.

아래 지문들은 사람이 잠을 자는 이유를 설명하고 있다.

- a. 잠을 설명하는 복원이론을 기술하시오. (기억 기반의 기술이 필요한 문제)
- b. 진화론은 복원이론에 대한 대안이다. 잠을 설명하는 진화이론을 종종 '보존과 보호'이론이라 부른다. 보존과 보호이론을 설명하는

입시가 바뀌면 인재가 보인다

이론과 복원이론은 어떤 점에서 같고, 어떤 점에서 다른지 기술하시오. 보존과 보호이론을 복원이론과 비교할 때, 보존과 보호이론의 강점 2개와 약점 2개를 서술하시오. (분석 기술이 필요한 문제)

c. 잠에 대한 복원이론을 검사할 실험을 고안해 보시오. 실험 참가자와, 실험자재, 절차, 계획을 간단히 기술하시오. (창의적 기술이 필요한 문제)

d. 요즘 잠을 잘 못 잔다고 친구가 당신에게 호소한다. 당신은 잠에 대한 이론을 배웠다. 당신의 지식을 활용한다면 밤에 잠을 잘 못 자는 친구에게 어떤 조언을 하겠는가? (실용적 기술이 필요한 문제)

이런 질문을 고안함으로써 우리는 검사하려는 기술의 종류를 넓히고, 인종집단에 따라 달라지는 시험점수의 차이를 줄일 수 있었다. 우리는 다른 연구에서도 같은 종류의 질문을 사용했다. 따라서 적성검사뿐만 아니라 학력검사에서도 집단에 따른 점수 차이를 줄일 수 있다.

한마디로 레인보와 컬라이더스코프의 원리는 여러 종류의 평가와 다양한 연령대에 적용될 수 있다. 우리는 이 원리가 새로운 평가제도를 도입하는 데 도움이 되길 바란다. 지금 입학제도는 몇 개 안 되는 기술을 전통적 시험으로 측정한다. 하지만 새로운 평가제도에서는 지원자를 지금처럼 좁게 관찰하지 않고 다방면에서 폭넓게 관찰할 것이다.

대학입학 때 학생의 기술과 특성을 폭넓
게 살핀다고 해서 모든 문제가 풀리지 않는다. 대학이 여러 능력을
갖춘 학생을 다양하게 선발했다면, 대학은 학생의 학습방식에 맞게
학생을 가르쳐야 한다.[1] 대학이 창의력과 지도력 같은 특성까지 고
려하려고 입학정책을 바꿨지만, 정작 기억력에 따라 성적을 매기는
방식으로 학생을 가르친다면, 대학은 대학과 학생이 함께 실패하도
록 준비하는 꼴이 된다.

교수법과 입학정책 : 어긋난 이분법

교수법은 보통 입학정책과 상관이 없다고 한다. 일단 교원들은 자

기 수업을 성심껏 설계한다. 하지만 교원들은 입학에 관여하지 않거나, 입학 관련 업무를 하지 않는다. 더구나 칼리지와 종합대학은 대체로 강의를 주관하는 학장과 입학을 총괄하는 학장이 따로 있다. 행정을 고려할 때 이렇게 구분하는 것이 맞다. 하지만 교수법과 입학정책은 개념의 뜻을 따질 때 긴밀하게 연결되어 있어야 한다. 당신이 누구를 입학시킬지 결정했다면, 당신은 그에게 어떤 종류의 가르침이 필요한지 결정해야 한다. 이것은 옳다. 내가 이 책에서 설명한 입학시험을 사용하는가라는 문제와 상관없이 이 주장은 옳다. 당신이 내가 제안한 입학시험을 사용한다면, 당신은 분석적이면서, 창의적이고 실용적인 학생의 관심을 끌어당길 수 있게 가르치고 싶을 것이다. 당신은 바로 이런 학생을 입학시켰기 때문이다. 그러나 훨씬 전통적 입학제도에서도 입학정책과 교수법은 연결되어 있다. 당신이 운동선수를 입학시켰는데, 이 선수의 성적이 대학의 평균 학업성적보다 낮다면, 당신은 이 학생이 어려운 대학 강의를 소화하도록 학생의 학습을 도와야 할 것이다. 음악에서 탁월해지려는 목표를 세운 학생을 입학시켰다면, 당신은 고급 음악수업을 제공하여 실력을 쌓도록 도와야 한다. 요컨대 입학정책과 교수법을 따로 떼어 놓고 이야기해서는 안 된다는 의미다.

신입생일 때 나는 심리학을 전공하여 심리학자가 되려고 했다. 심리학 입문 수업을 들었는데, 그때나 지금이나 심리학 입문 수업 방식은 똑같다. A학점을 받으려면 강의와 교재 내용을 잘 기억해야 한다.

입시가 바뀌면 인재가 보인다

강의 교수는 부드러운 사람이 아니었다. 추수감사절 연휴를 앞두고 교수는 학생들이 제출한 소논문을 돌려주었다. 그런데 그는 성적순으로 소논문을 돌려주었다. 교수의 계획은 이랬다. 교수가 학생을 호명하면, 학생은 자리에서 일어나 논문을 받아들고 추수감사절 연휴를 보내러 교실을 나간다는 것이다. 교수는 10점 논문부터 시작했다. 9점, 8점, 7점. 교수가 7점 논문을 나눠줄 때, 내 논문은 아예 순위에 없을 거라는 생각이 들었다. 내 논문이 7점이 안 되다니 도저히 상상할 수 없는 일이었다. 교수는 계속 논문을 나눠 주었다. 7점, 6점, 5점, 4점, 3점. 나는 10점 만점에 3점을 받았다. 그것도 수업 첫 번째 시험에서. 교수는 논문을 돌려주면서 이렇게 덧붙였다. "심리학계에 스턴버그(사울 스턴버그Saul Sternberg)라는 유명한 학자가 있지. 또 다른 스턴버그가 탄생할 것 같지는 않군." 나는 기억력이 좋은 편이 아니다. 성적이 그것을 보여주었다. 나는 결국 이 과목에서 C학점을 받았다. 이 교수는 그것마저 '선물'이라고 지적했다.

상당히 위축된 나머지 나는 수학으로 목표를 바꿨다. 실용적이면서 재미있게 보였기 때문이다. 나는 실해석학 입문과목을 들었는데 중간시험을 망쳐 버렸다. 교수는 중간시험을 망친 사람은 이 과목을 포기하는 게 좋다고 말했다. 이 과목을 포기하고 다시 심리학을 하기로 마음먹었다. C학점은 실제로 F보다 낫다고 스스로 설득하면서. 이렇게 출발은 미약했지만 수석으로 졸업하면서 나는 심리학에서 '가장 탁월한 학생'상을 받았다. 30년 후에는 미국심리학회 회장으로 당선되었다. 심리학 입문과목에서 C학점을 받고도 미국심리학회 회장이 된 사람이 또 있다. 나의 선임자였던 필 짐바르도Phil Zimbardo도 C학점을 받았다. 그는 지금 스탠퍼드대학교 명예교수이며 세계적으로 가장 유명한 심리학자이다. 짐바르도는 '스탠퍼드 교도소 실험'으로 널리 알려졌다. 교도소와 비슷한 환경에서는 평범한 대학생도 가학적 교도관이나 인간성을 잃은 죄수로 변할 수 있다는 것을 짐바르도는 밝혀냈다.

심리학 입문 수업에서 나만 그런 어려움을 겪은 것은 아니다. 입문 수업이나 심리학 수업에서도 내가 겪은 일은 종종 일어난다. 학부나 대학원 과정에서 교수는 입문 수업의 목표는 사실과 개념을 암기하는 것인양 가르친다. 일부 학교에서, 특히 수강생 수가 많은 과목의 경우, 모든 시험이 실제로 선다형(객관식)이다. 여기서 무엇이 잘못되었을까?

대학 3학년 때 나는 프랑스어 과목을 수강했다. 교수님은 내가 어떤 실수를 범하는지 지적하면서 외국어를 배우는 능력이 확실히 부족하다고 말했다. 당시 나는 학점이 괜찮았는데, 일반지능을 활용하고 있었다. 내가 영어를 배울 때 활용하는 능력은 외국어를 배우는 일에 전이되지 않을 거라고 교수님은 생각했다. 교수님이 그렇게 말하는 바람에 나는 어떤 외국어 강의도 듣지 않았다. 외국어를 배우는 능력이 나에게 없다면, 외국어를 배우려고 노력하는 것이 무슨 소용이 있을까. 내가 잘하는 과목에 집중하는 것이 훨씬 더 낫다는 생각이 들었다.

입시가 바뀌면 인재가 보인다

몇 년 후, 나는 베네수엘라에서 프로젝트를 수행하게 되었다. 프로젝트 때문에 나는 스페인어를 배워야 했다. 우리는 당시 지능개발부와 계약을 맺었다. 지능개발부를 이끌던 루이스 알베르토 마차도Luis Alberto Machado 장관은 선견지명이 있었다. 그래서 그는 베네수엘라 대학생이 지적 기술을 개발하도록 도우려 했다. 이런 의도를 품고 마차도 장관은 프로젝트를 기획했다. 이 프로젝트는 정말 목적을 달성했다.[2] 그런데 우리가 기획한 프로그램은 스페인어를 사용하는 학생에게 스페인어로 제공될 예정이었다. 그래서 내가 스페인어를 조금 배우는 것이 좋겠다는 생각이 들었다. 그때 나는 20대였다. 외국어를 배우기에 너무 늦은 나이라는 통념도 있었다. 나는 과외를 받았고 잘 따라갔다. 과외선생님은 공부하는 것을 보니 외국어를 배우는 소질이 있다고 나에게 말했다. 과외선생님은 프랑스어 교수님과 완전히 반대되는 말을 했다.

프랑스어와 스페인어는 로망스어로 매우 비슷하다. 두 선생님이 왜 그렇게 다르게 평가했는지 모르겠지만, 언어를 배울 때마다 완전히 다른 기술이 필요하지는 않다. 언어를 가르치는 방식이 달랐으므로 두 선생님의 평가도 그렇게 달랐던 것 같다. 따라하고 기억하는 방법은 나의 능력과 잘 맞지 않았다. 반면 배경이나 맥락을 통해 배우는 방식은 내가 가지고 있는 기술과 잘 맞아 떨어졌다. 그래서 나는 재빨리 스페인어를 습득할 수 있었다. 여러 연구에서 확인되었듯이, 내용을 가르치는 방법은 배우는 능력에 영향을 줄 수 있다. 그러나 교사는 종종 한 방법만 고수한다. 교사가 가장 많이 쓰는 방법은 암기와 무턱대고 외우기다. 교사가 이렇게 가르치면, 암기를 잘하는 학생만이 앞서나갈 수 있다. 나중에 사회생활을 할 때도 암기력이 중요한 때는 드물다. 교사가 한 가지 방법만 고수하게 되면, 결국 학생도 이런 교육제도에서는 성공적인 사회생활을 준비하기 어려워질 것이다. 걸어다니는 백과사전이 된다고 해서 사회생활에서 성공하는 것은 아니다.

성공지능 북돋우기

성공지능을 활용하는 기술을 가르칠 수 있을까? 일상생활과 직업에서 성공지능은 정말 요긴하다. 완벽하게 가르칠 수 있다. 성공지능을 검사할 수 있으며, 성공지능을 개발하도록 가르칠 수도 있다.[3] 이 사실은 연구를 통해 밝혀졌다.

적성과 교수법의 관계

미국과 다른 나라를 합하여 326명의 고등학생이 분석적·창의적·실용적 지능검사를 받았다.[4] 우리는 이들을 대학 수준의 심리학을 가르치는 여름 프로그램에 참여시켰다. 이들은 5개의 능력군 가운데 하나에 속한다(5개 능력군 : 분석력 높음, 창의력 높음, 실용력 높음, 세 가지 능력 모두 높음, 세 가지 능력 모두 낮음). 우리는 학생들을 예일대학교로 데려와 연구를 수행했다.

우선 학생은 모두 같은 심리학 입문 교과서를 보면서 같은 심리학

입문 강의를 들었다. 점심 토의시간에 학생들은 네 가지 토의집단에 배정되었다. 토의 집단에는 나름대로 교수법 조건이 있다. 토의 집단은 각각 기억 기반 교수법과 분석 중심 교수법, 창의성 중심 교수법, 실용 능력 중심 교수법을 사용했다. 예를 들어, 기억을 기반으로 한 교수학습양식을 강조하는 토의집단에서 학생은 주요 우울증 이론의 핵심 교리를 기술해 보라는 요구를 받을 것이다. 분석적 접근에 초점을 맞추는 토의집단에서 학생은 2개의 우울증 이론을 비교하고 대조하라는 요구를 받을 것이다. '창의력'에 초점을 맞춘 토의집단에서 학생은 나름대로 우울증 이론을 만들어 보라는 요구를 받을 것이다. 학생의 실용적 능력을 강조하는 집단에서 학생은 토의시간에 배운 지식을 이용하여 우울증에 걸린 친구를 도울 방법을 찾아내라는 요구를 받을 것이다.

우리는 과제물과 중간시험, 기말시험, 프로젝트로 학생을 평가했다. 학생이 수행한 결과물을 평가할 때 우리는 기억력과 분석력, 창의력, 실용 능력, 이 네 가지 기술 영역을 모두 고려했다. 우리는 이런 방법으로 모든 학생을 평가했다.

어떤 결과가 나왔을까? 먼저 우리 연구원들은 다음 사실을 확인했다. 학생들이 예일대학교에 도착했을 때, 창의력과 실용 능력이 모두 높았던 학생들은 민족과 인종, 사회경제적, 교육적 배경이 훨씬 다양했다. 반면 분석력이 높았던 학생들은 이들보다 다양하지 않았다. 이 사실은 무엇을 암시할까? 지능 개념을 확장할 때, 측정된 지능과 지위 변수(민족과 인종, 사회경제적·교육적 배경)의 상관관계는 감소할 수 있다. 우리는 집단마다 지적 강점이 다를 수 있음을 발견했는데, 위 결과는 우리의 발견이 타당함을 확증했다. 우리는 전통적 분석 기술 검사를 통해서도 우리의 발견이 타당함을 확인했다. 측정하려는 능력 범위를 그저 넓혔는데도, 연구원들은 지적 강점을 새로 발견했다. 이런 강점들은 전통적 검사에서는 두드러지지 않았을 것이다.

이렇게 서로 다른 지적 강점들은 모두 학교교육과 상관이 있다. 우리 연구원들은 (분석적, 창의적, 실용적) 능력검사가 수업 수행을 의미 있게 예측한다는 것을 발견했기 때문이다. 복잡한 통계분석을 활용하여 분석한 결과, 능력검사결과 가운데 적어도 2개는 각각의 과제 성적을 예측하는 데 의미 있게 기여했다. 분석력 점수는 늘 중요한 예측변수였다. 아마도 이것은 분석기술 중심의 교수법을 피해가는 것이 어렵다는 현실을 반영하는 것 같다. 뉴욕시립대학교의 데보라 코츠Deborah Coates는 뉴욕에 사는 흑인 저소득층을 대상으로 우리의 연구와 똑같은 연구를 했다. 그런데 코츠는 다른 양식의 결과를 얻었다. 그녀가 내놓은 자료를 보면, 실용능력검사가 분석능력점수보다 수업수행을 더 잘 예측했다. 이 사실은 다음과 같은 것을 암시한다. 학생집단과 교수양식에 따라 어떤 능력검사가 어떤 기준을 예측하는지 결정된다.

하지만 연구원이 발견한 가장 중요한 사실이 있다. 자기 능력 양식에 잘 맞는 교수법으로 가르침을 받은 학생은 그렇지 않은 학생보다 학습 결과가 더 나았다. 다시 말해 적어도 일정 기간 학생의 사

입시가 바뀌면 인재가 보인다

고방식에 맞게 학생을 가르치면, 학생은 학교에서도 잘한다. 창의적·실용적 능력이 있는 학생을 그들의 능력에 맞게 가르치거나 평가하지 않는다면, 그들은 수업을 들을 때마다, 학년이 올라갈 때마다 불리해질 것이다.

과학과 사회연구에서 교수법 향상시키기

우리는 추가로 3학년과 8학년이 과학과 사회연구를 어떻게 배우는지 연구했다.[5] 3학년은 225명이 연구에 참여했다. 이들은 노스캐롤라이나 롤리에 있는 저소득층 거주지역에 살았다. 8학년은 142명이 참여했는데, 이들은 볼티모어의 메릴랜드, 프레즈노 그리고 캘리포니아의 중상류층에 속한 아이들이었다. 이 연구에서 학생들은 3개의 교수법 집단에 배정되었다. 첫째 집단에서는 학생들을 그냥 가만히 놔두었다. 학생 자신이 공부하는 대로 내버려두었다. 이때 수업에서는 암기를 강조했다. 둘째 집단에서 비판적(분석적) 사고를 강조하면서 학생을 가르쳤다. 셋째 집단에서는 분석적·창의적·실용적 사고를 강조하면서 가르쳤다. 학생의 모든 수행은 기억 기반의 학습과 분석적·창의적·실용적 학습을 고려하여 평가했다. 선다형 평가와 수행 평가를 모두 실시했다.

예상대로 성공지능(분석적·창의적·실용적 지능)을 강조하는 집단에서 교육받은 학생은, 다른 조건에서 교육받은 학생보다 수행 기반 시험에서 성적이 더 나았다. 이 결과는 그저 그들이 교육을 받은 방식을 반영한다고 주장할 수 있다. 그렇지만 이 결과는 분석적·창의적·실용적 사고를 가르치는 것이 성공했음을 암시한다. 더 놀랍게도, 성공지능을 강조하는 집단에 있던 학생들이 다른 학생보다 선다형 기억 기반 시험에서도 성적이 더 나았다. 다시 말해, 학생이 되도록 많은 정보를 기억하게 만드는 것을 학습목표로 삼더라도, 성공지능을 가르치는 교수법이 그런 목표를 이루는 데 더 낫다. 이런 교수법 덕분에 학생은 강점을 활용하고 약점을 교정하거나 보완할 수 있다. 또한 학생은 이 교수법을 통해 학습내용을 재미있고 다채롭게 표현할 수 있다.

읽기 교수법을 더 좋게 만들기

엘레나 그리고렌코와 동료들은 중학교와 고등학교 수준의 읽기교육과정에 이 연구결과를 적용했다.[6] 이 연구에는 871명의 중학생과 432명의 고등학생이 참여했다. 연구원은 읽기를 가르치면서 두 가지 방식을 사용했다. 세 가지 방법(분석적, 창의적, 실용적) 모두 사용해서 가르치거나 일반 교육과정대로 가르쳤다. 중학생의 경우 아예 읽기 자체를 가르쳤다. 고등학생의 경우 읽기를 수업에 녹여냈다. 수학과 물리학, 사회과학, 영어, 역사, 외국어, 예술 수업을 하면서 읽기를 간접적으로 가르친 것이다. 이런 모든 상황에서도 기억 기반의 사고와 분석적 사고, 창의적 사고, 실용적 사고를 배운 학생은 일반 교육과정대로 배운 학생보다 성적이 더 높았다.

지금까지 소개한 3개의 연구가 내놓은 결과는 성공지능이론이 대체로 타당하다는 것을 암시한다. 더구나 이 결과를 바탕으로 다음

입시가 바뀌면 인재가 보인다

과 같이 말할 수 있겠다. 성공지능이론이 실행되었을 때, 성공지능 이론은 실험실 검사뿐만 아니라 학교 교실과 어른의 사회생활에서도 유효할 수 있다.

지도력 기술 연마하기

터프츠대학교의 심리학과에서 지도력 강의를 하면서 나는 성공지능이론에서 배운 아이디어를 직접 사용했다. 전공이나 학년에 상관없이 학부생도 이 강의를 들을 수 있었다. 강의를 듣기 위해 미리 알아야 할 지식이나 미리 갖추어야 할 자격도 없었다. 이 강의에서 나는 특히 지도력에서 윤리적 사고가 어떻게 도전하는지 지적했다.[7] 교과서와 지도력 연구와 함께, 사례연구집과 지도력 이론가들이 쓴 두 권의 책도 강의 참고문헌으로 정했다.

그런데 이 강의에서 가장 중요한 요소가 2개 있다. 첫째, 첫 강의와 마지막 강의를 제외하고, 강의 때마다 각 분야의 지도자가 자기 경험담을 15분간 학생에게 연설했다. 정치, 금융, 경영, 예술, 운동, 종교 등 모든 분야에 있는 지도자를 초청했다. 지도자 발표가 끝나면, 학생과 지도자는 질의응답을 하면서 45분간 토의를 한다. 학생은 이렇게 지도자와 소통하면서 지도력에 대한 자기 생각을 개발하고 고치기도 한다.

둘째, 마지막 수업을 제외한 모든 수업에서 학생은 활발하게 지도력을 연습했다. 예를 들어, 첫 수업에서 수강생이 전혀 모르는 사람이 학생인 체하며 강의를 들으러 왔다. 사실 이 사람은 내가 심어

놓은 가짜 학생이었다. 내가 강의 계획서를 설명하자 가짜 학생이 나를 공격하기 시작했다. 그는 강의 계획서가 여러모로 적절하지 않다며 불평을 늘어놓았다. 그가 이렇게 뻔뻔하게 나오자 학생들은 모두 놀랐다. 그가 불평을 모두 말한 후에 나는 학생들에게 다음 사실을 지적했다. 모든 지도자는 공개적으로 공격을 받는다. 지도자의 권위를 대놓고 공격하는 사람들이 있다. 정말 공개적으로 공격이 일어날 것인지 묻지 말아야 한다. 지도자는 공개적으로 공격을 받는다. 오히려 그런 공격을 받았을 때 지도자는 어떻게 대처해야 할지 물어야 한다. 이렇게 강조하고 나서 나는 학생을 3개의 모둠으로 나누었다. 학생은 지도자가 공개적 공격에 어떻게 대처하는지 모둠에서 재현했다. 다음 수업에서 학생은 '학장을 고용'하는 상황을 모의실험했다. 학생은 다시 3개의 모둠을 만들었다. 첫째 모둠은 사명선언서를 만드는 작업을 모의실험했다. 둘째 모둠은 구직 면접을 모의실험했다. 셋째 면접은 학장직에 지원한 사람을 대학으로 끌어들이기 위한 면접을 모의실험했다. 그다음 수업에서 학생은 무능력한 모둠 구성원을 다루는 방법을 모의실험했다. 그리고 대학 개선안을 제안하는 방법을 모의실험한 수업도 했다. 이 수업에서 학생은 대학 개선안에 자금을 지원할 '후원자'를 설득하는 것을 모의실험했다. 학생이 후원자 역까지 맡았다.

세 번째로, 나는 학생에게 개인 프로젝트와 모둠 프로젝트 과제를 냈다. 지도력 개념을 학생 자신의 지도력과, 학생이 면담한 다른 사람의 지도력에 적용하는 것이 개인 프로젝트 과제이다. 수업에서

입시가 바뀌면 인재가 보인다

배운 원리를 적용하여 잘 알려진 지도자의 지도력을 분석하는 것이 모둠 프로젝트 과제이다. 어떤 학생들은 빌 클린턴Bill Clinton과 빌 게이츠Bill Gates, 케네스 레이Kenneth Lay를 선택했다.

시험칠 때도 나는 교과서와 노트를 허용했다. 지도자는 지도력으로 지식을 드러낼 수 있어야 지도자이다. 바로 이런 생각을 학생에게 전달하고 싶었다. 예를 들어, 기말시험에서 지도자의 일생을 문제로 출제했다. 처음 지도자가 되어, 지도자를 그만둘까 고민하는 단계까지. 이 문제에서 학생은 지도자가 겪는 단계를 모두 분석한다.

창의력을 북돋우는 12가지 방법

결국 우리가 사회에서 말하는 '실력있는 지원자'를 선발하려고 입시를 이용한다면, 입시와 교수법을 바꾸기 힘들 것이다. 이렇게 되면, 우리는 가르칠 때도 실력 있는 지원자가 가진 기술을 개발하려할 것이다. 대학이 창의성을 찬양하면서 정작 창의성에 대해 보상하지 않는다면, 창의성을 개발할 기회가 생기겠는가?

사람들은 대부분 창의적 생각의 가치를 인정할 것이다.[8] 하지만 창의적 생각은 자주 거부당한다. 창의적 혁신가는 분명 기득권에 맞서고 대중에게 반항하기 때문이다. 대중은 창의적 생각을 일부러, 사악하게 거부하지 않는다. 대중은 창의적 생각은 타당하면서 향상된 사고방식을 나타낸다는 것을 인지하지 못한다. 지금 상황에 반대하는 생각을 사회는 보통 성가시고 공격적이라고 여긴다. 일반적으로 사회는 혁신적 사고를 무시할 이유가 충분하다고 생각한다.

정말 사회가 혁신적 사고에 저항할까? 유명한 문학과 예술작품이 처음에 어떤 평가를 받았는지 돌이켜 보기만 해도 이 질문에 쉽게 답할 수 있다. 토니 모리슨Toni Morrison의『타르 베이비Tar Baby』는 처음 출간되었을 때 혹평을 받았다. 실비아 플라스Sylvia Plath의『벨자The Bell Jar』도 마찬가지였다. 노르웨이 화가인 에드바르트 뭉크Edvard Munch는 뮌헨에서 처음 작품전을 열었지만, 작품전 첫날 문을 닫아야 했다. 비평가의 평가가 워낙 나빴기 때문이다. 가장 탁월한 과학 논문들도 1개가 아니라 여러 개의 학술잡지에서 거부를 당하고 나서 출판되었다. 탁월한 생물심리학자인 존 가르시아John Garcia도 늦게 인정받았다. 그가 단 한 번의 시도로 고전적 조건화를 일으킬 수 있다고 처음 제안했을 때 그는 곧바로 무시당했다.[9]

창의적인 사람은 가치 투자가와 같다. 아이디어 시장에서 이들은 싸게 사서 비싸게 판다. 당연하고 논리적이다. 싸게 사서 비싸게 팔아야 한다는 것을 누가 모르나? 하지만 실제로 조사해 보면 상황은 달라진다. 누구나 그것을 알지만, 그렇게 하는 사람은 거의 없을 것이다. 예를 들어 몇 년 전에 집값이 비쌌다. 사람들은 처음에 주거용 집을 사더니, 집을 한 채 더 사고, 투자용으로 집을 또 샀다. 부동산을 샅샅이 뒤져서 사들였다. 그런데 부동산 시장이 붕괴하자 사람들은 매입을 중단했다. 이 글을 쓰고 있는 지금, 남아도는 주택이 사상 최고이다. 이와 비슷하게 주식시장이 호황일 때, 주식을 신용매입하고, 자금을 최대한 끌어모아 투자할 곳을 찾는 일이 자주 일

216

어난다고 한다. 그러다 주식시장이 붕괴하면, 사람들은 새로 투자할 곳이 없는지 탐색한다.

경제 잡지인 포브스의 편집자들은 한때, 싸게 사서 비싸게 판다는 생각을 검사해 보기로 작정했다. 그들은 뉴욕타임스의 주식시장란을 자기 사무실 벽에 붙였다. 그리고 신문지를 향해 다트 화살을 무작위로 던졌다. 그런 방식으로 편집자들은 무작위 주식 포트폴리오를 만들었다. 몇 년이 지난 후 편집자들의 무작위 포트폴리오는 주식시장에서 수익을 올렸다. 편집자들은 전문가들이 관리하는 뮤추얼 펀드와 자신들의 포트폴리오를 비교했다. 무작위 포트폴리오는 전문인이 관리한 뮤추얼 펀드보다 80%나 수익이 높았다. 상당히 높은 연봉을 받는 자금 관리인도 싸게 사서 비싸게 팔지 못한다.

내가 청소년이었을 때, 엄청나게 딱 달라붙는 바지가 유행이었다. 달라붙을수록 인기가 좋았다. 나는 한 번도 그 바지를 좋아한 적이 없으며, 그때도 마찬가지였다. 지금은 달라붙는 바지가 남자의 건강에 좋지 않다고 알려져 있다. 적어도 남자가 아이를 원한다면 달라붙는 바지를 입지 말아야 한다. 하지만 당시에는 그런 지식도 없었다. 헐렁한 바지를 입고 돌아다니는 나를 보고 아이들은 낄낄댔을 것이다. 아이들은 나를 얼간이 보듯 쳐다보았다. 그들의 생각이 옳은 게 아닐까? 한동안 의구심이 생기기도 했다.

조금 한심한 이 이야기는 창의적으로 사고하고 행동하는 것이 왜 어려운지 잘 보여준다. 다른 사람에게 맞추라는 압박이 외부에서, 내 마음속에서 우리를 짓누른다. 사람들이 어떤 사람을 이상하게 여기면, 우리는 그 사람이 정말 이상한지 의심하기 시작한다. 그리고 다른 사람에게 맞추기로 마음을 정하면, 불화가 가져오는 압박에서 풀려날 수 있다.

투자자의 눈으로 보면, 창의적 인물은 싸게 사는 사람이다. 독특한 생각을 내놓고 그 생각의 가치를 다른 이에게 설득함으로써 그는 아이디어를 싸게 산다. 창의적 인물이, 아이디어가 가치 있다고 다른 사람을 설득함으로써 아이디어의 가치도 높아진다. 창의적 인물은 아이디어를 타인에게 넘기고 유통시킴으로써 아이디어를 비싸게 판다. 사람들은 대체로 다른 사람이 자기 생각을 좋아해 주길 바란다. 하지만 어떤 생각이 곧바로 칭찬을 받는다면, 그 생각은 특별히 창의적이지 않다고 말할 수 있다.

창의력은 능력이며 결정과 태도이기도 하다. 젊은 학생에게서 창의력이 자주 돋보인다. 하지만 고학년이나 성인에게서 창의력을 보기가 어려울 것이다. 사회가 그들의 창의력을 억눌렀기 때문이다. 사회는 다른 사람의 지적 기준에 맞추라고 사람들을 부추긴다. 하지만 누구나 창의적으로 생활할 수 있다. 지금부터 소개하는 12가지의 방법은 앞에서 설명한 투자의 정석을 기초로 삼는다.[10]

문제를 다시 정의하기

문제가 무엇인지 다시 정의할 때, 우리는 문제를 완전히 뒤집어 생각한다. 우리는 살아가다 보면 여러 문제에 부딪히지만 문제를 어떻게 해결해야 할지 모른다. 우리는 꼼짝달싹 못한다. 문제가 무엇인

입시가 바뀌면 인재가 보인다

지 다시 정한다는 것은 바로 이 상태에서 사람들을 끄집어낸다는 뜻이다. 교착 상태에서 사람들을 끄집어내면서 우리는 창의적 사고를 한다.

다음 이야기는 문제 다시 정의하기의 핵심을 보여준다. 디트로이트 지역에서 가장 큰 자동차 회사를 경영하는 간부가 있었다. 그는 높은 직책에 있었다. 그는 직업을 사랑했고, 자기가 벌어들인 돈도 사랑했다. 하지만 그는 자신이 충성을 바친 사람을 경멸했다. 그래서 새로운 직장을 찾기로 결정했다. 헤드헌터를 찾아가자 헤드헌터는 그가 쉽게 새로운 직장을 잡을 수 있을 거라고 확신했다. 헤드헌터와 이야기를 마치고 그는 집으로 돌아와 아내에게 자기 결심을 말했다. 아내는 창의적 사고라는 과목을 강의했는데, 마침 문제 다시 정의하기 부분을 가르치고 있었다. 그와 아내는 문제 다시 정의하기를 구직 문제에 적용할 수 있다고 생각했다. 그는 헤드헌터를 다시 만나 자신의 상사 이름을 헤드헌터에게 주었다. 헤드헌터는 상사에게 맞는 새로운 직장을 찾았다. 그 상사는 영문도 모른 채 헤드헌터가 제안한 직장을 흔쾌히 받아들였다. 그의 상사가 새로운 직장으로 옮기자 그가 상사의 자리를 차지했다. 그는 창의적으로 문제를 다시 정의했다.

학생이 부모와 교사를 위해 문제를 정의하지 않고, 자신을 위해 문제를 정의하고 다시 규정하도록 부모와 교사는 다양한 방법으로 도울 수 있다. 학생이 부모와 교사를 위해 문제를 다시 정의하는 일이 흔하다. 학생이 창의적으로 일하도록 돕고 싶다면, 교사와 부모는 학생이 문제와 계획을 정하고 다시 규정하도록 허용해야 한다. 창의적 사고를 북돋우고 싶다면, 교사는 학생이 스스로 주제를 정하도록 허락해야 한다. 논문을 쓰고, 프로젝트를 하고, 발표를 할 때, 학생은 스스로 주제를 정하고 나서 어른의 동의를 구해야 한다. 또한 학생은 문제를 푸는 방법도 스스로 찾아야 한다. 자기가 찾은 해법이 틀렸다면, 학생은 해법을 다시 찾을 수 있어야 한다. 학생이 정한 주제가 수업과 상관이 있으며, 좋은 결과물을 낼 만한 주제라면 교사는 학생이 정한 주제를 허락한다.

교사와 부모가 학생에게 연구 주제를 늘 던져줄 수는 없다. 학생이 스스로 주제를 고르도록 해야 학생은 주제를 고르는 법을 배울 수 있다. 스스로 고르는 기회를 학생에게 주면, 학생은 훌륭한 감각과 판단력을 개발할 수 있다. 훌륭한 감각과 판단력은 창의력을 구성하는 필수 요소이다. 나는 시험문제를 이렇게 만들어 보았다. "어떤 글을 쓸지 스스로 선택하시오." 학생에게 선택권을 줘야 학생은 자신이 가진 지식을 가장 잘 보여줄 수 있다.

어떤 프로젝트를 할지 결정하거나 프로젝트를 완성할 방법을 고를 때는 누구나 실수할 수 있다. 그런데 교사와 부모는 이것만큼은 잊지 말아야 한다. 창의력에서는 분석적 측면이 중요하다. 즉, 실수를 알아차리는 법을 배워야 한다. 또한 자신의 선택을 다시 정의할 기회를 학생에게 줘야 한다.

입시가 바뀌면 인재가 보인다

질문하기와 전제 분석하기

누구나 어떤 생각을 미리 가지고 있다. 하지만 그런 생각을 가지고 있다고 생각하진 않는다. 자기가 가진 생각을 이미 많은 사람이 공유하기 때문이다. 창의적 사람은 이렇게 미리 가진 생각, 전제를 의심하고 결국 다른 사람까지 그것을 의심하게 만든다. 전제를 의심하는 것은 창의성이 발휘될 때 나타나는 분석적 사고행위이다. 1966년 가장 유행하던 심리학은 '행동주의'였다. 여러 번 시도해야 무언가 배울 수 있고, 보상의 종류는 학습을 설계할 때 중요하지 않다는 것이 행동주의의 가르침이었다. 존 가르시아는 행동주의의 두 가지 가르침을 의심했다. 사람들은 가르시아가 내놓은 아이디어를 비웃었다. 가르시아의 연구결과를 출판하겠다는 사람도 거의 없었다. 수년이 지나자 다른 사람이 가르시아의 주장이 옳았음을 다시 증명했다. 가르시아는 미국심리학회에서 최고상을 받았다.

사회가 통념의 한계와 오류를 깨닫고 창의적 사상가의 생각을 인정하는 데 수십 년이 흐르곤 한다. 전제를 의심하는 사람의 기운 덕분에 문화적, 기술적, 다른 영역에서 진보가 일어날 수 있다.

교사는 전제 의심하기를 학생에게 보여주면서 학생의 모범이 될 수 있다. 안다고 믿었지만, 정말 알지 못한다는 것을 학생에게 깨우쳐 주는 것이다. 물론 학생이 전제를 모두 의심할 필요는 없다. 단지 질문하면서 조건을 다시 규정해 보고 다시 규정된 조건에 적응해 보는 시간을 가지면 된다. 창의적이지만 지나치게 질문을 많이 하는 사람도 있다. 그래서 다른 사람들은 그의 말을 무시한다. 어떤 전제가 의심할 만하고, 어떤 싸움이 싸울 만한 가치가 있는지 분별할 수 있어야 한다. 노력할 만한 주제를 찾았을 때 다른 사람의 주목을 받으려면 사소한 전제를 그냥 놔두는 것이 더 낫다. 어떤 사람이 정말 싸울 만한 가치가 있는 싸움을 하는지 분별할 확실한 방법은 없다. 그래도 우리가 사용할 수 있는 방법은 있다. 예를 들어 어떤 사람이 어떤 것을 위해 투쟁할 때, 그것이 이 세상에 중요하다고 스스로 생각하고, 스스로 그렇게 믿는지 확인할 수 있다.

학생이 분별 있게 질문하는 능력을 기르도록 돕고 싶다면, 교사와 부모는 일상에서도 자연스럽게 전제를 질문하게 만들어야 한다. 대답하는 법을 가르치는 것보다 어떤 질문에 대답해야 하는지 가르쳐야 한다. 이것이 더 중요하다. 교사와 부모가 질문하고 학생은 그냥 답한다는 생각을 버리면, 학생이 교사와 부모의 질문을 평가하도록 학생을 도울 수 있다. 교사와 부모의 역할은 학생에게 사실을 가르치는 것이라고 계속 믿어서는 안 된다. 오히려 사실을 활용하는 능력이 중요하다는 것을 깨닫도록 학생을 도와주어야 한다. 교사와 부모가 이렇게 행동하면, 학생은 어떻게 올바른 질문을 만들고, 어떻게 그 질문에 대답할 것인지를 배운다. 늘 질문하면서 대답만 하라고 학생에게 요구한다면, 우리는 정말 가치 있는 질문을 하는 법이 아니라 미리 만들어진 질문에 대답하는 법을 가르치게 될 것이다.

사회도 실제로 대답을 강조하지 질문을 강조하지는 않는다. 재빨리 정답을 내놓는 학생이 좋은 학생으로 인정받는다. 따라서 어떤

입시가 바뀌면 인재가 보인다

분야의 전문가도 우등생을 확대한, 우등생 확장판에 불과하다. 지식을 많이 섭렵하고 되풀이할 수 있는 사람이 바로 전문가이다. 그러나 존 듀이John Dewey가 깨달았듯이, 생각하는 법이 생각 내용보다 더 중요할 때가 많다. 학교는 올바로 질문하는 법을 가르쳐야 한다. 학생에게 무턱대고 외우라고 강조하지 말아야 한다.

터프츠에서 예술과 과학학부 학장직을 맡았을 때, 나는 터프츠가 처음으로 외부에서 영입한 학장이었다. 터프츠의 임원들은 다음 사실을 알았다. 터프츠 외부에서 온 사람은 오랫동안 터프츠에서 일한 사람보다 터프츠대학교 구성원에게 뿌리박힌 선입견을 쉽게 의심할 수 있다. 그래서 임원들은 외부 인사를 학장으로 영입한 것이다. 물론 선입견을 도전받았을 때 어떤 사람은 의기소침해질 것이다. 그의 직업과 생활을 떠받치는 기둥이 선입견이기 때문이다. 누가 자기 밥상을 엎어버리려 하겠는가.

창의적 생각을 널리 알리도록 가르치기

"창의적이고 멋진 생각은 저절로 널리 퍼질 거야." 누구나 이렇게 믿고 싶어 한다. 하지만 그런 생각은 저절로 퍼지지 않는다. 오히려 사람들은 창의적 생각을 피하고 불신한다. 창의적으로 생각한 사람까지 의심과 미움을 받을 수 있다. 지금까지 생각한 대로 생각하는 것이 편하기 때문이다. 또한 지금까지 유지된 사고방식에 나름대로 이해관심이 걸려 있을지 모르기 때문이다. 그래서 이미 널리 퍼진 사고방식에서 자신을 떼어내는 것은 엄청나게 어려운 일일 수 있다.

따라서 학생은 자기 생각의 가치를 다른 사람에게 설득하는 법을 배워야 한다. 이렇게 생각을 다른 사람에게 파는 것은 창의적 사고에 포함된 실용적 기술이다. 학생이 과학과목 프로젝트를 수행한다면, 학생은 프로젝트를 다른 사람에게 설명하면서 프로젝트가 왜 유익한지 논증해 봐야 한다. 학생이 예술작품을 만들었다면, 이 작품이 왜 소중하다고 생각하는지 설명할 수 있도록 학생을 준비시켜야 한다. 학생이 새로운 정부 형태를 계획한다면, 학생은 이것이 기존 정부 형태보다 왜 더 좋은지 설명해야 한다. 때때로 학과 교수들은 자기들이 생각하는 교수법이 정당하다고 대학 교무처를 설득해야 한다. 교수들은 학생을 준비시켜 똑같은 상황에 대처하게 해야 한다.

조교수가 된 첫해에 나는 두 번째 콜로키움에 초대받았다. 큰 검정기관이 개최한 콜로키움이었다. 이 회사가 나의 지능이론에 분명 관심이 있을 거라고 생각하니 즐거웠다. 당시 나는 고작 25살이었다. 나의 조교수 생활은 거창하게 시작할 것 같았다. 기차를 타고 프린스턴에 가서 강연을 했다. 강연은 처절하게 실패하고 말았다. 정말 충격을 받았다. 청중은 대부분 나의 강연을 싫어했고, 나까지 싫어하는 것 같았다. 분통이 터졌다. 탄탄대로일 것이라고 자신했던 나의 교수직은 교수직을 유지할 수 있을까라는 걱정으로 바뀌었다.

이 사건을 다시 생각해 보면, 내가 정말 무엇을 기대했는지 궁금해진다. 65세나 된 분들이 나에게 다가와 시험을 치느라 인생을 얼마나 허비했는지 고백하면서, 25살 먹은 내가 자신들에게 빛을 보

224　　　　입시가 바뀌면 인재가 보인다

여주어서 매우 기쁘다고 과연 말할까? 당시 나는 그분들이 그렇게 말할 거라고 정말 기대했을까? 전통적 시험으로 수백만 달러를 벌고 있던 회사를 상대로 나는 강연을 한 것이다. 이 회사는 회사 수입의 기초를 의심하려고 애쓰지 않을 것이다. 다른 사람을 설득하는 일은 정말 어렵다는 것을 알게 되었다. 사람들이 무언가를 믿으려고 애쓰며 그런 믿음을 유지하려 한다면, 설득은 더욱 어렵다. 새로운 생각에 마음을 여는 것이 가장 좋다. 특히 기존의 생각을 보완하는 아이디어에 귀를 기울인다면 가장 좋을 것이다. 하지만 그런 일이 항상 일어나는 것은 아니다.

아이디어 생성을 강화하려면

창의적인 사람은 '입법적' 사고방식을 보여준다. 창의적인 사람은 생각을 생성해내려고 한다.[11] 생각을 생성해낼 때 여러 사람이 생각 형성을 도우려고 비판할 수 있다. 하지만 가혹하거나 파괴적으로 비판해선 안 된다. 어떤 생각은 다른 생각보다 낫다는 것을 학생도 인정해야 한다. 학생은 생각을 만들어내되 자기가 만든 생각도 똑같이 분석해야 한다. 학생이 어떤 아이디어를 내놓을 때, 교사와 학생은 함께 노력하여 아이디어에 포함된 창의적 특성을 끄집어내고 강조해야 한다. 학생의 아이디어가 그다지 가치가 없을 때, 교사는 그냥 비판만 해선 안 된다. 교사는 아이디어에 접근하는 새로운 방법을 제시해야 한다. 학생의 아이디어에서 조금이라도 쓸모 있는 측면을 통합하는 방법을 내놓아야 한다. 학생이 내놓은 아이디어가 황당하고 먼 나라 이야기처럼 들리더라도 교사는 학생을 칭찬해야 한다. 어쨌든 학생은 아이디어를 냈기 때문이다. 하지만 자기가 내놓은 최고의 아이디어를 수준 높은 프로젝트로 끌어올리도록 교사는 학생을 격려해야 한다.

지식은 양날의 검임을 깨달아라

몇 년 전 나는 매우 유명한 심리학자를 만나러 갔다. 그는 해외에 있었다. 그는 나를 위해 간단한 여행을 계획했다. 그는 나를 동물원에 데리고 갔다. 우리가 영장류 구역을 지나갈 때, 거북한 장면을 보고 말았다. 영장류들이 이상하고 괴이한 성적 행위를 하고 있었던 것이다. 당연히 나는 눈길을 돌렸지만 그는 똑바로 쳐다보았다. 잠시 주의 깊게 보더니 그는 영장류의 성행위를 자기의 지능이론으로 분석하기 시작했다. 난 정말 깜짝 놀랐다. 그때 나는 지식과 전문기술이 어떻게 양날의 검이 될 수 있는지 깨달았다.

지식이 없으면 창의적으로 사고할 수 없다. 당연한 말이지만 지금 상황을 모르면, 지금 상태를 뛰어넘어 사고할 수 없다. 많은 학생이 자신은 창의적으로 사고한다고 생각한다. 하지만 특정 분야를 기준으로 생각해 보면, 학생의 생각은 창의적이지 않다. 다른 사람이 예전에 똑같은 생각을 했기 때문이다. 폭넓은 지식을 가진 사람은, 여전히 어떤 분야의 기초를 배우는 사람이 따라할 수 없을 만큼 창의적이다.

그런데 전문지식을 가진 사람도 한쪽으로만 보고, 편협하게 사고

226

하며, 고집을 부릴 수 있다. 전문가는 특정한 사고방식에 붙박여, 거기서 빠져나오지 못하기도 한다. 다른 사람만 그런 것이 아니다. 누구나 그럴 수 있다.

우리는 브리지 게임의 초보자와 달인을 비교하는 연구를 했다. 게임 구조를 바꾸자, 달인이 적응을 더 못했다.[12] 달인은 사고 방식이 굳은 나머지 물 흐르듯 사고하지 못했다. 누구도 특정 사고 방식에 붙박이는 것을 피할 수 없다. 나도 똑같다. 나의 학문활동에서도 패턴이 나타났다. 내가 제안한 이론은 모두 3개의 요소를 가지고 있는 것 같다. 이것을 해명하는 이유도 3개이다! 여기서 나도 3개에 붙박였다. 우리는 분명 평생 배운다. 어떤 수준에 이르렀다고 해서 배움이 끝나는 것은 아니다. 알 만한 건 다 안다고 믿는 사람은 참으로 창의적이 되기 어려울 것이다. 창의적으로 사고하려면, 붙박인 생각과 사고방식에서 벗어날 수 있어야 한다.[13]

나는 학생들에게 늘 다음과 같이 말한다. 가르치고 배우는 것은 두 갈래로 나간다. 학생이 나에게 배우는 만큼 나도 학생에게 배워야 한다. 학생이 모르는 것을 나는 안다. 하지만 나에게 없는 유연함이 학생에게 있다. 바로 내가 아는 만큼 학생은 모르기 때문이다. 학생을 가르치는 만큼 학생에게 배운다면, 창의력이 술술 흐르도록 물꼬를 틀 수 있다. 그렇지 않으면 창의력의 물꼬는 계속 막혀 있을 것이다.

장해물을 식별하고 넘어가기

싸게 사서 비싸게 팔라는 말은 군중과 다르게 나가라는 뜻이다. 군중을 거스르는 사람, 즉 창의적으로 사고하는 사람은 반드시 반대에 부딪힌다. "장해물을 만날까?" 이것이 우리가 다뤄야 할 문제는 아니다. 창의적 사고가는 끝까지 자기 생각을 밀고 나갈 용기가 있을까? 이것이 진짜 문제이다. 상당히 많은 사람이 창의적으로 일하면서 직업활동을 시작하지만 결국 직장에서 사라지고 만다. 나는 왜 그런 일이 벌어지는지 종종 궁금했다. 나는 한 가지 이유는 안다고 생각한다. 예를 들어, 그들은 저항과 처벌을 견뎌야 할 만큼 창의적 사고가 가치 있는 것은 아니라고 조만간 결심해 버린다. 참으로 창의적인 사람은 단기간 손해를 감수한다. 창의적으로 행동하면 오래 영향을 준다는 것을 알기 때문이다. 하지만 창의적인 생각의 가치가 알려지고 호평받으려면, 오랜 시간이 때때로 걸린다.

　나도 그런 체험을 했다. 아주 어렸을 때 나는 지능과 지능검사에 마음이 쓰였다. 지능검사에서 낮은 점수를 받았기 때문이다. 7학년이 되자 지능검사를 과학적으로 조사해 보면 매우 흥미롭겠다는 생각이 들었다. 나는 지역 도서관의 성인 영역에서 스탠퍼드-비네 지능검사집을 찾아냈다. 나는 그 지능검사집으로 친구들의 지능을 검사하기 시작했다. 불행하게도 친구 한 명이 엄마에게 고자질하고 말았고 그 엄마는 나를 학교에 고발했다. 수석상담교사는 지능검사집을 다시 학교에 가져오면, 태워 버리겠다고 윽박질렀다. 수석상담교사는 내가 다른 속셈을 품고 있다고 의심했다. 내가 정말 지능

228

검사집을 학교에 다시 가져갔다면, 나는 지능분야에서 절대 이런 업적을 이루지 못했을 것이다. 내가 만든 지능이론은 내 인생에 큰 의미가 있었고, (적어도 내가 보기에) 세상에도 큰 의미가 있었다. 수석상담교사의 의견은 막 사춘기에 접어든 13살 소년에게는 특히 큰 장해물이었다. 하지만 나는 그 장해물을 넘어섰고, 지능을 과학적으로 탐구할 수 있었다. 이 작업으로 나는 정말 뿌듯했다.

이런 장해물에 잘 대처하도록 교사는 학생을 준비시킬 수 있다. 예를 들어 학생과 친구들, 유명인사가 창의적으로 행동하려 할 때, 그들이 어떤 장해물에 부딪히게 되는지 교사는 설명할 수 있다. 이렇게 누구나 장해물에 부딪힐 수 있음을 지적하지 않으면, 학생은 홀로 장해물에 맞선다고 생각할지 모른다. 교사는 창의적 행동을 지지하지 않는 사람도 있다는 것을 이야기해야 한다. 어떤 교사는 괴상한 생각에 대해 낮은 점수를 준다. 학생은 자기 생각이 정말 멋진 아이디어라고 생각했지만, 어떤 사람은 학생의 아이디어에 대해 아주 싸늘하게 반응한다. 학생이 장해물에 대처하고, 창의적 행동을 경외하는 마음을 갖게 하려면, 교사는 무엇을 해야 할까? 교사는 창의적 인물도 처음에 거부당했다는 것을 학생에게 강조할 수 있다. 다른 사람이 무슨 생각을 하는지 지나치게 걱정하지 말라고 조언하는 것도 학생에게 도움이 된다. 종종 또래 의견보다 자기 의견을 내세우기 어렵긴 하지만.

학생이 장해물을 넘어서려 한다면, 장해물을 정말 넘어섰는지에 상관없이 교사와 부모는 학생의 시도를 칭찬해야 한다. 교사와 부모는 학생이 어느 부분에서 반격에 성공했는지 지적하면서 비슷한 장해물에 대처하는, 다른 방법을 제안할 수 있다. 수업시간에도 기존의 장해물에 대처하는 방법을 브레인스토밍한다면, 학생은 사람들이 문제풀이를 위해 사용하는 여러 전략을 검토하게 될 것이다. 어떤 장해물은 마음속에 있다. 그래서 어떤 일을 수행할 때 불안해진다. 어떤 장해물은 바깥에 있다. 즉, 다른 사람이 나의 행동을 나쁘게 평가한다. 장해물이 바깥에 있든, 마음에 있든, 우리는 장해물을 넘어서야 한다.

적절하게 위험을 감수하라고 응원하기

창의적인 사람은 싸게 사고 비싸게 팔면서 군중을 거스른다. 이때 그는 투자를 하는 사람과 똑같이 위험을 감수한다. 이런 투자는 실패할 수 있다. 그러나 이것은 실패로 끝나지 않는다. 군중을 거스르는 사람은 군중의 분노를 감수해야 한다. 하지만 대중을 거스를 때, 어디까지 거슬러야 할지 잊지 말아야 한다. 창의적인 사람은 위험을 적당하게 감수하면서 생각을 만들어낸다. 그러면 다른 사람은 결국 그 생각을 추종하면서 그것이 유행을 만든다고 인정할 것이다. 창의적인 사람은 위험을 무릅쓰면서 때때로 실수도 하고 엎어지기도 한다. 그러나 창의적인 사람은 확실히 기회를 잡으려 할 것이다.[14]

적당한 위험은 감수해야 한다. 나는 이것을 강조하고 싶다. 창의성을 위해 목숨을 걸라는 말이 아니다. 학생에게 위험을 적당하게

입시가 바뀌면 인재가 보인다

감수하는 법을 가르치려면, 수업하고 활동하고 교사에게 말할 때 지적 위험을 감수해 보라고 용기를 주어야 한다. 위험을 평가하는 법을 개발하도록 학생에게 힘을 주어야 한다.

중요한 발견이나 발명은 거의 대부분 위험을 수반한다. 영화관에서만 영화를 보던 시절에 어떤 사람이 가정용 비디오 장치라는 아이디어를 냈다. 그 아이디어를 의심하는 사람은 누가 그렇게 조그만 화면으로 비디오를 보겠냐고 질문했다. 가정용 컴퓨터도 처음에는 위험한 아이디어였다. 많은 사람이 가정용 컴퓨터가 비용을 회수할 만큼 많이 팔릴지 의심했다. 가정용 컴퓨터는 지금 우리 사회에 뿌리박혔지만, 한때 증명되지 않았고, 문제투성이라는 평가를 받았다.

내가 조교수로서 지능 연구를 하기로 결심했을 때도 위험을 감수했다. 지능 분야는 심리학계에서 큰 주목을 받는 분야는 아니었기 때문이다. 내가 종신교수직 후보로 거론되고 있었을 때, 나는 대학이 투서를 받고 있었다는 것을 알게 되었다. 주변 분야에서 작업하는 나 같은 학자에게 왜 종신교수직을 주려고 하는지 모르겠다는 내용이었다. 나는 웬델 가너Wendell Garner 교수에게 자문을 구했다. 나는 내 연구 분야를 지능이라고 규정했는데, 내가 이름을 잘못 붙인 것 같다고 가너 교수에게 말했다. 실제로 똑같은 연구를 하면서도 이 분야를 '사고'나 '문제해결'이라고 부를 수 있었기 때문이다. 사고나 문제해결 분야가 학계에서는 지명도가 더 높다.

가너 교수는 내가 처음에 무슨 생각을 했는지 되살려 주었다. 예일대학교에 오면서 나는 지능 분야에서 업적을 쌓고 싶었다. 가너 교수는 내가 할 수 있는 일은 딱 하나라고 지적했다. 지금까지 한 일을 계속하라! 지능 분야가 나에게 그렇게 큰 뜻이 있다면, 나는 계속 연구를 해야 한다. 지금까지 그랬듯이. 설사 지능연구를 계속 하다가 교수직을 잃는다 해도. 나는 예일대학교에서 종신교수직을 얻었다. 그러나 나를 위협하던 다른 위험은 결국 나타나지 않았다. 위험을 감수할 때, 어떤 위험은 사라질 수도 있음을 알아야 한다. 창의적으로 일할 때 우리는 이런 대가를 얻게 된다.

　학교에서 기꺼이 위험을 감수하려는 학생은 정말 적다. 위험을 감수하면 너무 많은 대가를 치를 수 있음을 학생은 배우기 때문이다. 시험점수와 과제물 점수가 완벽하면 칭찬을 받고 미래도 밝아진다. 학업기준에 맞추지 못하면, 학생은 능력과 동기가 부족하다는 평가를 받는다. 이렇게 되면 무시당하고 발전할 수 있는 기회도 적어질 수 있다. 어려운 과목을 듣거나, 교사가 싫어할지 모르는 말을 해서 성적이 나빠지거나 심지어 학교생활을 망칠 수 있다면, 그렇게 위험한 짓을 굳이 할 필요가 있을까? 위험을 감수해도 된다고 용기를 북돋우는 교사가 선택권이 없는 과제를 주고 특정한 답만 인정한다면, 그는 '안전하게 행동해'라는 은밀한 압력을 학생에게 가하고 있는 것이다. 따라서 교사는 적당하게 위험을 감수하라고 용기를 주면서, 위험을 감수하는 행동을 칭찬해야 한다.

입시가 바뀌면 인재가 보인다

모호함을 참아내는 능력을 길러라

사람들은 대체로 애매모호한 사태를 싫어한다. 사람들은 다음과 같이 생각하고 싶어 한다. 다른 국가는 동맹국이거나 적국이다. 학교에서 배운 생각도 통하거나 통하지 않는다. 하지만 창조적 작업을 할 때, 이도 저도 아닌 상황이 자주 일어난다. 새 작품을 만드는 예술가와 새 책을 쓰는 작가는 불안과 불확실함을 자주 느낀다고 말한다. 이들은 제대로 사고하고 있는지 확인해야 했다. 과학자도 자기가 개발한 이론이 정확히 맞는지 확신하지 못한다. 이처럼 창의적 사고가들은 자기가 내놓은 생각이 옳음을 분명히 알기까지, 모호한 상태를 참아내야 한다.

창의적인 생각은 한 줌에서 시작하여 점점 자라난다. 그런데 생각이 발달하는 기간은 그다지 평탄하지 않다. 모호함을 견뎌낼 능력이나 시간이 없을 때, 많은 사람이 차선의 해답으로 달아난다. 학생이 적당한 글쓰기 주제를 골랐거나, 적당한 과학 프로젝트를 기획했을 때, 교사는 이것을 쉽게 받아들이려는 유혹에 시달린다. 이 것은 최선에 가깝기 때문이다. 학생이 창의적으로 행동하도록 돕고 싶다면, 생각이 완전히 수렴되지 않은 기간을 넓히도록 학생에게 용기를 줘야 한다. 창의적으로 살면 불확실함과 불편함이 따라온다는 것을 학생은 배워야 한다. 결국 학생이 더 나은 아이디어를 내놓는다면, 모호함을 견뎌낸 시간이 무익하지 않을 것이다.

자기 효능감을 길러라

누구도 나를 믿지 않는 것 같다고 느낄 때가 자주 있다. 나도 종종 그런 체험을 한다. 내가 하려는 일을 소중하게 여기거나, 제대로 알아주는 사람이 한 명도 없는 것 같다. 창의적 작업을 따뜻하게 받아주는 사람은 드물다. 따라서 창의적 사람은 자기 작업이 가치 있다고 스스로 믿어야 한다. 이것은 정말 중요하다. 자기가 한 생각은 모두 좋다고 믿어야 한다는 뜻은 아니다. 차이를 만들 능력이 자신에게 있다고 믿어야 한다.[15]

어떤 아이디어가 좋은지 확실히 아는 방법은 없다. 그러나 그것을 알아내는 데 도움이 되는 질문은 있다.

- 아이디어를 뒷받침할 경험 증거가 있는가?
- 아이디어는 더 폭넓은 이론에서 나온 것일까? 특정한 아이디어를 뒷받침할 증거가 아직 없더라도, 이 이론의 구성요소는 타당할 수 있다.
- 지금까지 한 번도 검사하지 않았던 아이디어를 검사할 방법이 있는가?
- 아이디어를 뒷받침할 증거나 근거는 아직 없다. 하지만 이미 증거가 있는 비슷한 아이디어가 있는가?
- 반대를 무릅쓰고 아이디어를 고수할 마음이 있는가? 당신에게 그런 용기가 없다면 당신은 아이디어가 성공할지 결코 알지 못할 것이다.

입시가 바뀌면 인재가 보인다

무엇이 학생이 할 수 있는 일을 규정할까? 내가 여기까지 할 수 있다는 생각이 그것을 규정한다. 어떤 학생이라도 창조자가 될 수 있으며, 새것을 만들면서 즐거워할 수 있다. 하지만 창의성을 뒷받침하는 강력한 기반이 일단 학생에게 있어야 한다. 때때로 교사와 부모는 학생이 성취할 수 있는 일을 의심하거나 꺼리면서, 학생이 할 수 있는 일을 알게 모르게 제한한다. 그러나 교사와 부모는 학생을 도와야 한다. 학생이 자신의 창조성을 믿도록 학생을 도와야 한다. 성공하도록 용기를 주고, 성공할 수 있는 능력을 믿으라고 격려한다면, 학생은 정말 성공에 매우 가까이 갈 것이다. 그런 격려가 없었다면 학생을 비켜갔을지 모를 성공이 학생에게 가까이 다가올 것이다.

하고 싶은 일을 찾도록 도와라

학생이 가장 창의적으로 행동할 때 무엇이 학생을 자극할까? 교사와 부모는 학생이 이 질문에 답하도록 도와야 한다. 학생을 정말 자극하는 것은 따로 있을지 모른다는 것도 교사는 잊지 말아야 한다. 직업 활동이든 취미 활동이든, 창의력이 뛰어난 사람은 자기가 하는 일을 늘 진심으로 사랑한다. 반대로 창의력이 떨어지는 사람은 자주 돈이나 특권 때문에 직업을 택한다.

그런 사람은 직업을 따분하게 여기거나 혐오한다. 대부분 자기 분야에서 뜻있는 일을 하지 않는다. 자기가 정말 하고 싶은 일을 찾도록 학생을 도와줄 때, 우리는 자주 힘들어하고 좌절한다. 하지만 이런 좌절감을 학생과 함께 나누는 것이 학생 혼자 좌절감을 대면하게 내버려두는 것보다 훨씬 낫다. 진정한 관심사를 발견하도록 학생을 돕기 위해 교사는 수업에 도움이 될 만한 특별한 재능이나 능력을 보여 달라고 학생에게 요구할 수 있다. 그리고 지금 수업시간에 하려는 활동보다 학생이 그 활동을 하고 싶어 한다는 것이 중요하다고 교사는 설명해 줄 수 있다.

나는 수업할 때 학생이 관심사를 찾도록 도와준다. 관심사가 특별히 나에게 흥미가 있든 없든 상관없다. 학생이 열심히 관심사를 찾을 때가 많다. 그런 열정은 다른 학생에게도 전염된다. 나도 학생처럼 새로운 영역을 탐구하게 된다. 이유는 간단하다. 늘 나를 따라오라고 학생에게 말하지 않고, 내가 학생을 따라가겠다고 결심했기 때문이다.

나는 특정한 직업에 관심을 보이는 학생을 자주 만난다. 하지만 그것은 자기가 좋아서라기보다는 권위 있는 사람이나 부모가 바라는 대로 관심을 보인 것뿐이다. 이런 학생을 볼 때마다 측은하다. 이런 학생은 일은 잘한다. 그러나 위대한 업적을 이루는 경우는 거의 없다. 관심이 없는 분야에서 훌륭한 업적을 내는 것이 쉬운 일은 아니다.

물론 자기가 좋아서 어떤 직업에 관심을 보이는 것은 말이 쉽지 행하기는 어렵다. 내 아들이 어렸을 때 피아노 치는 것을 좋아하자 나는 용기를 얻었다. 나는 피아노를 칠 수 있다. 그래서 아들이 피아노 치는 것을 좋아하자 나도 기뻤다. 하지만 아들은 레슨을 중단

입시가 바뀌면 인재가 보인다

했고 아예 그만둬 버렸다. 나는 기분이 나빴다. 그리고 얼마 되지 않아 아들은 트럼펫을 불고 싶다고 말했다. 나는 피아노를 이미 그만두었고 트럼펫도 얼마 가지 않을 것이라고 싸늘하게 대답했다.

왜 그렇게 매정하게 답했는지 의아스러웠다. 어떻게 그렇게 차갑게 말할 수 있단 말인가! 하지만 금방 이유가 떠올랐다. 다른 사람의 아이가 트럼펫을 불고 싶었다면, 그건 괜찮다. 하지만 스턴버그의 아이가 트럼펫을 불다니 그건 도저히 상상할 수 없는 일이었다. 트럼펫 부는 아들은 내가 상상하는 스턴버그의 아이에 맞지 않았다. 나는 내 소망만 바라보고 있었다. 이것은 내가 다른 사람에게 가르친 이론을 정확하게 뒤집는 짓이었다. 말보다 행동이 어려운 법이다. 난 다시 정신을 차렸다. 그리고 내 아들은 트럼펫을 시작했다.

아들은 결국 트럼펫마저 그만두었다. 우리는 자기에게 맞는 일을 찾으면서 자주 좌절한다. 그러나 아들은 정말 맞는 일을 찾았다. 아들은 지금 CEO이며, 사업을 이미 2개나 시작했다. 나는 절대 사업에 뛰어들지 않았다. 하지만 사업은 아들에게 잘 맞았다. 아들은 자기에게 맞는 일을 하고 있다. 아들이 하는 일이 나에게 맞는지는 중요하지 않다.

빨리 열매를 맛보지 않는 것이 중요하다고 가르쳐라

창의적인 사람은 곧바로 보상을 받지 못하더라도 장기간 프로젝트나 과제를 수행할 수 있는 사람이다. 일하는 즉시 보상이 따르지는 않으며, 만족을 연기해도 이익이 있음을 배워야 한다.[16] 솔직히 말해 어떤 사람이 창의적인 작업을 할 때, 심지어 창의적인 작업을 한다고 비난받을 때도, 그는 자주 무시당한다.

학생이 올바로 행동하면 교사와 부모가 곧바로 보상해야 하며, 학생도 보상을 바란다고 믿는 사람이 많다. 이런 방식의 교수법과 양육 태도는 지금 여기를 강조한다. 길게 봤을 때 무엇이 가장 좋은지 종종 놓쳐 버린다.

보상을 바라보며 기다리는 법을 배우는 것도 중요한 인생수업이다. 기다리는 법을 배우면 창의적인 작업을 수행하는 능력을 단련하게 된다. 학생은 유혹받는 순간을 참아내지 못한다. TV를 보거나 비디오 게임을 하고 싶은 유혹에 쉽게 굴복한다. 하지만 최고의 보상은 종종 나중에 받는다. 능력을 최대한 활용하는 사람은 진중한 시련을 단박에 해결할 수 없음을 알고 보상을 기다린다. 학생도 곧바로 야구선수 달인이 되지 않는다. 무용수와 음악가, 조각가도 똑같다. 금방 달인이 될 수 없다. 고등학생도 힘든 작업이 유익하다고 생각하지 않는다. 하지만 대학에 지원할 때가 되면 꾸준히 공부한 학생은 분명 이익을 볼 것이다.

교사는 만족을 지연하는 사례를 제시하면서 보상을 바라보며, 기다리는 법을 배우도록 학생을 도울 수 있다. 교사는 자신과 창의적 개인의 삶에서 만족 지연의 사례를 예로 든다. 그리고 이런 사례를 자기 삶에도 적용하도록 학생을 인도하면서 역시 보상을 기다리는 법을 가르칠 수 있다. 교사는 다음 사실도 알고 있어야 한다. 만족을 지연할 때 누리는 유익을 학생에게 가르치는 것을 단기 교육과

입시가 바뀌면 인재가 보인다

제로 정한 학교는 거의 없다. 만족을 미룰 때 얻는 유익을 학생에게 가르치려면 다른 과제물보다 프로젝트를 활용해야 한다. 물론 부모가 프로젝트 수행을 돕거나 프로젝트에 개입할 가능성이 있다면, 교사는 프로젝트 숙제를 내기 힘들다. 몇 주나 몇 달간 과제를 수행하면서, 학생은 노력할 때 나중에 어떤 이익을 얻게 되는지 배울 것이다.

창의성을 북돋우는 분위기를 만들어라

교사는 여러모로 창의성을 북돋우는 분위기를 만들 수 있다.[17] 교사가 스스로 창의적 사고를 보여주면서 학생의 모범이 되는 것이 가장 강력한 방법이다. 창의성을 개발하라는 말을 들어도 학생은 창의성을 개발하지 않는다. 창의성을 어떻게 개발하는지 볼 때, 학생은 창의성을 개발한다.

  학생은 보통 어떤 교사를 가장 오래 기억할까? 교사가 수업시간에 아무리 학습주제를 많이 다뤄도 학생은 교사를 오래 기억하지 않는다. 교사가 아이디어와 행위로 학생을 감동시켜, 교사처럼 행동하도록 학생에게 동기를 준다면, 학생은 교사를 오래 기억할 것이다. 학생의 기억에 남는 교사는 사실과 인물을 가르칠 때도 그것들을 탐구하고 평가하는 법까지 가르칠 것이다. 그 교사는 가르침과 평가가 조화를 이루도록 가르칠 것이다. 나는 한 선생님을 절대 잊지 못한다. 내가 7학년 때, 사회과목을 가르쳤던 선생님은 사회연구가 무엇인지 아느냐고 질문하면서 수업을 시작하셨다. 우리는 모두 안다는 듯이 고개를 끄덕였다. 그 후에 선생님은 세 번의 수업 동안 사회과학이 무엇인지 계속 설명하셨다.

나는 때때로 교사를 위한 창의성 개발 연수를 진행한다. 어떤 교사는 창의성을 개발하려면 정확히 무엇을 해야 하는지 묻는다. 이 질문은 어긋난 출발점이다. 교사가 창의적으로 사고하고 가르치지 않으면, 교사는 창의성 개발을 위해 학생이 본받을만한 모범이 될 수 없다. 교사는 창의성에 대한 자기 생각을 유심히 살펴야 한다. 창의성은 무엇이며, 창의성의 가치와 목표는 무엇인가? 그리고 교사는 자기 생각을 행동으로 보여줘야 한다.

교사는 여러 과목을 살피고, 여러 학문을 조사하도록 학생을 도우면서 창의성을 북돋워 줘야 한다. 학교는 종종 과목에 따라 교실과 학우를 나눈다. 학생은 따로 분리된 교실에서 학습이 이루어진다고 믿을 수 있다. 수학교실, 사회연구교실, 과학교실. 하지만 여러 과목을 살피면서 내용을 통합할 때, 창의적인 생각과 통찰이 생겨난다.

여러 과목을 관찰하고 통합하는 법을 가르치려면, 어떤 과목을 가르치든 학생의 능력과 관심, 기술을 함께 이용해야 한다. 학생이 수학을 잘 이해하지 못한다면, 학생에게 관심을 끄는 시험문제를 골라 보라고 권해 볼 수 있다. 야구를 좋아하는 학생들에게 야구경기를 이용하여 기하학 문제를 만들어 보라고 요구할 수 있다. 야구라는 관심사가 창의성을 자극할 수 있다. 학생이 교사의 요구가 흥미롭다고 느끼면, 학생은 그런 기분 덕분에 기하학이 불러오는 불

240

안을 막을 수 있기 때문이다. 어떤 과목을 추상적으로 가르치는 바람에 학생이 관심을 잃었더라도, 여러 과목을 살피면서 내용을 통합하는 방법을 사용한다면, 학생은 학습할 동기를 되찾을 수 있다.

이제 교실에서 이 방법을 어떻게 사용하는지 살펴보자. 먼저 가장 잘하는 과목과 가장 못하는 과목이 무엇인지 물어본다. 가장 약한 과목이나 분야에서 어떤 프로젝트를 할지 생각해 보라고 요구한다. 이때 학생은 자기가 가장 잘하는 과목이나 분야에 속한 생각을 활용해야 한다. 예를 들어 국내정치의 흐름을 과학의 관점에서 분석함으로써 과학에 대한 관심을 사회연구에 적용할 수 있다.

교사는 창의적으로 사고하도록 학생에게 여유를 주어야 한다. 미국 사회는 상당히 급하다. 미국인은 패스트푸드를 먹고, 뛰어다니며, 빠름을 중요하게 여긴다. 어떤 사람이 빠르다고 말할 때 그것은 그가 똑똑하다는 뜻도 된다. 표준화 시험의 형태를 봐도 그렇다. 우리는 시간 효율성에 집착한다. 선다형(객관식) 문제를 짧은 시간에 많이 풀어야 한다.

하지만 창의적 통찰력은 대부분 급하게 생기지 않는다. 문제를 이해하고 해결을 궁리하려면 반드시 시간이 걸린다. 창의적으로 생각해 보라고 학생에게 요구했다면 창의적으로 생각할 시간을 줘야 한다. 시험을 치를 때 교사가 너무 많은 문제를 낸다든지, 감당하기 힘들 만큼 숙제를 많이 낸다면, 교사는 창의적으로 생각할 시간을 빼앗는 것이다.

교사는 창의성을 고려하면서 가르치고 평가해야 한다. 교사가 선다형 시험만 낸다면, 교사가 뭐라고 하든 학생은 교사가 중요하게 여기는 사고 유형을 재빨리 배울 것이다. 교사가 창의성을 북돋우고 싶다면, 적어도 과제를 주고 시험을 치를 때 창의적으로 사고할 기회를 만들어야 한다. 교사는 사실 기억과 분석적 사고, 실용적 사고, 창의적 사고를 요구하는 문제를 내야 한다. 예를 들어, 학생에게 법을 가르칠 때, 학생이 법의 내용을 배우고, 법을 분석하고, 법이 어떻게 나아질 수 있는지 생각하도록 질문할 수 있다.

교사는 창의성에 대해 보상도 해야 한다. 창의성이 중요하다고 말만 해선 안 된다. 학생이 창의적으로 행동한다면, 교사는 학생에게 상을 줘야 한다. 교사는 학생에게 프로젝트를 내주면서, 학생은 자기 지식과 분석 기술, 쓰기 기술, 창의성을 프로젝트를 통해 증명해야 한다고 말할 수 있다. 교사는 학생에게 다음 사실을 알려야 한다. 창의적으로 사고하려면, 기존 생각과 학생의 생각을 종합하면서, 교사의 관점에 맞추려고 눈치보지 말아야 한다. 학생의 수행을 평가할 때, 교사는 학생의 관점에서 학생의 생각이 창의적이었는지 따져야 한다. 학생이 관여한 분야의 최신 연구결과까지 고려하여 학생의 생각이 창의적인지 평가할 필요는 없다. 학생은 다른 사람이 이미 창안해낸 생각을 반복할 수 있다. 하지만 학생 자신이 그 생각을 처음 했다면 학생은 창의적이라고 말할 수 있다.

어떤 교사는 창의력을 묻는 문제를 선다형 문제나 단답형 문제처럼 객관적으로 평가할 수 없다고 불평한다. 그들의 불평대로 객관성을 조금은 포기해야 한다. 그리고 교사는 창의성을 완전히 객관

입시가 바뀌면 인재가 보인다

적으로 평가할 방법이 없음을 학생에게 알려야 한다.[18] 하지만 평가자는 아주 일관되게 창의적인 작업을 평가해야 한다. 평가목표가 학생을 가르치는 것이라면, 창의성이 필요없는 과제물만 가지고 학생을 평가하기보다, 학생에게 창의성을 요구하고 과제물을 다소 주관적으로 평가하는 것이 더 낫다.

교사는 학생이 실수해도 넉넉히 견뎌내야 한다. 싸게 사서 비싸게 팔 때 위험은 뒤따르게 마련이다. 대중의 관심을 끌지 못한 생각도 많다. 그러나 위대한 사상가가 간간이 나타나 우리에게 새로운 사고법을 보여준다. 프로이트와 피아제, 촘스키, 아인슈타인은 인류의 복지에 기여했다. 이들은 스스로 위험을 감수하고 실수하며 동료의 실험과 실수도 허용한다.

프로이트와 피아제가 내놓은 여러 이론도 틀렸다는 것이 밝혀졌다. 프로이트는 빅토리아 시대의 성욕 논쟁을 인간의 보편적 갈등으로 해석해 버렸다. 학생이 특정한 인지 기술을 펼칠 수 있는 나이를 피아제는 잘못 판단했다. 그래도 이들의 생각은 위대하다. 영원히 지속되기 때문에 위대한 것이 아니다. 이들의 생각이 다른 아이디어의 기초를 이루었기 때문에 위대하다. 프로이트와 피아제의 실수 덕분에 다른 사람이 유익을 얻을 수 있었다.

성공하는 과정에는 실수가 자주 일어나지만 학교는 실수를 허용하지 않는다. 학생이 시험이나 과제를 하면서 틀리면, 학생의 작업에 커다랗게 X 표가 붙는다. 학생이 틀린 답을 말하면, 어떤 교사는 학생에게 교재를 읽지 않았거나 이해하지 못했다고 곧바로 지적해 버린다. 다른 학생도 그를 비웃는다. 이런 학생은 실수하면 좋은 일이 없다는 사실을 배우게 된다. 실수도 하고 스스로 생각하면서 창의적인 사고를 할 수 있다는 사실을 잊어버리고, 결국 창의적인 사고와는 더욱 멀어지는 것이다.

학생이 실수할 때 교사는 실수를 분석하고 검토하도록 학생에게 요구해야 한다. 실수나 허술한 생각에는 올바른 답이나 좋은 생각의 싹이 담겨 있다. 일본에서는 학생이 수학적으로 사고하다가 실수했을 때 수업 내내 실수한 부분을 학생 스스로 분석하게 한다. 학생에게 어떤 깨우침을 주려는 교사는 실수를 검토하는 것이 배움과 성장을 위한 기회가 된다고 생각한다.

창의적으로 행동하도록 학생을 가르칠 때, 우리는 성공과 함께 실패에도 책임 지도록 가르친다. 책임 지는 법을 가르친다는 것은 무슨 뜻일까? 바로 학생이 창의적 사고과정을 이해하면서 자신을 비판하고 최고의 작업에 자부심을 느끼도록 가르친다는 말이다.

안타깝게도 교사와 부모는 실패를 책임질 바깥의 적을 찾는다. 교사와 부모는 학생이 바깥의 낯선 적을 찾도록 허용하기도 한다.

학생이 자기 행위에 책임지도록 가르쳐야 한다는 말은 다소 진부하다. 그러나 생각을 행위로 옮기는 방법은 사람들이 아는 것과 때때로 맞아떨어지지 않는다. 자기 행동의 결과와 원인에 대한 책임감은 사람에 따라 상당히 다르다. 창의적인 사람은 책임감 있게 생각한다.

교사는 창조적으로 협력하도록 북돋울 수 있다. 사람들은 창조적

입시가 바뀌면 인재가 보인다

수행을 홀로 하는 작업으로 본다. 우리는 작가를 상상할 때도, 작업실에서 홀로 글쓰는 모습을 떠올린다. 음악가는 작은 음악실에서 쉴 새 없이 연습하고, 예술가는 고층 아파트에서 혼자 그림을 그린다. 그러나 사람들은 함께 작업할 때가 많다. 협력 작업에서 창의성이 솟아날 수 있다. 창의적인 사람들과 함께 작업하면서 실제 사례를 보고 배우도록 교사도 학생을 도울 수 있다.

학생도 다른 사람의 눈으로 사물을 상상하는 법을 배워야 한다. 다른 사람과 함께 일하면서 창조적 협력 작업으로 최선의 결과를 만들어내려면, 다른 사람이 자기를 어떻게 상상할지 예상할 수 있어야 한다. 다른 관점으로 세상을 보는 법을 배울 때 사람들은 자기 시야를 넓힐 수 있다. 교사와 부모도 학생에게 다음과 같은 동기를 심어 주어야 한다. 다른 사람의 관점을 이해하고, 존중하고, 다른 사람의 관점에 대답하는 것이 중요함을 알아야 한다. 똑똑하고, 창의력이 있어도 성공하지 못하는 사람이 많은데, 그것은 실용적 지능을 개발하지 않았기 때문이다. 똑똑하지만 절대 성공하지 못하는 사람도 학교에 잘 적응하고 시험을 잘 칠 수 있다. 하지만 그들은 다른 사람과 어울리고, 다른 사람의 눈으로 자신과 사물을 보는 법을 절대 배우지 못한다.

교사는 사람과 주변의 조화가 얼마나 중요한지 볼 수 있도록 학생을 도와야 한다. 사람과 주변이 서로 교류해야 창의적 생각이 수용된다. 어떤 때나 어떤 장소에서 창의적이라고 인정받은 작업도 다른 곳에서 비웃음을 살 수 있다.

〈죽은 시인의 사회〉라는 영화에서, 교사 키팅은 관객이 보기에 충분히 창의적 인물이지만, 학교 당국은 무능하다고 평가한다. 비슷한 일이 여러 상황에서 수없이 반복된다. 우리는 무엇이 창의적 작업인가를 판단할 때, 완벽한 기준을 가지고 있지는 않다. 하나의 작업이나 생각도 환경이 달라지면 다르게 평가된다. 이런 사실을 고려할 때 우리는 다음 사실을 알아야 한다. 각 사람은 자기의 창의적 재능과 독창적 기여가 보상을 받을 수 있는 환경을 찾아야 한다. 아니면 자기가 속한 환경을 바꿔야 한다.

나는 한 학생에게 나쁜 조언을 한 적이 있다. 이 사건은 환경이 얼마나 중요한지 잘 보여준다. 그 여학생은 두 곳에서 제안을 받았다. 한 곳은 굉장히 이름 있는 기관이었다. 하지만 그녀가 중요하게 여기는 작업에 별로 맞지 않는 곳이었다. 나머지 한 곳은 명성은 조금 떨어지지만 그녀의 가치관에 훨씬 맞는 기관이었다. 나는 그녀에게 이름 있는 기관으로 가라고 조언하면서 이렇게 말했다. 그녀가 최상급 기관으로 가지 않으면, 그곳에 갔으면 어떻게 되었을지 늘 스스로 질문하게 될 것이라고 지적했다. 그러나 나의 조언은 적절하지 않았다. 그녀는 이름 있는 기관으로 갔지만 잘 적응하지 못했다. 결국 그녀는 그곳을 떠났고 지금은 그녀가 하는 일을 중요하게 여기는 기관에서 일한다. 이제 나는 늘 자신에게 가장 맞는 곳으로 가라고 조언한다.

교사가 창의적 행동이 쉽게 인정받는 환경을 고르도록 학생을 교육시키려면, 교사는 사람과 환경이 잘 맞는 것이 중요하다는 것을

입시가 바뀌면 인재가 보인다

늘 인정해야 한다. 환경을 자세히 검토하려는 동기를 학생에게 심어주어라. 그러면 학생은 자신이 가진 기술이 돋보이는 환경을 고르고, 그런 환경을 만들어 가는 법을 배울 것이다.

지혜를 얻도록 지도하기

지혜롭게 판단하면 적절하게 행동하고 삶의 질까지 끌어올리므로 지혜를 개발하는 것은 유익하다. 지식이 있으면 지혜가 따라올 수 있으며, 지혜는 반드시 따라와야 한다. 인간본성과 생활조건, 성공하는 전략과 실패하는 전략을 알아야 판단할 수 있다. 지혜로우려면 지식이 있어야 하지만, 지식만으로 지혜를 얻을 수 없다. 지식이 있어도 지식을 활용하여 건전하고 올바른 판단을 못하는 사람도 있기 때문이다. 많이 아는 사람 가운데 불행한 사람도 많다. 이런 사람 가운데 어떤 사람은 한심하거나 비난받을 만한 결정을 한다.

왜 지혜롭게 생각하고 행동하도록 가르쳐야 할까

학교가 지혜와 관련된 기술을 가르치기 위해 진지하게 고민해야 하는 이유는 여러 가지이다.[19] 첫째, 앞에서 지적한 대로 지식만으로 지혜로울 수 없으며, 지식이 삶의 만족과 행복을 보증하지 않는다. 만족스럽고 행복하게 살려면 지혜가 있는 것이 더 낫다.

둘째, 지혜가 있으면 중요한 판단을 신중하게 할 수 있다. 생각하지 않고 충동적으로 행동하면 지혜로울 수 없다.

셋째, 지혜는 더 낫고 더 조화로운 세상을 창조하는 길을 표현한다. 아돌프 히틀러Adolf Hitler와 이오시프 스탈린Joseph Stalin 같은 독재자도 지식은 많았을지 모른다. 심지어 비판적 사고가였을지 모른다. 적어도 권력을 유지하는 것을 보면 그렇다. 하지만 지혜롭지는 않았다.

마지막으로, 학생은 미래에 부모와 지도자가 된다. 그런데 학생은 더 큰 집단의 구성원이다. 정확하고, 건전하며, 올바르게 판단하는 법을 배운다면 학생은 유익을 얻을 것이다. 미래가 갈등과 혼란으로 신음한다면, 이런 불안의 원인이 그저 바깥에 있는 것은 아니다. 우리에게도 불안이 있으며, 우리에게서 불안이 시작되기도 한다.

이런 이유를 고려할 때 우리는 사실을 기억하고, 배운 내용을 비판적으로 사고하도록 학생을 가르치는 것에 머물지 말고 지혜롭게 사고하는 법까지 가르쳐야 한다.

로렌스 콜버그Lawrence Kohlberg에 따르면 도덕에 따라 행위하도록 인도하는 윤리가치들을 고려하지 않은 채 지혜를 말할 수 없다. 실용적 지능에 대해서도 똑같이 말할 수 있다. 즉, 어떤 행위가 사회와 문화가 인정하는 가치를 갖고 있으면, 우리는 그 행위를 실용적이라고 평가한다. 우리는 가치를 통해 관심과 반응을 특정하게 조화시킨다. 개인이 공동선을 규정할 때도, 가치는 각 개인에게 영향을 준다. 콜버그 이론이 말하는 2개의 최고 도덕단계에서 나타나는 도덕 추론은 우리가 여기서 제시한 지혜 개념과 겹친다. 여기서 우리는 지혜가 도덕 영역과 교차함을 알 수 있다. 지혜 있는 사람은 자신

입시가 바뀌면 인재가 보인다

을 돌보고, 다른 사람까지 돌본다. 이것은 캐롤 길리건Carol Gilligan의 주장과 같은 맥락이다. 또한 지혜는 도덕 추론보다 더 넓다. 인간이 겪는 어떤 문제에도 지혜가 적용된다. 인간의 문제는 주로 이익을 가늠할 때 발생한다. 사람은 자기 이익을 견주어 보고, 자기와 남의 이익을 견주어 보고, 자기와 상관없는 이익을 견주어 보면서 고민하게 된다. 이런 문제에서는 도덕 문제가 핵심이다.[20]

교실에서 지혜를 증진하는 법

지혜와 연결된 기술을 가르칠 때 교사는 여러 단계를 밟아나갈 수 있다. 먼저 학생에게 문학과 철학 고전을 읽도록 한다. 학생은 고전을 읽으면서 현자의 지혜를 배우고 되새겨 본다. 현대 작품이 우리에게 전해 주는 지혜가 고전의 지혜와 어깨를 겨루거나 고전의 지혜보다 더 나을 때만 고전을 건너뛰고 현대 작품을 읽을 수 있다.

학생은 교실 토의와 프로젝트, 글쓰기도 감당해야 한다. 이런 과제를 하면서 학생은 고전에서 배운 가르침을 따져 볼 수 있다. 이런 가르침을 자기 삶과 다른 사람의 삶에 어떻게 적용할지 궁리할 수 있다. 특히 대화하면서 사고하고, 변증법적으로 사고하는 법을 잘 익히는 것에 초점을 맞춰야 한다. 대화하면서 사고할 때 우리는 중요한 문제를 여러 관점에서 이해하고, 다른 사람이 나와 다르게 보지만 사태를 정당하게 파악할 수 있음도 이해한다. 변증법적으로 사고할 때, 우리는 사상과 함께 사상이 발전하고 펼쳐지는 모형까지 이해한다. 게오르그 헤겔Georg Hegel이 바로 이 모형에 주목했다.[21]

학생은 우리가 아는 그런 '진리'뿐만 아니라 가치도 연구해야 한다. 어떤 가치들을 학생에게 강제로 먹이지 않고, 자기가 생각하는 가치를 성찰하면서 개발하도록 격려하는 것이 가장 좋다. 학생을 이렇게 가르치려면 비판적·창의적·실용적 사고를 통해 좋은 목적에 기여하자고 계속 강조해야 한다. 이렇게 사고하는 개인과 함께 다른 사람도 좋은 목적 덕분에 유익을 누린다. 다시 강조하지만, 비판적 사고만 중요한 것이 아니라 창의적·실용적 사고도 중요하다.

이렇게 지혜를 발휘하는 기술을 가르치는 내내, 교사는 학생이 다음 사실을 되돌아보도록 동기를 부여해야 한다. 지식이 겨냥하는 목적은 중요하며, 학생이 공부하는 내용은 거의 예외 없이 더 낫거나 더 나쁜 목적에 봉사할 수 있다.

무엇보다 교사 자신이 지혜를 보여주는 모범이 되어야 한다. 지혜의 모범이 되는 교사는 일반적 교수법보다 소크라테스 교수법을 더욱 선호할 것이다. 교사가 지식을 숟가락으로 떠서 입에 넣어 주길 바라는 학생도 많다. 그런 학생은 시험을 위해 지식을 암기하지만 시험이 끝나면 곧바로 잊어버린다. 교사가 지혜롭게 가르치고, 지혜를 가르칠 때, 학생은 직접 나서서 학습을 구성해야 한다. 그렇게 하면, 학생은 자기 관점과 함께 다른 사람의 관점까지 고려하여 지식을 구성하게 될 것이다. 자기 관점만 가지고 지식을 구성하다 보면 조화롭게 이해하지 못하고 아집에 빠질 수 있다. 예를 들어 역사를 보자. '정착민'이란 말이 정착하려는 사람과 이미 거주하고 있는 사람 사이에서 뜻이 달라지는지 질문할 수 있다. 18세기 미국 원

입시가 바뀌면 인재가 보인다

주민은 그 땅에 정착하여 살고 있는 사람은 바로 자신이라고 믿었다. 과학을 공부할 때, 새로운 발견이나 발명이 다른 사람들에게도 유익했는지 물을 수 있다. 문학 시간에는 리어왕 같은 작품 속 인물이 현명했는지 질문할 수 있다. 현명하지 않았다면 왜 현명하지 않았는지 탐구할 수 있다. 외국어를 공부할 때, 우리에게 없지만, 우리가 배울 만한 지혜가 다른 문화에 있는지 물을 수 있다. 수학 시간에는 다리의 기초를 놓을 때 사용되는 수학 공식도 더 나은 삶을 만들어내는 데 사용될 수 있는지 질문할 수 있다. 예술을 배울 때 예술가가 현명한 사람과 어리석은 사람을 어떻게 묘사했는지 물을 수 있다. 음악 시간에는 어떤 집단을 혐오하는 사람이 만든 음악을 어떻게 평가해야 하는지 질문할 수 있다. 리하르트 바그너Richard Wagner는 유대인을 혐오했다.

마무리 : 새로운 교육 철학

'비판적 사고'를 가르친다고 할 때, 교사는 대체로 분석적 사고를 가르친다고 생각한다. 분석적 사고를 가르칠 때, 보통 배운 내용을 분석하고, 평가하고, 검사하도록 학생에게 요구한다. 어떻게 해야 이런 교육활동을 교수법과 평가로 번역할 수 있을까? 학교교육과정을 두루 훑어보자. 일단 분석 기술을 강조하는 질문부터 보자.

 a. [문학]『폭풍의 언덕』에 나오는 히스클리프의 성격이 어떻게

발전하는지 분석하라.

b. [생물학] (수업 시간에 살펴본 독서를 하면서 알게 된) 이 실험의 설계를 비판해 보라. 어떤 식물은 밝은 햇빛보다 희미한 조명 아래서 더 잘 자란다고 이 실험은 말한다.

c. [예술사] 로이 리히텐슈타인Roy Lichtenstein의 〈만화책 예술〉이 발하는 예술적 매력을 평가해 보라. 이것이 순수예술로서 어떤 장점과 단점이 있는지 토의해 보라.

d. [역사] 미국 혁명의 본질과 프랑스 혁명의 본질의 유사점과 차이점을 말해 보라.

e. [수학] 수학 문제에 대한 답이 타당한지 평가하고, 이 답이 부족하다면 무엇이 부족한지 논해 보라.

f. [물리학] 당신이 방금 구경한 테니스 선수가 사용한 전략을 평가해 보라. 그가 상대방을 이기려고 어떤 기술을 사용했는지 말해 보라.

창의적으로 가르치는 교사는 학생이 상상하고, 발명하고, 발견하고, 예측하게 만든다. 창의성을 가르치려면, 교사는 창의성을 북돋우고 지지할 뿐만 아니라, 스스로 창의성을 보여줘야 하며 창의성을 보여주는 학생에게 상을 줘야 한다. 교사는 창의성을 가르치면서도 스스로 창의성을 보여줘야 한다.

창의적 사고를 북돋우는 교수활동과 평가활동의 사례를 살펴보자.

입시가 바뀌면 인재가 보인다

a. [문학] 당신이 방금 읽은 짧은 이야기의 결말을 바꿔 보라. 특히 이야기 주인공들이 다르게 행동했다면, 어떻게 되었을까? 이런 방식으로 이야기의 결말을 새로 만들어 보라.

b. [프랑스어] 파리에서 여행하는 미국인은 지금 뤼 피갈로 가려고 한다. 그는 거리에서 프랑스인에게 길을 묻는다. 이들은 어떻게 대화했을까? 대화를 구성해 보라.

c. [물리학] '표면 구조'에서는 서로 다르지만 '심층 구조'에서는 다르지 않는 문제들이 있다. 이 문제들을 모두 떠받치는 물리 원리를 찾아내라.

d. [통치/정치학] 중국 정부가 앞으로 20년간 예전처럼 발전한다고 상상해 보자. 20년 후 중국 정부의 모습을 말해 보라.

e. [음악] 당신이 심포니 오케스트라를 구성하면서 악기 하나를 더 추가했다고 가정해 보라. 어떤 악기를 추가하겠는가? 왜 그 악기를 추가했는가?

f. [언어학] 리오그란데 국경지역에서 스페인어 사용자와 영어 사용자가 계속 교류한다면, 구어체 스페인어의 어휘나 문법이 바뀔 수 있다. 어떻게 바뀔지 예측해 보라.

실용적 사고를 가르치는 교사는 지식을 소화하여 실생활에 사용하도록 학생을 지도한다. 실용적 사고를 가르치려면, 교사는 일반인의 필요가 아니라 학생에게 정말 필요한 것을 건드려야 한다. 실용적 사고와 관련된 질문을 보자.

a. [경제학, 수학] 퇴직 계획을 세울 때, 풀어야 할 문제가 많다. 복리계산공식을 이 문제에 적용해 보라.

b. [독일어] 독일어 회화 능력을 활용하여 베를린에서 새로 사귄 친구에게 안부를 전하라.

c. [체육] 축구하면서 배운 축구팀의 협력정신을 사용하여 수업 프로젝트 모둠활동을 성공시켜라.

d. [사업] 가상상황에서 당신이 기획한 사업계획을 실행해 보라.

e. [수학] 거리와 속력, 시간 공식을 이용하여 거리를 계산하라.

f. [건축] 새로운 건물을 지으려고 건물 설계도를 만들었다. 주변에 있는 건물은 모두 적어도 백년이 되었다. 이 오래된 건물과 아름답게 잘 어울리도록 건물 설계도를 고쳐 보라.

지혜에서 우러나온 기술을 전파하려는 교사는 먼저 학생과 함께 다음 사실을 캐내려고 할 것이다. 전해 내려온 능력과 업적만으로 만족스럽게 생활할 수 없다. 많은 사람이, 심지어 성공했다고 하는 사람까지도 불만족스러워한다. 만족스러움은 성공을 대체하지 않는다. 그것은 성공의 모습이다. 돈과 승진, 큰 집 등이 있어도 사람은 대부분 만족을 느끼지 못한다. 그래서 교사는 지혜가 있어야 만족스럽게 살 수 있음을 증명하려고 한다. 길게 보았을 때 지혜로운 결정이 유익을 가져온다. 그러나 어리석은 결정을 하면 그런 유익을 절대 누릴 수 없다. 이런 사실을 고려할 때 교사는 서로 의지하는 것이 유익하다는 것도 학생에게 가르쳐야 한다. 밀물일 때 모든 배

입시가 바뀌면 인재가 보인다

가 들썩이지만 썰물일 때 모든 배가 가라앉는다. 학생이 자기 이익과 남의 이익, 조직의 이익을 함께 고려하는 법을 배운다면, 학생은 목적만 중요한 것이 아니라 목적에 봉사하는 '수단'도 중요함을 알게 될 것이다.

　지금까지 논의한 삶의 기술들을 가르칠 때 교사와 학생 모두 어마어마한 보상을 받는다. 학생은 대학입학 예비시험에서 좋은 점수를 얻을 수 있다. 표준화 시험점수와 고등학교 내신성적이 좋아진다. 그런데 지혜와 지능, 창의성 통합학습WICS을 했는데, 왜 일반 교수법과 상관있는 학생의 수행능력이 좋아지는 걸까? 이 질문에 적어도 네 가지의 답을 제시할 수 있다. 먼저 지혜와 지능, 창의성 통합학습은 기존의 교수법보다 학습내용을 더 정교하고, 더 깊고, 더 다양하게 이해하도록 유도한다. 학생은 시험준비를 할 때도 내용을 손쉽게 암기할 수 있다. 통합학습은 다양한 형식과 방법을 사용하기 때문에, 장점을 활용하고 약점을 고치거나 보상하면서 새로운 내용을 배운다. 통합학습을 할 때, 교사와 학생은 더 즐겁고 더 의욕을 느낀다. 그래서 교사도 잘 가르치고, 학생도 잘 배우게 될 것이다.

　통합학습처럼 학생을 폭넓은 방식으로 가르치고 학생의 모든 기술을 검사하여 보상해 주면, 학생은 지혜롭게, 지적으로, 창의적으로 사고하면서 이런 모든 형태의 사고를 통합하여 자신과 사회에 유익하도록 결정하는 법을 배울 것이다. 바로 이것이 나의 간절한 바람이다.

새로운 지능이론의 영향

학생과 대학, 사회는 어떻게 바뀔까?

이 책의 마지막 장을 쓰고 있을 때, 미국과 여러 나라들이 심각한 불황에서 조금씩 벗어나고 있었다. 아마 대공황 이후에 가장 심각한 불황이었을 것이다. 평범한 시민과 심지어 전문가까지도 절대 예상하지 못했던 불황이었다. 젊은이는 이런 경제위기를 처음 겪는다. 어른들이 세계경제를 이렇게 망쳐놓다니. 젊은이는 그저 어안이 벙벙할 것이다. 아이슬란드는 국제 은행 업무의 중심이었고, 한때 잘나갔다. 그러나 아이슬란드도 무너지고 말았다. 미국의 주식시장은 엄청난 폭락을 겪었고, 실업률은 치솟았다. 사람들은 생활필수품까지 줄였다. 어떤 사람은 많은 재산을 투자한 집을 잃었다.

사태의 원인을 지적하는 목소리가 없지 않았다. 하지만 사람들이 일반적으로 지목하지 않았던 원인이 우리가 겪는 심각한 경제위기를 낳았던 것 같다. 교육제도가 그 원인이다. 지금 우리 교육제도는 기억력과 분석력을 지나치게 강조한 나머지 창의적, 실용적, 지혜 기반의 기술을 허투루 본다.

나는 이 책에서 다음과 같은 생각을 중심으로 논의를 펼쳤다. 잘 적응해서 살아가려면 분석적, '학문적' 지능과 실용지능, 창의력, 지혜, 4개의 핵심 기술이 필요하다. 미국의 칼리지와 종합대학에서 실행하는 입시와 교육, 평가는 먼저 분석 기술과 학업 기술을 강조한다. 다른 나라의 일부 학교도 그렇다. 대학입시용으로 대체로 사용되는 SAT와 ACT는 추론 능력을 측정한다. 이 시험은 사람들이 무엇이 옳다고 믿든, 옳다고 생각하든 그것을 옳다고 전제한다. 이 시험은 창의적 사고를 평가하지 않는다. 그런데 창의적 사고를 하려면 이미 옳다고 믿는 전제를 검토하고, 종종 뛰어넘어야 한다. 실용적 사고를 하려면, 머리로 아는 지식을 여러 상황에서 활용해야 한다. 지혜롭게 행동하려면 자기 기술을 활용하고, 공동선을 이루려는 윤리적 뜻을 품어야 한다.

탐욕 때문에 지금 이 꼴이 났다는 말을 자주 한다. 지금과 같은 경제위기는 탐욕과 확실히 얽혀 있다. 그러나 한 걸음 물러나 차분하게 물어봐야 한다. 탐욕스런 문화가 어떻게 생겨났으며, 우리 문화는 어떻게 지금까지 탐욕스러울 수 있었을까? 월스트리트의 큰손들이 어떻게 미국 전체를, 수많은 국가를 이 깊숙한 구렁텅이로 몰아

넣을 수 있었을까? 큰손들은 미국 최고의 대학과, 최고의 비즈니스 스쿨을 나왔지만, 무시무시한 짓을 저지르고 말았다. 서브프라임 모기지 시장에서 만들어진 합성증권(여러 증권을 묶어놓은 증권)은 붕괴하기 쉽다는 것을 왜 소수만 인지했을까? 월스트리트의 큰손이 탐욕스러워서 이렇게 되었다고 말할 수 있다. 그러나 여기서 한 걸음 더 나아가야 한다. 지혜로운 사람은 공동선을 인지하고 스스로 행동하면서 공동선을 이룬다. 돈을 가장 많이 벌었던 사람 가운데 지금 직업이 없는 사람도 많다. 그들은 실업자가 될 거라고 예상하지 않았을 것이다.

우리가 닫힌 교육체계를 만들어 버렸다는 것이 문제다. 우리는 분석 기술과 기억력 기반 기술을 가진 사람을 뽑아서 가르치면서, 이런 기술을 잘 발휘하는 학생에게 상을 주었다. 그리고 다른 기술에 주목하지 않았다. 특히 창의적, 실용적, 지혜 기반의 기술을 못 본 체했다. 닫힌 교육체계는 초등학교부터 작동하며, 학생낙오방지법No Child Left Behild으로 더욱 단단히 굳어졌다. 가끔만 재미있는 지식과, 인지과정을 검사하는 시험이 이 법을 통해 교육체제를 지배하게 되었다. 물론 지식과 인지과정이 중요하지 않은 건 아니지만, 이것을 읽어내는 법을 아는 것도 확실히 중요하다. 삼각형 면적을 구하는 법을 알거나, 상식 수준의 역사를 아는 것도 유익하다. 하지만 빠르게 변화하는 세상에서 이런 수준의 지식으로 제대로 적응할 수 없다. 학생은 성숙한 세계 시민이 되겠지만, 엄청난 난제가 그들을 기다린다. 우리는 이 난제를 다룰 수 있는 정신을 개발하려 한다.

그런데 우리가 교육을 통해 일부 능력만 검사한다면, 그런 정신이 나타날 거라고 기대할 수 있겠는가?

현 학교제도에서는 나쁜 사람에게 상을 주고, 그들의 나쁜 기술을 개발하도록 도와줄 수도 있다. 우리는 교육하면서 이런 위험을 감수하고 있다. 우리는 학업에 중요한 기술을 기준으로 학생들을 대학에 입학시킨다. 그러나 학업에 필요한 기술은 직업 성공에 필요한 기술의 부분일 뿐이다. 내 삶이 나의 주장을 뒷받침하는 것 같다. 나는 나중에 심리학을 전공과목으로 정했는데, 입문 과목에서 고작 C학점밖에 못 받았다. 그런데 내가 암기하지 못한 심리학 지식이, 내가 나중에 예일대학교의 교수가 되고, 터프츠대학교의 학장이 되고, 미국심리학회 회장이 되는 데 정말 필요했을까? 지식을 쌓는 것도 중요하다. 하지만 쌓인 지식을 가지고 세상을 좋게 바꾸는 법을 배우는 것이 더 중요하다.

그래서 나는 이 책에서 학생을 선발하고 교육하는 방식을 어떻게 바꿔야 하는지 말했다. 우리는 직장과 사생활에서 부딪히게 될 문제를 잘 다루도록 하기 위해 학생을 준비시키려고 교육을 한다. 나는 이 책에서 SAT, ACT, LSAT 같은 국가표준시험의 논리를 넘어서려 했다. 국가표준시험들은 우리 사회에 뿌리내리면서 분석력이 좋은 사람은 보상을 받았다. 하지만 이들은 미국경제와 세계경제까지 망쳐 버렸다. 우리는 이런 모습에서 벗어날 수 있다. 나는 타당성이 입증된 방법을 이 책에서 제안했다. 우리는 이 방법으로 다시 시작할 수 있을 것이다.

입시가 바뀌면 인재가 보인다

나는 교수로 활동하면서 다음 사실을 발견했다. 교육을 조사하고 연구할 때, 아이디어 단계에서 실행 단계로 넘어가는 것이 극히 어렵다. 예를 들어, 교육을 하면서 세 발 앞으로 나갔다고 해보자. 나중에 세 발, 네 발 뒤로 물러나거나, 삐딱하게 두 발 나갈 수도 있다. 장해물은 분명히 있다. 우리가 지금 사용하는 시험에 사람들이 엄청나게 투자했다. 이 시험은 지난 수백 년간 거의 변하지 않았다. 입학 사정관도 시험이 편하다. 검정회사는 이 시험으로 돈을 번다. 우수반 아이들은 이런 시험에 대체로 강하다. 우수반 아이들의 부모들은 학교에서 평지풍파를 일으키지 않는다. 하지만 낮은 성적을 받은 아이의 부모는 학교에서 힘이 없기 때문에 그들의 말에 귀를 기울이는 사람이 거의 없다. 이 부모들은 평지풍파를 일으킬 수도 없다. 인지 기술을 검사하는 전통적 표준화 시험은 대학과 사회생활에서 이루는 성공을 적당히 예측한다는 증거는 상당히 많다. 더구나 내가 이 책에서 새로 제안한 평가방법도 만병통치약은 아니다. 시험만으로 세상을 뒤집을 수 없다. 우리가 어떤 종류의 시험을 도입하든 다른 사람을 이용해 먹는 방법을 찾아서 자기 이익을 증진시키는 사람들이 있기 때문이다.

이런 사실은 무엇을 말할까? 시험 관련 제도에서 찾아낸 증거를 고려할 때 나는 정말 이렇게 말하고 싶다. 성공지능이론을 확장하면 제도를 개선할 방법을 찾을 수 있다. 확장된 성공지능이론을 통해 대학은 학생의 면면을 제대로 알아볼 수 있다. 바로 창의적, 실용적, 지혜 기반의 능력을 발휘하여 대학과 세상을 더 나은 곳으로 만들 학생을 선발할 수 있다. 터프츠대학교에서 컬라이더스코프 프로그램이 성공한 것을 보고 다른 대학도 이 프로그램을 받아들이기로 결정한다면, 정말 좋겠다. 우리는 컬라이더스코프 프로그램을 통해 새로운 자료를 내놓은 것이다. 내 소망이 이뤄질까? 아직 두고 볼 문제이다.

몇 년 전에 심리학자들이 나를 찾아왔다. 그들은 내게 미국심리학회 회장으로 출마하라고 권했다. 나는 거절했다. 심리학회를 이끌 만한 지도력이 없다고 믿었기 때문이다. 하지만 사명감은 있었다. 다양하게, 때때로 쪼개졌던 조직을 하나로 묶는 일은 나에게 소중했다. 그래서 나는 무리한 결심을 하고 말았다. 적어도 그때는 무리하게 느껴졌다. 나는 후보자처럼 행동했다. 원래 선거는 역할극임을 다 알았기 때문이다. 그래서 나는 선거운동 기장과 선거문구를 만들 수 있었다. 악수도 하고, 칭찬도 많이 했다. 과거에는 도무지 상상할 수 없는 일이었다. 신선한 도전이자 새로운 놀이였다. 하지만 몇 달 동안 난 역할극을 한다는 것을 잊은 채 심리적으로 정말 후보자가 되어 버렸다. 출마하기로 결정하자 나머지 문제가 말끔하게 정리되어 버렸다. 대체로 우리는 자신이 어떤 역할을 맡을지, 어떤 사람이 되고 싶은지 결정할 힘을 가지고 있다. 대학도 학생에게 용기를 심어줄 필요가 있다. 즉, 자신이 원하는 존재가 될 수 있음을 믿으라고 용기를 줘야 한다. 성공지능 개념은 이런 용기를 주는 한 가지 방법이다.

프랭크 리치Frank Rich는 "가장 똑똑한 녀석이 늘 최고는 아니다."라

입시가 바뀌면 인재가 보인다

는 신문사설을 썼다. 이 제목은 데이빗 헬버스탬David Halberstam의 『The Best and The Brightest』[1]에서 착안한 것이다. 대단히 똑똑한 사람이 어떻게 지위와 국가까지도 위태롭게 하는지 리치는 다시 강조한다. 예를 들어, 로버트 맥나마라Robert McNamara와 맥조지 번디McGeorge Bundy 는 천재였지만, 베트남을 엉망으로 만들어 놓았다. 하버드대학교 역사상 가장 어린 학장이었던 번디는 자신을 구원하지 못했다. 한 때 탁월했던 도널드 럼스펠드Donald Rumsfeld도 이라크전에서 악명 높은 전쟁을 만들어내는데 기여했다. 뉴욕타임스는 탁월한 경제학자인 로렌스 서머스Lawrence Summers의 등장과 몰락, 재등장을 논평한 기사를 냈는데, 전 하버드대학교 총장이었던 서머스는 때때로 다수 하버드 구성원의 의견을 거스르면서 공적 의견을 내기도 했다.[2] 버나드 매도프Bernard Madoff도 매우 똑똑했지만, 뛰어난 지능을 이용하여 금융 역사상 가장 거대한 폰지사기를 치고 말았다.[3]

단일한 대학입시안이 없다는 것이 미국의 위대한 장점이 아닌가. 이렇게 말할 분도 있을 것이다. 어떤 대학에 들어가지 못했지만 운이 따라 준다면 다른 대학에 들어갈 수 있다. 명문교일수록 입학과정은 비슷하다. 그러나 이런 학교일지라도 똑같은 지원자를 두고 자주 다르게 결정한다. 따라서 고등학교 성적이 적당히 좋은 학생이라면, 지원 가능한 대학을 여러 곳 고른다. 지금까지 말한 내용은 모두 사실이다. 그러나 현재 제도가 많은 학생에게 이득이 된다고 해서 위험이 적은 것은 아니다. 현재 제도가 제대로 알아보지 못한 재능과 능력을 가진 사람들이 나중에 발명가가 될지 모른다. 그리고 지역사회 지도자가 될 수 있다. 예술과 음악, 사업, 과학에서 신선한 생각을 만들어내는 사람이 될 수도 있다. 물론 우리가 그들의 잠재력을 알아보고 그들이 통달해야 할 교육을 그들에게 제공해야만, 성공할 수 있을 것이다.

나는 '똑똑하다'라는 말이 너무 좁게 사용되었다고 이미 지적했다. 빛나는 학력을 가진 사람도 반드시 지혜롭고, 창의적이고, 실용적이지는 않다. 물론 학력이 좋은 사람은 자주 장점을 활용한다. 하지만 그가 결국 단점을 온전히 이해하지 못한 단점을 교정하거나 보상할 방법을 찾지 못한다면, 그는 자기 자신이 가장 무서운 적임을 깨닫게 될지 모른다.

능력은 변할 수 있으며 고정돼 있지 않다는 것이 이 책의 주제이다. 미국심리학회 회장에 출마하기로 결정했을 때, 나는 나 자신을 바꾸기로 결심했다. 후보로 출마하면 한동안 후보 행세를 해야 한다. 학생도 대학교에 입학하면 대학생 행세를 한다. 대학생이란 새로운 역할은 신입생에게 불편하다. 그러나 이런 불편함은 학부생이라면 겪게 마련이다. 대학교육의 목적은 바로 개인을 바꾸는 것이다. 다시 말해 늦은 밤 기숙사에서 대화하면서 얻은 지식이든, 강의실에서 얻은 지식이든, 지식으로 자신을 새롭게 만들도록 학생에게 동기를 부여하는 것이 대학교육의 목적이다.

우리는 새로운 역할에 맞추면서 산다. 이것이 삶이다. 젊은이가 창의적으로, 분석적으로, 실용적으로, 지혜롭게 사고할 수 있다면, 그는 결실을 맺을 수 있는 대학생활을 하고, 성인이 되어서도 변화

입시가 바뀌면 인재가 보인다

에 잘 대처할 것이다. 직업이 바뀌든 자기 가족을 만들거나 다른 공동체를 만들든 잘 헤쳐 나갈 것이다. 대학은 학생이 이런 기술을 얼마나 잘 개발할지 예측하면서 학생을 선발해야 한다. 이런 학생이 졸업 후에도 성공할 가능성이 크기 때문이다.

불완전한 인간 모형이 대학입시제도를 수백 년간 떠받쳤다. 그동안 이 모형은 사회경제적 지위와 기억 기반의 분석력, 한 사람이 속하게 되는 특정한 집단(들), 다른 유사한 요인을 강조했다. 이제 생각을 넓게 할 때가 왔다. 우리는 공적을 보고 학생을 입학시켜야 한다. 그리고 공적의 범위를 넓혀야 한다. 기억과 분석력을 고려하면서 창조적 기술과 실용적 기술, 지혜 기반의 기술, 윤리적 행위능력까지 고려하여 학생을 입학시켜야 한다. 학생이 입학한 후에도 우리는 창조적, 실용적, 지혜 기반의 기술을 고려하면서 가르치고 평가해야 한다.

능력을 폭넓게 고려하는 이론 모형을 제안한 사람은 꽤 있다. 하워드 가드너Howard Gardner와 조셉 렌줄리Joseph Renzulli, 스티브 세시Stephen Ceci 등이 이런 모형을 제안했다.[4] 이들이 제안한 모형은 초기 모형을 더 나은 모형으로 만들려고 하는데, 이들의 모형도 더 나은 모형으로 대체될 것이다. 내가 제안한 인간 능력 모형은 비교적 새로우며, 입학과 교수, 평가의 기초로 사용될 수 있다. 지금까지 나는 이런 주장을 한 것이다. 하지만 폭넓은 대안 모형이 나의 모형을 대체하고 널리 사용된다 해도 여전히 기쁠 것이다. 우리가 몸담고 있는 제도는 낡았고 특정 영역에서만 성공했다. 우리 아이들과 아이들이 다닐 대학은 이런 제도보다 더 나은 제도를 갖추어야 한다. 참여하는 개인과 개인이 참여하는 기관을 위해 궁극적으로 세계의 선을 위해 일할 미래 지도자를 알아보고, 발굴하고, 키우려면, 대학은 21세기의 과학을 사용해야 한다. 바로 그때가 왔다.

입시가 바뀌면 인재가 보인다

컬라이더스코프 질문 : 2011~2014년

아래 수록한 질문은 2007년부터 터프츠대학교 학부입시에서 사용되었다. 지원자는 문제를 하나 골라서 답할 수 있다. 하지만 지원자가 반드시 문제를 골라 답해야 하는 것은 아니다. 우리는 학생의 답변을 보고, 학생이 가지고 있는 분석적, 창의적, 실용적, 지혜-기반의 기술을 평가했다. 물론 다른 기술이나 능력도 평가에 반영할 수 있다. 우리는 추가 정보를 얻으려고 이 질문들을 사용했다. 우리는 추가 정보를 불합격 이유로 사용하지 않았다. 우리는 이 정보를 합격을 위해 사용했다. 다시 말해 학생의 답변이 훌륭하다면 합격을 결정할 때 긍정적으로 고려했다. 학생의 답변이 훌륭하지 않더라도 우리는 이것을 부정적 요인으로 생각하지 않았다. 입학 사정관은 다른 모든 사항을 두루 검토하면서 학생의 답변을 평가했다.

　대체로 학생의 답변이 분석적이고, 논리적이고, 균형 잡혀 있고, 조리에 맞으면, 분석 기술이 있다고 말할 수 있다. 학생의 답변이 신선하고, 강렬하고, 과제에 적합하면, 상당한 창의적 기술이 있다고 말할 수 있다. 학생의 답변이 때와 장소, 사람과 자원을 고려할 때 실행될 수 있다면, 이것은 학생이 가진 실용적 기술을 가리킨다.

학생의 답변이 공동선을 지향하는 윤리가치를 받아들이면서 자기 이익과 남의 이익, 자기를 넘어선 이익을 장단기적으로 조화시킨다면, 이것은 수준 높은 지혜 기반의 기술을 가리킨다.

2011년

터프츠대학교는 다음 세기에 부딪힐 지적·사회적 도전을 고심할 지도자를 기르는 일에 헌신하고 있다. 성공하는 지도력을 이루는 네 가지 요소는 비판적 사고와 창의력, 실용적 능력, 지혜이다. 당신은 다음 주제를 통해 당신의 여러 지도력을 보여줄 수 있다. 다음 글쓰기 주제 가운데 하나를 골라 250~400자 글을 써 보아라.

1. 작고한 학자인 제임스 O. 프리드먼James O. Freedman은 "우리 자신을 이해하기 위한 항해를 떠나려면 도서관이란 항구에서 출발해야 한다."고 말했다. 당신에게 개인 도서관이 있다면, 당신은 어떤 소설과 비소설을 구비할 생각인가? 당신은 왜 그 책들을 구비하려고 하는가?

2. '호기심이 위험을 부른다'는 미국 속담이 있다. 이 말이 맞으면 우리는 갈릴레오와 링컨, 간디 같은 인물을 왜 칭송할까? 그들은 오래된 문제를 새롭게 상상해 보거나, 더 나은 결과를 얻으려고 기존의 생각에 반항했다.

3. 역사상 위대한 사건은 사소한 일에서 자주 시작된다. 로자 파크스가 버스에서 자리를 양보했다면 어떻게 되었을까? 교황

입시가 바뀌면 인재가 보인다

요한 바오로 1세가 1978년이 되고 한 달이 지난 후에 직무실에서 죽지 않았다면 어떻게 되었을까? 고어가 부시를 플로리다에서 이기고 2000년 미국 대선에서 승리했다면 어떻게 되었을까? 미국이나 세계사 지식을 참고하여 결정적 사건을 하나 고르고, 그 사건이 다르게 전개되었다면 어떻게 되었을지 역사 시나리오를 써 보아라.

4. 다음 주제를 사용하여 단편소설을 쓰시오.

   a. MTV의 종말

   b. 다른 아이를 괴롭히는 중학생의 고백

   c. 사라진 교수

   d. 신비스런 실험실

5. 과감히 모험을 하여 기대하지 않은 결과를 얻은 경험을 기술해 보아라. 당신의 말을 듣도록 다른 사람을 어떻게 설득했는가? 이 경험에서 당신은 무엇을 배웠는가? 공부하면서, 교과외활동을 하면서, 운동을 하면서 겪은 일을 되돌아보아도 된다.

6. 고등학교 교과과정이 자유롭게 지성을 사용하는 데 늘 도움을 주는 것은 아니다. 지적 열정을 충분히 표현하지 못한 일이 있었다면 그것을 기술해 보아라. 당신의 지적 관심을 활용하여 공동선에 기여하고 사회를 바꿀 수 있는 방법이 있는가?

7. 21×27cm 크기의 종이에 광고를 만들어 보아라. 영화와 집 디자인, 제품 업그레이드 광고를 만들어 보아라. 아니면 당신이 주제를 정해서 광고를 만들어 보아라.

2012년

터프츠대학교는 새로운 세기에 알맞은 지적이고 사회적 도전을 진지하게 고려하는 지도를 양성한다. 성공하는 지도력을 이루는 네 가지 요소는 비판적 사고와 창의력, 실용적 능력, 지혜이다. 당신은 다음 주제를 통해 이런 능력을 보여줄 수 있다. 다음 주제 가운데 하나를 골라 250~400자 글을 써 보아라.

1. 『The Happy Life』에서 찰스 엘리엇Charles Eliot은 책을 이렇게 정의했다. "가장 조용하고, 늘 변함없는 친구…… 가장 현명하고 쉽게 만날 수 있는 상담가이며 가장 끈기 있는 교사이다." 당신의 삶의 방식이나 세상을 보는 방식을 바꾸어 버린 책이 있는가? 그 책을 읽고 당신이 바뀐 이유는 무엇인가?

2. '훌륭한 상상력과 무수한 실패작'이 있어야 발명할 수 있다고 에디슨은 믿었다. 어떤 것이 당신을 독창적으로 사고하게 만드는가? 공동선에 기여하고 사회를 바꾸려면, 당신의 독창성을 어떻게 활용해야 할까?

3. 사람들이 하는 이야기에는 흥미로운 인물이 늘 나타난다. 미국에는 조니 애플시드Johnny Appleseed가 있고, 고대 그리스에는 페르세우스가 있으며, 동아시아에는 여우의 마음이 있다. 이야기 속 인물을 하나 골라서, 그 인물이 지금 이 세계에서 돌아다닌다고 상상해 보아라. 에릭 더 레드는 왜 사무직에 종사했나? 시바 신이 장군이나 외교관이 된다면? 케찰코아틀(고대 아즈텍

입시가 바뀌면 인재가 보인다

족의 주신)이 생포되어 동물원에 전시된다면? 요컨대, 당신이
선택한 인물을 현대세계에 집어넣어 그가/그것이 어떻게 살지
상상해 보아라.

4. 천문학자인 에드윈 포웰 허블^{Edwin Powell Hubble} 같은 공학자와 과
학자는 현대의 논쟁거리에 대해 새로운 답을 발견하려 한다.
허블은 이렇게 말했다. "오감을 갖춘 인간은 우주를 탐색하며,
이런 모험을 과학이라 부른다." 당신이 아는 과학원리를 이용
하여 당신이 공부하고 싶은 과학에서 무엇이 '모험'인지 정의
해 보아라. 당신이 이 모험을 어떻게 이끌어 갈지 말해 보아라.
당신은 어떤 답을 찾고 싶은가? 그리고 왜 그런 답을 찾고 싶
은가?

5. 다음 주제를 이용하여 단편 소설을 써 보아라.

   a. 편도

   b. '밀지 마시오'

   c. 고릴라나 게릴라?

   d. 토스트

   e. 스쿨버스의 뒷좌석

6. 사람들은 매일 결정한다. 그런데 이 결정은 사람들을 편안한
자리에서 밀어내 버린다. 당신이 어떤 결정을 했다면, 당신은
다른 나라로 가거나, 거주지에서 멀리 떨어진 학교를 다니느
라 이웃 친구를 포기해야 할지 모른다. 당신의 정치관과 사회
관, 문화관은 당신의 학교와 가족, 지역이 공유하는 관점과 다

를 수 있다. 당신이나 타인을 위해서 더 나은 생각을 만들어내야겠다는 용기를 당신은 어디서 얻었는가? 당신이 열심히 믿는 것을 위해 기꺼이 발언하려는 마음이 어떻게 생겼는가? 당신을 반대하는 세력이 있을 때 왜 당신은 그것을 버려냈는가?

7. 21×27cm 크기의 종이를 준비하라. 미래에 살 집의 청사진을 이 종이에 그려 보아라. 혹은 종이를 이용하여 다음과 같은 활동을 해도 된다. 신상품을 제작하거나, 옷이나 무대를 설계하거나, 음악작품을 만들어 보아라. 아니면 어떤 것을 완전히 다르게 해 보아라. 상상력을 마음껏 풀어 보아라.

8. 고등학교 교과과정은 상당히 많은 부분에서 지적 자유를 제한한다. 당신의 대학생활을 마음속으로 그려보면서, 당신이 품은 열정 가운데 좌절된 것을 기술해 보아라. 그 주제가 왜 당신에게 흥미로운가?

2013년

터프츠대학교가 양성하려는 지도자는 새로운 세기가 제시하는 지적, 사회적 도전을 심각하게 고민한다. 성공하는 지도력을 이루는 네 가지 요소는 비판적 사고와 창의력, 실용적 능력, 지혜이다. 당신은 아래 주제를 이용하여 네 가지 요소를 보여줄 수 있다. 다음 주제 가운데 하나를 골라 250~400자 글을 써 보아라. (아래 과제는 절대 필수가 아니다!)

입시가 바뀌면 인재가 보인다

1. 1920년대에 무성영화가 처음으로 스크린에서 반짝거린 후, 영화라는 매체는 영감과 흥분, 즐거움을 주고 교육시켰다. 영화가 끝나고 자막이 모두 올라가고 난 후에도 영화의 메시지나 영상이 기억에 남는 영화를 생각해 보라. 그 영화는 어떻게 당신의 상상력을 사로잡았고, 어떻게 당신 의식에 영향을 줬는가?

2. 천문학자인 에드윈 포웰 허블Edwin Powell Hubble 같은 공학자와 과학자는 현대의 논쟁거리에 대해 새로운 답을 발견하려 한다. 허블은 이렇게 말했다. "오감을 갖춘 인간은 우주를 탐색하며, 이런 모험을 과학이라 부른다." 당신이 아는 과학원리를 이용하여 당신이 공부하고 싶은 과학에서 무엇이 '모험'인지 정의해 보아라. 당신이 이 모험을 어떻게 이끌어 갈지 말해 보아라. 당신은 어떤 답을 찾고 싶은가? 그리고 왜 그런 답을 찾고 싶은가?

3. 2009년 1월 20일에 미합중국의 44대 대통령이 취임할 것이다. 2008년 미국 대통령 예비선거가 미래 사건을 가리키는 지표라면, 젊은 유권자는 대통령 선거에서 상당한 영향력을 발휘할 것이다. 선거에서 당선된 새로운 대통령에게 공개편지를 써 보아라. 새로운 행정부가 들어선 후, 첫 100일간 이 행정부가 어떤 문제를 진지하게 다뤘으면 좋겠는가? 이것은 당신에게 왜 중요한가?

4. 사람들이 하는 이야기에는 흥미로운 인물이 늘 나타난다. 미국

에는 조니 애플시드Johnny Appelseed가 있고, 고대 그리스에는 페르세우스가 있으며, 동아시아에는 여우의 마음이 있다. 이야기 속 인물을 하나 골라서, 그 인물이 지금 이 세계에서 돌아다닌다고 상상해 보아라. 에릭 더 레드는 왜 사무직에 종사했나? 시바 신이 장군이나 외교관이 된다면? 케찰코아틀(고대 아즈텍족의 주신)이 생포되어 동물원에 전시된다면? 요컨대, 당신이 선택한 인물을 현대세계에 집어넣어 그가/그것이 어떻게 살지 상상해 보아라.

5. 사람들은 매일 어려움에 부딪힌다. 그런데 이 결정은 사람들을 편안한 자리에서 밀어내 버린다. 당신이 어떤 결정을 했다면 당신은 다른 나라로 가거나, 거주지에서 멀리 떨어진 학교를 다니느라 이웃 친구를 포기해야 할지 모른다. 당신의 정치관과 사회관, 문화관은 당신의 학교와 가족, 지역이 공유하는 관점과 다를 수 있다. 당신이나 타인을 위해서 더 나은 생각을 만들어내야겠다는 용기를 당신은 어디서 얻었는가? 당신이 열심히 믿는 것을 위해 기꺼이 발언했는가? 당신을 반대하는 세력이 있을 때, 어떻게 당신은 그것을 버텨냈는가?

6. 21×27cm 크기의 종이를 준비하라. 미래에 살 집의 청사진을 이 종이에 그려 보아라. 혹은 종이를 이용하여 다음과 같은 활동을 해도 된다. 신상품을 제작하거나, 옷이나 무대를 설계하거나, 음악작품을 만들어 보아라. 아니면 어떤 것을 완전히 다르게 해 보아라. 상상력을 마음껏 풀어 보아라.

7. 다음 주제를 이용하여 단편 소설을 써 보아라.

  a. 스팸 필터

  b. 17분 전에……

  c. 두 사람씩

  d. 페이스북

  e. 이제 이것이 문제로다…….

  f. 휘핑크림 없는, 카페인이 조금 들어간 라떼

  g. 11번째 계명

2014년

터프츠대학교가 양성하려는 지도자는 새로운 세기가 제시하는 지적, 사회적 도전을 심각하게 고민한다. 성공하는 지도력을 이루는 네 가지 요소는 비판적 사고와 창의력, 실용적 능력, 지혜이다. 당신은 아래 주제를 이용하여 네 가지 요소를 보여줄 수 있다. 다음 주제 가운데 하나를 골라 250~400자 글을 써 보아라. (아래 과제는 절대 필수가 아니다!)

1. 1781년에 영국이 요크타운에서 미국 식민지를 이겨 버렸다고 하자. 우리가 아는 미합중국이 없는 역사를 상상해 보아라.

2. 우리밖에 없는가?

3. 프랑스 인류학자인 끌로드 레비 스트로스Claude Lévi-Strauss는 이렇게 말했다. "과학자는 정답을 주는 사람이 아니다. 오히려 과

학자는 올바른 질문을 하는 사람이다." 과학원리나 수학원리를 사용하여 당신이 알고자 하는 답을 겨냥하는 질문을 찾아내고, 그 질문에 대한 답을 어떻게 알아낼지 말해 보아라.

4. 개구리 커미트의 한탄은 유명하다. "파란 개구리가 되기도 힘들다." 당신도 동의하는가?

5. OMG, LOL……, 문자보내기와 휴대전화, 블로그, 트위터는 우리의 소통방식을 다시 정의하고 있다. 페이스북은 새로운 매체문화이다. 종이신문은 죽어 가고 있다. 엄지손가락이 혀를 대체하고 있다. 인간이 자신을 표현하는 방식이 이렇게 바뀔 때, 사회적 상호작용과 대화를 제한할까, 아니면 더 증진시킬까? 왜 이런 일이 일어날까?

6. a. 21×27cm 크기의 종이를 준비하라. 미래에 살 집의 청사진을 이 종이에 그려 보아라. 혹은 종이를 이용하여 다음과 같은 활동을 해도 된다. 신상품을 제작하거나, 옷이나 무대를 설계하거나, 음악작품을 만들어 보아라. 아니면 어떤 것을 완전히 다르게 해보아라. 상상력을 마음껏 풀어 보아라.

b. 당신을 표현하는 1분짜리 동영상을 만들어 배포해 보아라. 이 동영상을 쉽게 접속할 수 있는 웹사이트나 유튜브에 올리고, 사이트 주소를 적어라.

7. 다음 주제를 이용하여 단편 소설을 써 보아라.

a. 카드로 만든 집

b. 스포츠에 지나치게 집착하는 사람

입시가 바뀌면 인재가 보인다

c. 무도회 연속극

d. 2044년 대선의 밤

e. 도주

8. 사람들은 매일 어려움에 부딪힌다. 그런데 이 결정은 사람들을 편안한 자리에서 밀어내 버린다. 당신이 어떤 결정을 했다면 당신은 다른 나라로 가거나, 거주지에서 멀리 떨어진 학교를 다니느라 이웃 친구를 포기해야 할지 모른다. 당신의 정치관과 사회관, 문화관은 당신의 학교와 가족, 지역이 공유하는 관점과 다를 수 있다. 당신이나 타인을 위해서 더 나은 생각을 만들어내야겠다는 용기를 당신은 어디서 얻었는가? 당신이 열심히 믿는 것을 위해 당신은 기꺼이 발언했는가? 당신을 반대하는 세력이 있을 때, 어떻게 당신은 그것을 버텨냈는가?

참고문헌

1. 대학입시와 시험

1. Timeline of the Tyco International Scandal (2005), http://www. usatoday.com/money/industries/manufacturing/2005-06-17-tycotimeline_x.htm (retrieved June 5, 2008).

2. F.L.Schmidt and J.E. Hunter, 'The Validity and Utility of Selection Methods in Personnel Psychology: Practical and Theoretical Implications of Eighty-five Years of Research Findings, '*Psychological Bulletin* 124 (1998) : 262−274.

3. L. Iacocca, *Where Have All the Leader Gone?* (New York: Scribner's, 2008).

4. P.Sack, *Tearing Down the Gates : Confronting the Class Divide in American Education* (Berkeley: University of California Press, 2007)

5. R.K. Merton, 'The Matthew Effect in Science,' *Science* 159, no. 3810 (1968) : 56−63.

6. R. Zwick and J. G. Green, 'New Perspective on the Correlation of SAT Scores, High School Grades, and Socioeconomic Factors,' *Journal of Educational Measurement* 44 (2007) : 23−45.

7. D. Byrne, *The Attraction Paradigm* (New York : Academic Press, 1971).

8. C.M. Steele and J. Aronson, 'Stereotype Threat and the Intellectual Test Performance of African-American,' *Journal of Personality and Social Psychology* 69 (1995) : 797−811.

9. M.C. Frey and D. K. Detterman, 'Scholastic Assessment or g? The

Relationship between the Scholastic Assessment Test and General Cognitive Ability,' *Psychological Science* 15 (2004) : 373–378.

10. R.J. Sternberg and D.K. Detterman, eds., *What Is Intelligence? Contemporary Viewpoints on Its Nature and Definition* (Norwood, N.J. : Ablex, 1986).

11. K.W. Arensen, 'CUNY Plans to Raise Its Admissions Standards,' http://www.nytimes.com/2007/07/28/education/28cuny.html, 2007 (retrieved December 20, 2008). See also 'Correspondence between the Florida Multiple Assessment Programs and Services (MAPS) and the Scholastic Aptitude Tests (SAT) at Miami-Dade Community College Based on Students Who Wrote Both Tests,' Research Report no. 87–21, http://eric.ed.gov, 1987 (retrieved December 20, 2008).

12. E. Hoover, 'SAT Scores Launder Students' Background, Study Finds,' http://chronicle.com/daily/2004/06/2004060302n.htm, June 3, 2004 (retrieved December 6, 2008).

13. N. Mackintosh, *IQ and Human Intelligence*, 2d ed. (Oxford, Eng.: Oxford University Press, forthcoming).

14. R.J. Sternberg, *Successful Intelligence* (New York: Plume, 1997).

15. A. Binet and T.Simon, *The Development of Intelligence in Children*, trans. E.S. Kite (Baltimore, Md.: Williams & Wilkins, 1916).

16. R. Herrnstein and C. Murray, *The Bell Curve* (New York: Free Press, 1994).

17. 'Metro News Briefs, Connecticut: Judge Rules That Police Can Bar High IQ Scores (1999),' http://query.nytimes.com/gst/fullpage.html?res=9A06E2DB143DF93AA3575AC0A96F958260, 1999 (retrieved December 6, 2008).

18. A. R. Jensen, *The g Factor* (Westport, Conn.: Praeger, 1998). See also essays in R.J. Sternberg and E.L. Grigorenko, eds., *The General Factor*

of Intelligence : How General Is It? (Mahwah, N.J.: Lawrence Erlbaum, 2002).

19. C. Spearman, *The Abilities of Man* (New York: Macmillan, 1927).

20. H. Gardner, *Multiple Intelligence : New Horizons in Theory and Practice* (New York: Basic Books, 2006).

21. R.J. Sternberg, C. Powell, P.A. McGrane, and S. McGregor, 'Effect of a Parasitic Infection on Cognitive Functioning,' *Journal of Experimental Psychology: Applied* 3 (1997): 67−76.

2. 우리는 어떻게 현재의 입시를 선택하게 되었을까 : 대학입시의 역사

1. 'Types of Applicants,' http://bealonghorn.utexas.edu/freshmen/after-you-apply/applicant-types/index.html, 2008 (retrieved December 21, 2008).

2. See N. Lemann, *The Big Test: The Secret History of the American Meritocracy* (New York: Farrar, Straus & Giroux, 1999); J. Karabel, *The Chosen : The Hidden History of Admission and Exclusion at Harvard, Yale, and Princeton* (New York: Mariner, 2006); and D. Golden, *The Price of Admission* (New York : Crown, 2006).

3. See 'SAT Reasoning Test,' http://www.collegeboard.com/student/testing/sat/about/SATI.html, 2008 (retrieved December 7, 2008).

4. See 'The Writing Section,' http://www.collegeboard.com/student/testing/sat/about/sat/writing.html, 2008 (retrieved December 7, 2008).

5. See 'The Essay,' http://www.collegeboard.com/student/testing/sat/prep_one/essay/pracStart.html, 2008 (retrieved December 7, 2008).

6. See 'Scoring Guide,' http://www.collegeboard.com/student/testing/sat/about/sat/essay_scoring.html, 2008 (retrieved December 7, 2008).

7. See 'The ACT,' http://www.actstudent.org/, 2008 (retrieved December 7, 2008).

8. L. Okagaki and R.J. Sternberg, 'Parental Beliefs and Children's School Performance,' *Child Development* 64, no. 1 (1993): 36–56.

9. See 'The Common Application,' https://www.commonapp.org/CommonApp/default.aspx, 2008 (retrieved December 7, 2008).

10. '2008–2009 First-Year Common Application,' https://www.commonapp.org/CommonApp/Docs/downloadforms/CombineFirstYearForms2009.pdf, 2008 (retrieved December 7, 2008).

11. R.J. Sternberg, 'Cost-Benefit Analysis of the Yale Admissions Office Interview,' *College and University* 48 (1973): 154–164.

12. J. F. Gubrium and J. A. Holstein, eds., *Handbook of Interview Research: Context and Method* (Thousand Oaks, Calif.: Sage, 2001).

13. 'Halo Effect,' http://changingminds.org/explanations/theories/halo_effect.htm, 2008; and 'Halo Effect,' http://www.overcomingbias.com/2007/11/halo-effect.html, 2007 (both retrieved December 20, 2008).

3. 대안적 입시제도

1. W. G. Bowen and D. Bok, *The Shape of the River: Long-Term Consequences of Considering Race in College and University Admissions* (Princeton, N. J.: Princeton University Press, 2000); W. G. Bowen, M. A. Kurzweil, and E. M. Tobin, *Equity and Excellence in American Higher Education* (Charlottesville: University of Virginia Press, 2006).

2. T. P. Smith, 'Westchester Opinion: Why Not a College Admissions lottery,' *New York Times*, http://query.nytimes.com/gst/fullpage.htm?res=950DE6D91F3FF93BA25755C0A96F948260, 2008 (retrieved

December 6, 2008).

3. J. Karabel, 'The New College Try,' http://www.nytimes.com/2007/09/24/opinion/24karabel.htm, 2007 (retrieved July 28, 2008).

4. 지능과 성공을 다르게 바라보기

1. 'Intelligence and Its Measurement: A Symposium,' *Journal of Educational Psychology* 12 (1921): 123−147, 195−216, 271−275.

2. E. G. Boring, 'Intelligence as the Tests Test It, '*New Republic*, June 6, 1923, 35−37.

3. A. Binet and T. Simon, *The Development of Intelligence in Children*, trans. E.S. Kite (Baltimore, Md.: Williams & Wilkins, 1916); D. A. Wechsler, *The Measurement of Adult Intelligence* (Baltimore, Md.: Williams & Wilkins, 1939).

4. F. Galton, *Inquiry into Human Faculty and Its Development* (London: Macmillan, 1883).

5. M. C. Frey and D. K. Detterman, 'Scholastic Assessment or g? The Relationship between the Scholastic Assessment Test and General Cognitive Ability,' *Psychological Science* 15 (2004): 373−378.

6. C. Spearman, *The Ability of Man* (New York: Macmillan, 1927).

7. A. R. Jensen, *The g Factor* (Westport, Conn.: Praeger, 1998).

8. L. L. Thurstone, *Primary Mental Abilities* (Chicago: University of Chicago Press, 1938).

9. R. B. Cattell, *Abilities: Their Structure, Growth, and Action* (Boston : Houghton Mifflin, 1971); J. B. Carroll, *Human Cognitive Abilities: A Survey of Factor-Anayltic Studies* (New York: Cambridge University Press, 1993).

10. C. Spearman, *The Nature of 'Intelligence' and the Principles of Cognition*

입시가 바뀌면 인재가 보인다

(London: Macmillan, 1923).

11. J. W. Pellegrino and R. Glaser, 'Components of Inductive Reasoning,' and R. E. Snow, 'Aptitude Processes,' both in R. E. Snow, P. A. Federico, and W. E. Montague, eds., *Aptitude, Learning, and Instruction*, vol. 1: *Cognitive Process Analyses of Aptitude* (Hillsdale, N. J.: Lawrence Erlbaum, 1980); R. J. Sternberg, 'Components of Human Intelligence,' Cognition 15 (1983): 1–48; and R. J. Sternberg, Beyond *IQ: A Triarchic Theory of Human Intelligence* (New York: Cambridge University Press, 1985).

12. J. Piaget, *The Psychology of Intelligence* (Totowa, N.J. : Littlefield Adams, 1972).

13. M. Daneman and P. A. Carpenter, 'Individual Differences in Working Memory and Reading,' *Journal of Verbal Learning and Verbal Behavior* 19 (1980): 450–466; R. W. Engle, S. W. Tuholski, J. E. Laughlin, and A. R. A. Conway, 'Working Memory, Short-term Memory and General Fluid Intelligence : A Latent Variable Approach,' *Journal of Experimental Psychology: General* 128, no. 3 (1999): 309–331; D. Z. Hambrick, M. J. Kane, and R. Engle, 'The Role of Working Memory in Higher-level Cognition: Domain–Specific vs. Domain-General Perspectives,' in R. J. Sternberg and J. E. Pretz, eds., *Cognition and Intelligence* (New York: Cambridge University Press, 2005); P. C. Kyllonen, 'Is Working Memory Capacity Spearman's g?' in I. Dennis and P. Tapsfield, eds., *Human Abilities: Their Nature and Measurement* (Mahwah, N. J.: Erlbaum, 1996), pp. 49–75.

14. R. J. Herrnstein and C.Murray, *The Bell Curve* (New York: Free Press, 1994); Jensen, The g Factor.

15. S. Yang and R. J. Sternberg, 'Taiwanese Chinese People's Conceptions of Intelligence,' *Intelligence* 25 (1997): 21–36.

16. R. J. Sternberg, B. E. Conway, J. L. Ketron, and M. Bernstein, 'People's Conceptions of Intelligence,' *Journal of Personality and Social Psychology* 41 (1981): 37–55.

17. P. M. Ruzgis and E. L. Grigorenko, 'Cultural Meaning Systems, Intelligence and Personality,' in R. J. Sternberg and P. Ruzgis, eds., *Personality and Intelligence* (New York: Cambridge University Press, 1994), pp. 248–270.

18. R. Serpell, 'Aspects of Intelligence in a Developing Country,' *African Social Research* 17 (1974): 576–596.

19. C. M. Super and S. Harkness, 'The Developmental Niche: A Conceptualization at the Interface of Child and Culture,' *International Journal of Behavioral Development* 9 (1986): 545–569; C. M. Super and S. Harkness, 'The Developmental Niche: A Conceptualization at the Interface of Child and Culture,' in R. A. Pierce and M. A. Black, eds., *Life-Span Development: A Diversity Reader* (Dubuque, Iowa: Kendall/Hunt, 1993), pp. 61–77.

20. P. Dasen, 'The Cross-Cultural Study of Intelligence : Piaget and the Baoule,' *International Journal of Psychology* 19 (1984): 407–434. 비교 문화적 지능개념에서 언어 차이와 개념차이를 분리하는 것은 어렵다. 우리가 조사해 보니, 우리는 언어 차이와 개념 차이를 분리하려고 무언가를 수렴시킨다. 다시 말해, 우리가 이 문제에 접근할 때, 우리는 다양한 방식으로 접근하면서도 중첩되는 방식으로 접근하기도 한다. 따라서 처음에 우리는 사람들에게 실력의 여러 측면을 식별해 보라고 요구할 수 있다. 그리고 나서 실력 있는 사람을 식별해 보라고 사람들에게 요구할 수 있다. 세 번째에는, '지능'의 뜻을 규정해 보라고 사람들에게 요구할 수 있다. 이렇게 계속 나갈 수 있다.

21. E. L. Grigorenko, P. W. Geissler, R. Prince, F. Okatcha, C. Nokes, D. A. Kenny, D. A. Bundy, and R. J. Sternberg, 'The Organization of

Luo Conceptions Intelligence: A Study of Implicit Theories in Kenyan Village,' *International Journal of Behavioral Development* 25, no.4 (2001): 367–378. See also R.J. Sternberg, 'Culture and Intelligence,' American Psychologist 59, no. 5 (2004): 325–338.

22. L. Okagaki and R. J. Sternberg, 'Parental Beliefs and Children's School Performance,' *Child Development* 64, no. 1 (1993) : 36–56.

23. R. J. Sternberg, 'The Thoery of Successful Intelligence,' *Review of General Psychology* 3 (1999): 292–316; R. J. Sternberg, 'The Thoery of Successful Intelligence,' *International Journal of Psychology* 39, no. 2 (2005): 189–202; R. J. Sternberg, 'Wisdom, Intelligence, and Creativity Synthesized,' *School Administrator* 66, no. 2 (2009): 10–14; R. J. Sternberg, 'Assessment of Gifted Students for Identification Purposes : New Techniques for a New Millennium,' *in Learning and Individual Differences* (forthcoming).

24. Sternberg, Beyond IQ.

25. M. Polanyi, *The Tacit Dimensions* (Garden City, N. Y.: Doubleday, 1966).

26. R. J. Sternberg, K. Nokes, P. W. Geissler, R. Prince, F. Okatcha, D. A. Bundy, and E. L. Grigorenko, 'The Relationship between Academic and Practical Intelligence: A Case Study in Kenya,' *Intelligence* 29 (2001): 401–418.

27. E. L. Grigorenko, E. Meier, J. Lipka, G. Mohatt, E. Yanez, and R. J. Sternberg, 'Academic and Practical Intelligence: A Case of the Yup'ik in Alaska,' *Learning and Individual Differences* 14 (2004): 183–207.

28. J. P. Guilford, 'The Structure of Intellect,' *Psychological Bulletin* 53 (1956): 267–293; L. L. Thurstone, *Primary Mental Abilities* (Chicago: University of Chicago Press, 1938).

29. D.A. Wagner, 'Memories of Morocco,' *Cognitive Psychology* 10 (1978):

1−18.

30. J. M. Kearins, 'Visual Spatial Memory in Australian Aboriginal Children of Desert Regions,' *Cognitive Psychology* 13 (1981): 434−460.

31. R. J. Sternberg and W. M. Williams, 'Does the Graduate Record Examination Predict Meaningful Success in the Graduate Training of Psychologists? A Case Study,' *American Psychologist* 52 (1997): 630−641.

32. R. J. Sternberg and W. M. Williams, *How to Develop Student Creativity* (Alexandria, Va.: Association for Supervision and Curriculum Development, 1996); R. J. Sternberg, L. Jarvin, and E. L. Grigorenko, *Teaching for Intelligence, Creativity, and Wisdom* (Thousand Oaks, Calif.: Corwin, 2009).

33. R. J. Sternberg, *Wisdom, Intelligence, and Creativity Synthesized* (New York: Cambridge University Press, 2003); R. J. Sternberg, A. Reznitskaya, and L. Jarvin, 'Teaching for Wisdom: What Matters Is Not Just What Students Know, But How They Use It,' *London Review of Education* 5, no. 2 (2007): 143−158.

34. R. J. Sternberg, 'A Balance Theory of Wisdom,' *Review of General Psychology* 2 (1998): 347−365.

35. B. Latané and J. M. Darley, *Unresponsive Bystander: Why Doesn't He Help?* (Englewood Cliffs, N. J.: Prentice-Hall, 1970).

36. R. J. Sternberg, 'Reflections on Ethical Leadership,' in D. Ambrose and T. L. Cross, eds., *Morality, Ethics, and Gifted Minds* (New York: Springer, 2009), pp. 19−28.

37. T. Atlas, 'The Cost of Corruption,' *U. S. News and World Report*, June 9, 2008, pp. 8−9.

38. S. McClellan, *What Happened: Inside the Bush White House and Washington's Culture of Deception* (New York: PublicAffairs, 2008).

입시가 바뀌면 인재가 보인다

39. 'Senator Faces List of Assault Allegations,' http://www.boston.com/ news/local/massachusetts/articles/2008/06/05/senator_faces_list_of_ assault_allegations/, 2008 (retrieved June 5, 2008).

40. R. J. Sternberg and E. L. Grigorenko, 'Practical Intelligence and Its Development,' in R. Bar-On and J. D. A. Parker, eds., *The Handbook of Emotional Intelligence* (San Francisco: Jossey-Bass, 2000), pp. 215–243.

41. 'Person of the Week: Enron Whistleblower Sherron Watkins,' http:// www.time.com/time/pow/article/0,8599,194927,00.html, 2002 (retrieved June 5, 2008)

42. R. J. Sternberg and K. Sternberg, *The Nature of Hate* (New York: Cambridge University Press, 2008).

43. P. Gourevitch, *We Wish to Inform You That Tomorrow We Will Be Killed with Our Families : Stories from Rwanda* (New York: Farrar, Straus & Giroux, 1998).

44. S. Totten, W. S. Parsons, and I. W. Charny, eds., *Century of Genocide: Critical Essays and Eyewitness Account*, 2d ed. (New York: Taylor & Francis, 2004).

45. P. Jonsson, 'Governor Sanford Facing Impeachment Whispers Again,' http://features.csmonitor.com/politics/2009/08/11/governor-sanford-facing-impeachment-whispers-again/, 2009 (retrieved August 15, 2009).

46. H. Gardner, 'Are There Additional Intelligences? The Case for Naturalist, Spiritual, and Existential Intelligences,' in J. Kane, ed., *Education, Information, and Transformation* (Upper Saddle River, N.J.: Prentice Hall, 1999), pp. 111–131.

47. R. Coles, *The Moral Intelligence of Children : How to Raise a Moral Child* (New York: Plume, 1998).

48. L. Kohlberg, *The Psychology of Moral Development: The Nature and Validity of Moral Stages* (New York: HarperCollins, 1984).

49. R. J. Sternberg, 'The WICS Approach to Leadership : Stories of Leadership and the Structure and Processes That Support Them,' *Leadership Quarterly* 19, no. 3 (2008): 360−371.

50. A. Bandura, 'Moral Disengagement in the Perpetration of Inhumanities,' *Personality and Social Psychology Review* 3 (1999): 193−209.

51. 'Timeline of the Tyco International Scandal,' http://www.usatoday. com/money/industries/manufacturing/2005-06-17-tyco-timeline_x.htm, 2005 (retrieved June 5, 2008).

52. H. Gardner, *Frames of Mind : The Theory of Multiple Intelligences* (New York: Basic Books, 1983).

53. 'Spitzer Is Linked to Prostitution Ring,' http://www.nytimes. com/2008/03/10/nyregion/10cnd−spitzer.html?_r=1&oref=slogin, 2008 (retrieved June 5, 2008).

54. Terezhina Nuñes과 다른 연구자들은 브라질 거리 아이들을 연구했는데, 아이들이 거리 사업을 제대로 하지 못하면 목숨이 위태로워진다는 것이 밝혀졌다. See T. Nuñes, 'Street Intelligence,' in R. J. Sternberg, ed., *Encyclopedia of Human Intelligence*, vol. 2 (New York: Macmillan, 1994), pp. 1045−1049.

5. 숨은 재능 평가하기

1. R. J. Sternberg, M. Ferrari, P. R. Clinkenbeard, and E. L. Grigorenko, 'Identification, Instruction, and Assessment of Gifted Children : A Construct Validation of a Triarchic Model,' *Gifted Child Quarterly* 40 (1996) : 129−137.

입시가 바뀌면 인재가 보인다

2. R. J. Sternberg, B. Torff, and E. L. Grigorenko, 'Teaching Triarchically Improves School Achievement,' *Journal of Educational Psychology* 90 (1998): 374–384; E. L. Grigorenko, L. Jarvin, and R. J. Sternberg, 'School-based Tests of the Triarchic Theory of Intelligence: Three Settings, Three Samples, Three Syllabi,' *Contemporary Educational Psychology* 27 (2002): 167–208; R. J. Sternberg, E. L. Grigorenko, and L.-F. Zhang, 'Styles of Learning and Thinking Matter in Instruction and Assessment,' *Perspectives on Psychological Science* 3, no. 6 (2008): 486–506.

3. R. J. Sternberg and the Rainbow Project Collaborators, 'Augmenting the SAT through Assessments of Analytical, Practical, and Creative Skills,' in W. Camara and E. Kimmel, eds., *Choosing Students*: *Higher Education Admission Tools for the Twenty-first Century* (Mahwah, N.J.: Lawrence Erlbaum, 2005), pp. 159–176; R. J. Sternberg and the Rainbow Project Collaborators, 'The Rainbow Project: Enhancing the SAT through Assessment of Analytical, Practical and Creative Skills,' *Intelligence* 34, no. 4 (2006): 321–350.

4. R. J. Sternberg, 'Theory-based Testing of Intellectual Abilities: Rationale for the Triarchic Abilities Test,' in H. Rowe, ed., *Intelligence*: *Reconceptualization and Measurement* (Hillsdale, N.J.: Lawrence Erlbaum, 1991), pp. 183–202; R.J. Sternberg, J.L.Castejón, M.D.Prieto, J. Hautamäki, and E. L. Grigorenko, 'Confirmatory Factor Anaysis of the the Sternberg Triarchic Abilities Test in Three International Samples: An *Empirical Test of the Triarchic Theory of Intelligence*,' European Journal of Psychological Assessment 17, no. 1 (2001): 1–16.

5. R. J. Sternberg and T. I. Lubart, *Defying the Crowd*: *Cultivating Creativity in a Culture of Conformity* (New York: Free Press, 1995);

R. J. Sternberg and T. I. Lubart, 'Investing in Creativity,' *American Psychologist* 51, no. 7 (1996): 677–688.

6. R. J. Sternberg, G. B. Forsythe, J. Hedlund, J. Horvath, S. Snook, W.M. Williams, R.K. Wagner, and E. L. Grigorenko, *Practical Intelligence in Everyday Life* (New York: Cambridge University Press, 2000).

7. J.J. McArdle and F. Hamagami, 'Modeling Incomplete Longitudinal and Cross–Sectional Data Using Latent Growth Structural Models,' *Experimental Aging Research* 18, no. 3 (1992) : 145–166.

8. R.J. Sternberg, the Rainbow Project Collaborators, and University of Michigan Business School Project Collaborators, 'Theory-Based University Admissions Testing for a New Millennium,' *Educational Psychologist* 39, no. 3 (2004): 185–198; J. Hedlund, J. M. Wilt, K. R. Nebel, S. J. Ashford, and R. J. Sternberg, 'Assessing Practical Intelligence in Buisiness School Admissions: A Supplement to the Graduate Management Admissions Test,' *Learning and Individual Differences* 16 (2006): 101–127.

9. S. E. Stemler, E. L. Grigorenko, L. Jarvin, and R. J. Sternberg, 'Using the Theory of Successful Intelligence as a Basis for Augmenting AP Exams in Psychology and Statistics,' *Contemporary Educational Psychology* 31, no. 2 (2006): 344–376; S. E. Stemler, R. J. Sternberg, E. L. Grigorenko, L. Jarvin, and D. K. Sharpes, 'Using the Theory of Successful Intelligence as a Framework for Developing Assessments in AP Physics,' *Contemporary Educational Psychology* 34 (2009): 195–209.

10. H. Chart, E. L. Grigorenko, and R. J. Sternberg, 'Identification: The Aurora Battery,' in J. A. Plucker and C. M. Callahan, eds., *Critical Issues and Practices in Gifted Education* (Waco, Tex.: Prufrock, 2008), pp. 281–301.

입시가 바뀌면 인재가 보인다

11. R. J. Sternberg, 'Finding Students Who Are Wise, Practical, and Creative,' *Chronicle of Higher Education* 53, no. 44 (2007): B 11; R. J. Sternberg, 'Enhancing Academic Excellence and Diversity,' in B. Lauren, ed., *The College Admission Officer's Guide* (Washington, D.C.: American Association of Collegiate Registrars and Admissions Officers, 2008), pp. 387–397; R. J. Sternberg, 'The Rainbow and Kaleidoscope Projects: A New Psychological Approach to Undergraduate Admissions,' *European Psychologist* 14, no. 4 (2009): 279–287; R. J. Sternberg, C. R. Bonney, L. Gabora, L. Jarvin, T. M. Karelitz, and L. Coffin, *Broadening the Spectrum of Undergraduate Admissions* (manuscript submitted for publication, 2009); R. J. Sternberg and L. A. Coffin, 'Kaleidoscope: Admitting and Developing 'New Leaders for a Changing World,' *New England Journal of Higher Education* (Winter 2010): 12–13.

12. R. J. Sternberg, 'A Decision Rule to Facilitate the Undergraduate Admissions Process,' *College and University* 48 (1972): 48–53.

13. J. Hedlund, J. M. Wilt, K. R. Nebel, S. J. Ashford, and R. J. Sternberg, 'Assessing Practical Intelligence in Business School Admissions : A. Supplement to the Graduate Management Admissions Test,' *Learning and Individual Differences* 16 (2006): 101–127.

14. Stemler, Grigorenko, Jarvin, and Sternberg, 'Using the Theory of Successful Intelligence as a Basis for Augmenting AP Exams in Psychology and Statistics.'

6. 창의성과 실용 지능, 지혜 북돋우기

1. R. J. Sternberg, 'Principle of Teaching for Successful Intelligence,' *Educational Psychologist* 33 (1998): 65–72; R. J. Sternberg, 'Raising

the Achievement of All Student: Teaching for Successful Intelligence,'
   Educational Psychology Review 14 (2002): 383–393.

2. R. J. Sternberg, _Intelligence Applied_ : _Understanding and Increasing Your Intellectual Skills_ (San Diego, Calif.: Harcourt Brace Jovanovich, 1986); R. J. Sternberg, J. C. Kaufman, and E. L. Grigorenko, _Applied Intelligence_ (New York: Cambridge University Press, 2008).

3. R. J. Sternberg and E. L. Grigorenko, _Teaching for Successful Intelligence_, 2d ed. (Thousand Oaks, Calif.: Corwin Press, 2007).

4. R. J. Sternberg, E. L. Grigorenko, M. Ferrari, and P. Clinkenbeard, 'A Triarchic Analysis of an Aptitude-Treatment Interaction,' _European Journal of Psychological Assessment_ 15, no. 1 (1999): 1–11.

5. R. J. Sternberg, B. Torff, and E. L. Grigorenko, 'Teaching for Successful Intelligence Raises School Achievement,' _Phi Delta Kappan_ 79 (1998): 667–669; R. J. Sternberg, B. Torff, and E. L. Grigorenko, 'Teaching Triarchically Improves School Achievement,' _Journal of Educational Psychology_ 90 (1998): 374–384.

6. E. L. Grigorenko, L. Jarvin, and R. J. Sternberg, 'School-based Tests of the Triarchic Theory of Intelligence: Three Settings, Three Samples, Three Syllabi,' _Contemporary Educational Psychology_ 27 (2002): 167–208.

7. R. J. Sternberg, 'Reflections on Ethical Leadership,' in D. Ambrose and T. L. Cross, eds., _Morality, Ethics, and Gifted Minds_ (New York: Springer, 2009).

8. R. J. Sternberg and T. I. Lubart, 'An Investment Theory of Creativity and Its Development,' _Human Development_ 34, no. 1 (1991): 1–31.

9. J. Garcia and R. A. Koelling, 'The Relation of Cue to Consequence in Avoidance Learning,' _Psychonomic Science_ 4 (1966): 123–124.

10. R. J. Sternberg and W. M. Williams, 'Teaching for Creativity: Two

입시가 바뀌면 인재가 보인다

Dozen Tips,' in R. D. Small and A. P. Thomas, eds., *Plain Talk about Education* (Covington, La.: Center for Development and Learning, 2001), pp. 153–165; R. J. Sternberg, 'Teaching for Creativity,' in R. A. Beghetto and J. C. Kaufmann, eds., *Nuturing Creativity in the Classroom* (New York: Cambridge University Press, 2010).

11. R. J. Sternberg, 'Allowing for Thinking Styles,' *Educational Leadership* 52, no. 3 (1994): 36–40; R. J. Sternberg, *Thinking Styles* (New York: Cambridge University Press, 1997); L. –F. Zhang and R. J. Sternberg, *The Nature of Intellectual Styles* (Mahwah, N. J.: Lawrence Erlbaum, 2006).

12. P. A. Frensch and R. J. Sternberg, 'Expertise and Intelligent Thinking: When Is It Worse to Know Better?' in R. J. Sternberg, ed., *Advances in the Psychology of Human Intelligence*, vol. 5 (Hillsdale, N.J.: Lawrence Erlbaum, 1989), pp. 157–188.

13. R. J. Sternberg, 'Intelligence and Nonentrenchment,' *Journal of Educationl Psychology* 73 (1981): 1–16; R. J. Sternberg, 'Natural, Unnatural, and Supernatural Concepts,' *Cognitive Psychology* 14 (1982): 451–488; S. J. Tetewsky and R. J. Sternberg, 'Conceptual and Lexical Determinants of Nonentrenced Thinking,' *Journal of Memory and Language* 25 (1986): 202–225.

14. F. Barron, 'Putting Creativity to Work,' in R. J. Sternberg, ed., *The Nature of Creativity* (New York: Cambridge University Press, 1988), pp. 76–98.

15. A. Bandura, *Self-Efficacy: The Exercise of Control* (New York: Freeman, 1996).

16. W. Mischel, Y. Shoda, and M. L. Rodriguez, 'Delay of Gratification in Children,' *Science* 244 (1989): 933–938.

17. T. M. Amabile, *The Context of Creativity* (Boulder, Colo.: Westview,

1996).

18. T. M. Amabile, 'The Social Psychology of Creativity: A Consensual Assessment Technique,' *Journal of Personality and Social Psychology* 43 (1982): 997−1013.

19. R. J. Sternberg, 'How Wise Is It to Teach for Wisdom? A Reply to Five Critiques,' *Educational Psychologist* 36, no. 4 (2001): 269−272.

20. L. Kohlberg, 'The Psychology of Moral Development: The Nature and Validity of Moral Stages,' in Kohlberg, *Essays on Moral Development*, vol. 2 (New York: Harper & Row, 1984); C. Gilligan, *In a Different Voice: Psychological Theory and Women's Development* (Cambridge, Mass.: Harvard University Press, 1982).

21. G. W. F. Hegel, *The Phenomenology of Mind*, trans, J. B. Baillie, 2d ed. (1807; London: Allen & Unwin, 1931).

7. 새로운 지능이론의 영향 : 학생과 대학, 사회는 어떻게 바뀔까?

1. F. Rich, 'The Brightest Are Not Always the Best,' http://www.nytimes.com/2008/12/07/opinion/07rich.html?_r=1&scp=2&sq=frank%20rich&st=cse, 2008 (retrieved December 7, 2008); D. Halberstam, *The Best and the Brightest* (New York: Ballantine, 1993). See also G.M. Goldstein, *Lessons in Disaster : McGeorge Bundy and the Path to War in Vietnam* (New York: Henry Holt, 2008).

2. J. Kantor and J.C. Hernandez, 'A Harvard Lightning Rod Finds Path to Renewal,' http://www.nytimes.com/2008/12/07/us/politics/07summers.html?scp=1&sq=larry%20summers&st=cse, 2008 (retrieved December 7, 2008).

3. D. B. Henriques, 'Madoff Scheme Kept Rippling Outward, across Borders,' http://www.nytimes.com/2008/12/20/business/20madoff.

html?_r=1&scp=2&sq=madoff&st=cse, 2008 (retrieved December 20, 2008).

4. H. Gardner, *Multiple Intelligence: New Horizons in Theory and Practice* (New York: Basic Books, 2006); J. R. Renzulli and S. M. Reis, eds., *Identification of Students for Gifted and Talented Programs* (Thousand Oaks, Calif.: Corwin, 2004); S. J. Ceci, *On Intelligence: More or Less* (Cambridge, Mass.: Harvard University Press, 1996)